金华统计年鉴

JINHUA STATISTICAL YEARBOOK

2005

（总第23期 NO.23）

金华市统计局 编

Compiled by
Jinhua Statistical Bureau

中国统计出版社
China Statistics Press

（京）新登字041号

图书在版编目(CIP)数据

金华统计年鉴. 2005/金华市统计局编.
—北京：中国统计出版社，2005.7
ISBN 7-5037-4672-6

Ⅰ.金…

Ⅱ.金…

Ⅲ.统计资料—金华市—2005—年鉴

Ⅳ.C832.553

中国版本图书馆CIP数据核字(2005)第052368号

金华统计年鉴—2005

作　　者／金华市统计局

责任编辑／蔡启新

E-mail／yearbook@stats.gov.cn

责任校对／夏小平　　徐　灵

封面设计／邹英杰

出版发行／中国统计出版社

通信地址／北京市西城区三里河月坛南街75号　　中国统计出版社

邮　　编／100826

电　　话／（010）63262295

印　　刷／金华市新华印刷有限公司

经　　销／新华书店

开　　本／890×1240毫米　　1/16

字　　数／67万

印　　张／22.5

印　　数／1-3000册

版　　别／2005年8月第1版

版　　次／2005年8月第1次印刷

书　　号／ISBN 7-5037-4672-6/F·2072

定　　价／200元

《金华统计年鉴-2005年》编辑委员会

金华一日（2004年）

地区生产总值	26805 万元
财政总收入（老口径）	2914 万元
（新口径）	2234 万元
全社会固定资产投资额	14140 万元
社会消费品零售总额	7504 万元
进出口总额	1007 万美元
全社会用电量	2822 万千瓦小时
接待境内外旅游者人数	3.35 万人次
邮电业务总量	1315 万元
公路旅客周转量	1253 万人公里
公路货物周转量	1429 万吨公里

金华在浙江省中的份额（2004年）

	占全省%
土地面积	10.72
总人口	9.57
地区生产总值	8.70
#第一产业	7.97
第二产业	9.12
第三产业	8.27
财政总收入（新口径）	5.72
全社会固定资产投资额	8.68
社会消费品零售总额	7.51
出口总额	5.76
实际利用外商直接投资	6.43
金融系统各项存款余额	7.49

生产总值

(亿元)

Gross Domestic Product

(100 million yuan)

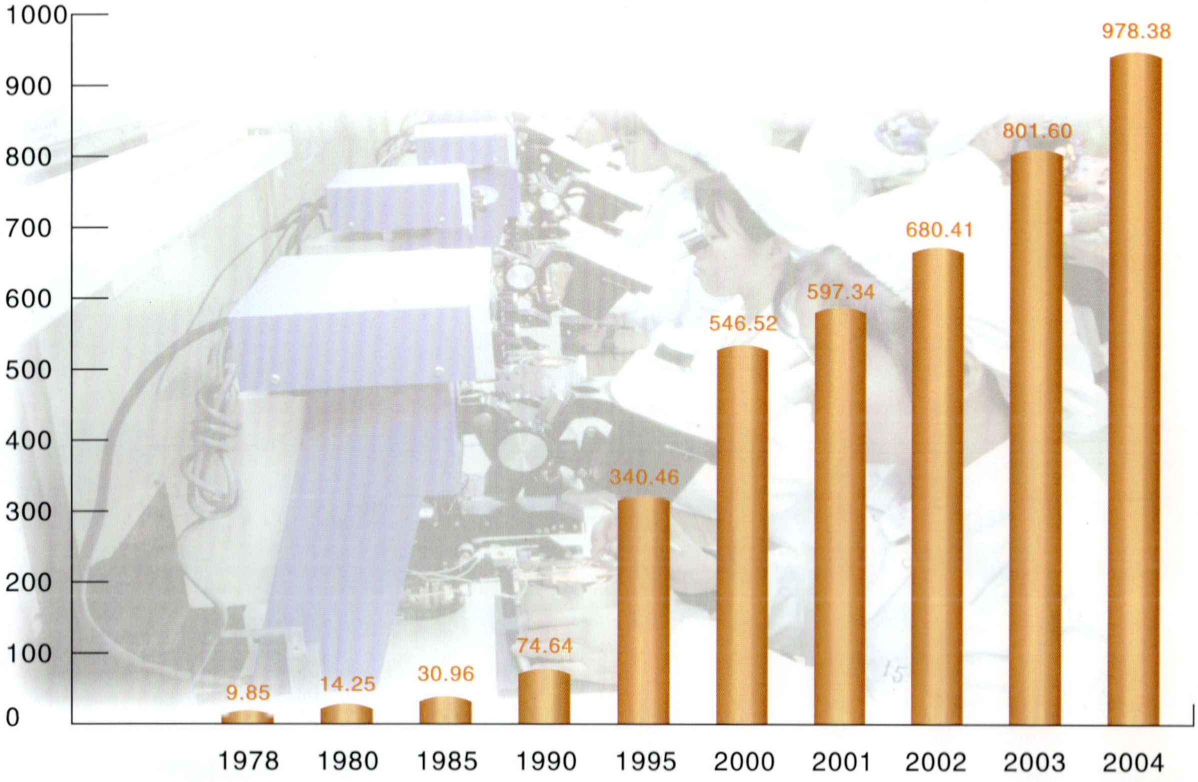

工农业增加值

(亿元)

The Value-added of Industry and Farming,Forestry,Animal Husbandry and Fishery

(100 million yuan)

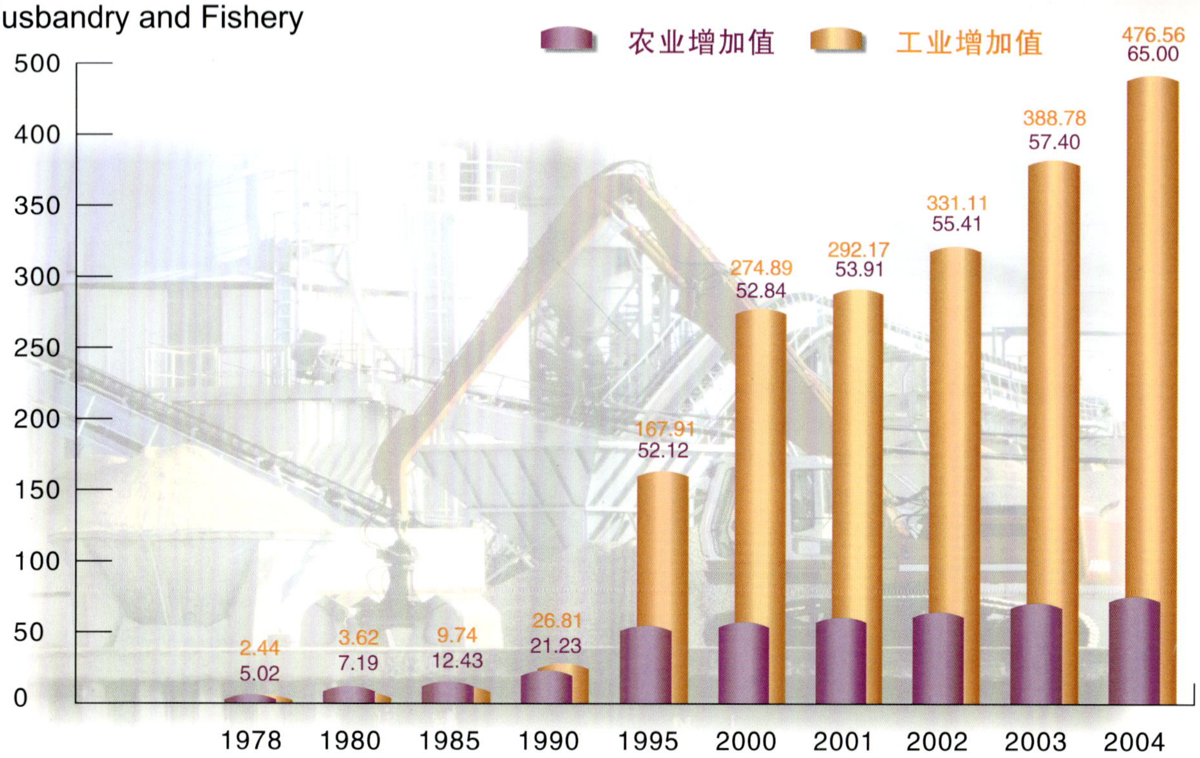

全社会固定资产投资 (亿元)

Total Investment in Fixed Assets (100 million yuan)

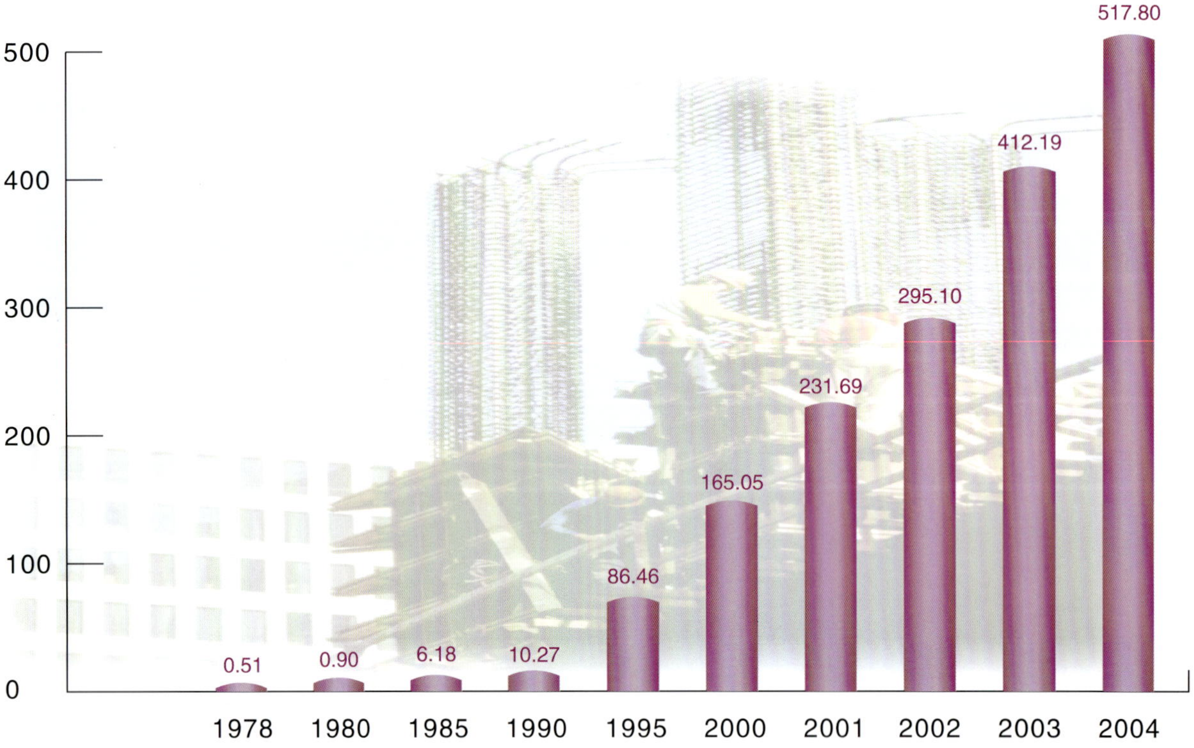

财政总收支 (亿元)

Total Financial Revenue & Expenditure (100 million yuan)

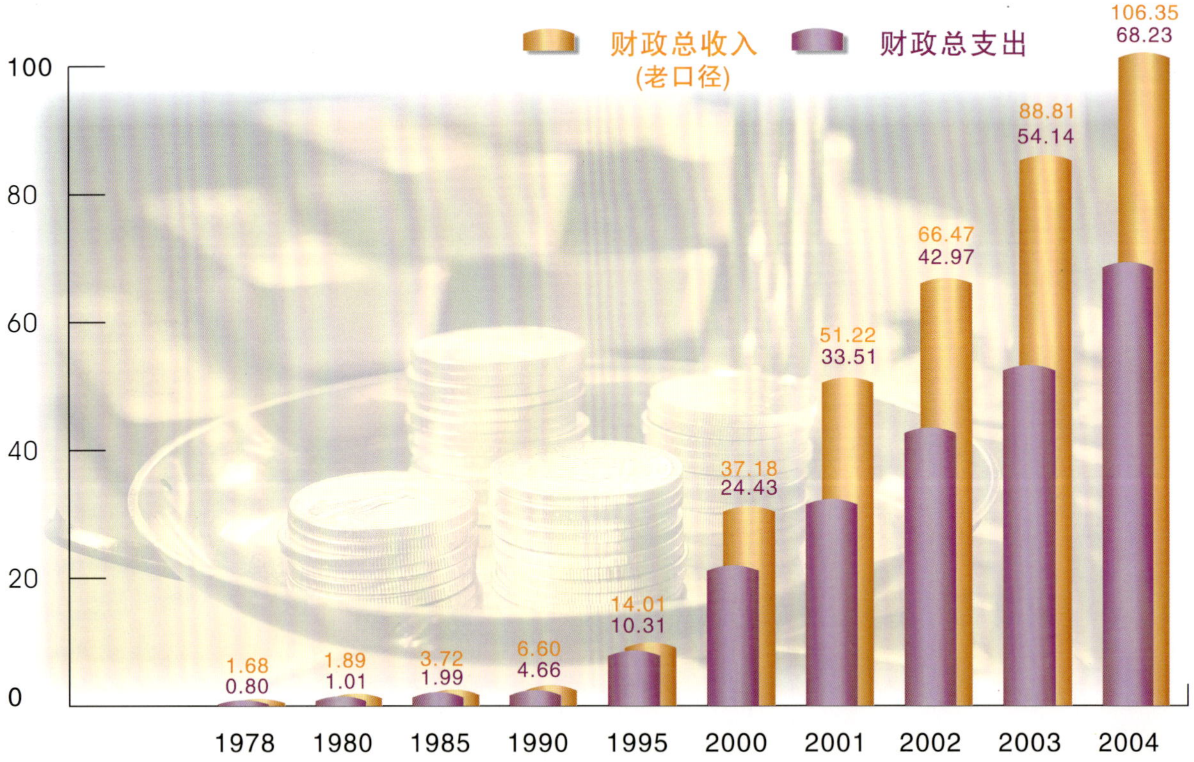

社会消费品零售总额 (亿元)

Tatal Retail Sales of Consumer Goods (100 million yuan)

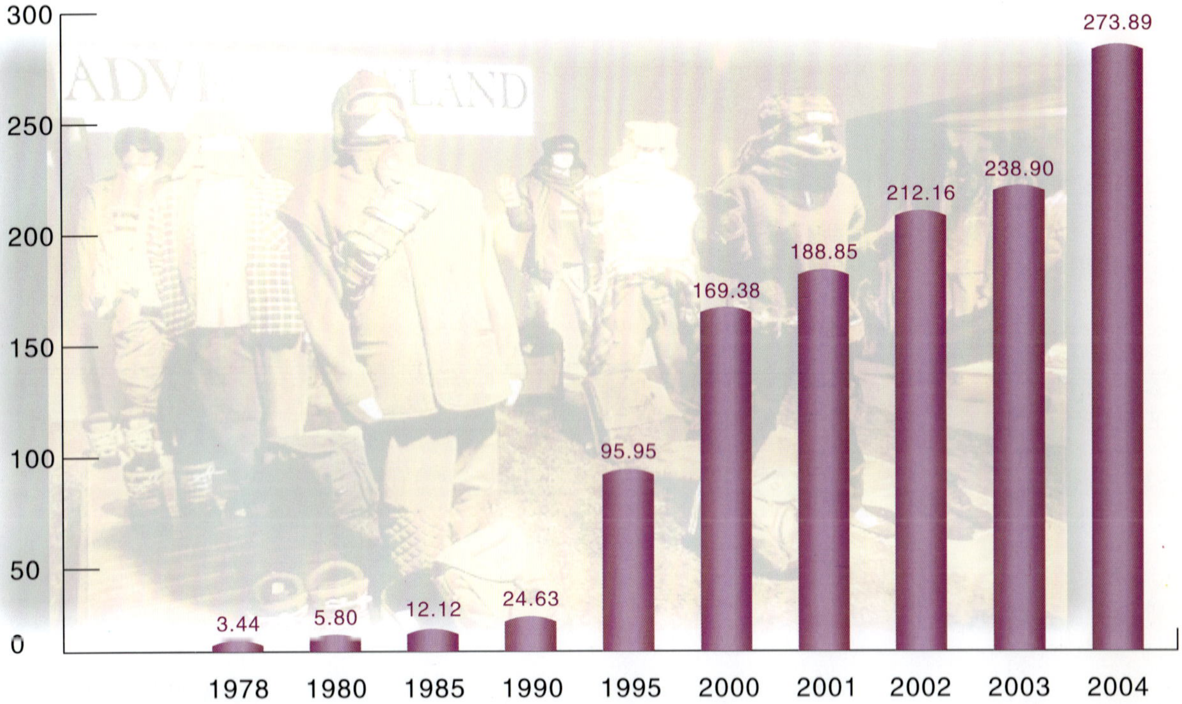

外贸出口额 (亿美元)

Total Exports (USD100 million)

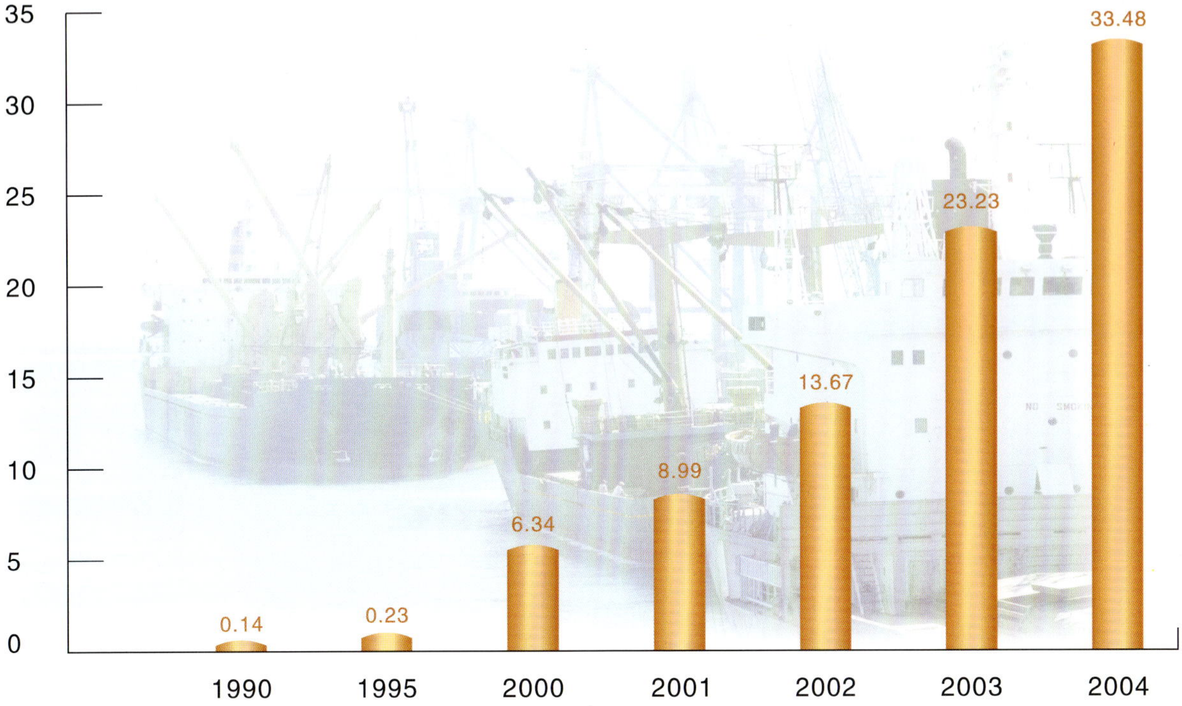

城乡居民人均收入 (元)

Per Capita Annual Income of Urban (Yuan)
and Rural Residents

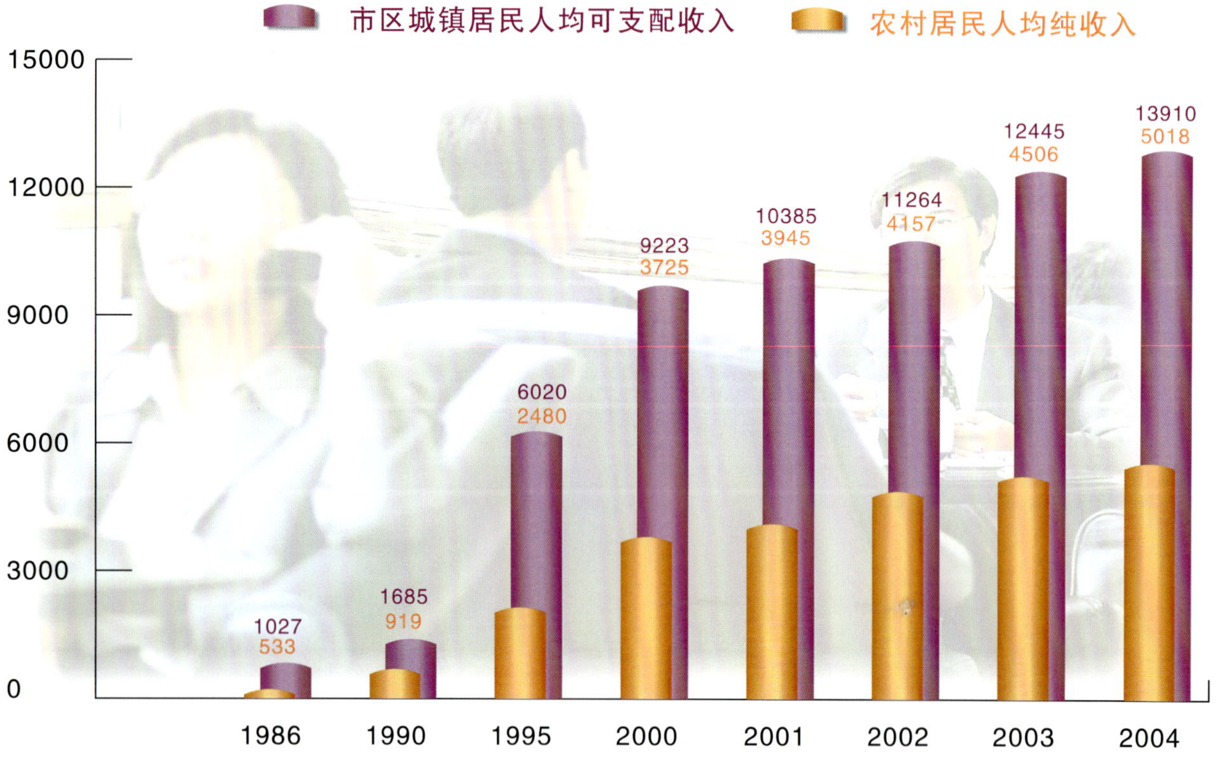

城乡居民储蓄存款年末余额 (亿元)

Residents' Savings Deposits in Urban (100 million yuan)
and Rural Area (Year-end)

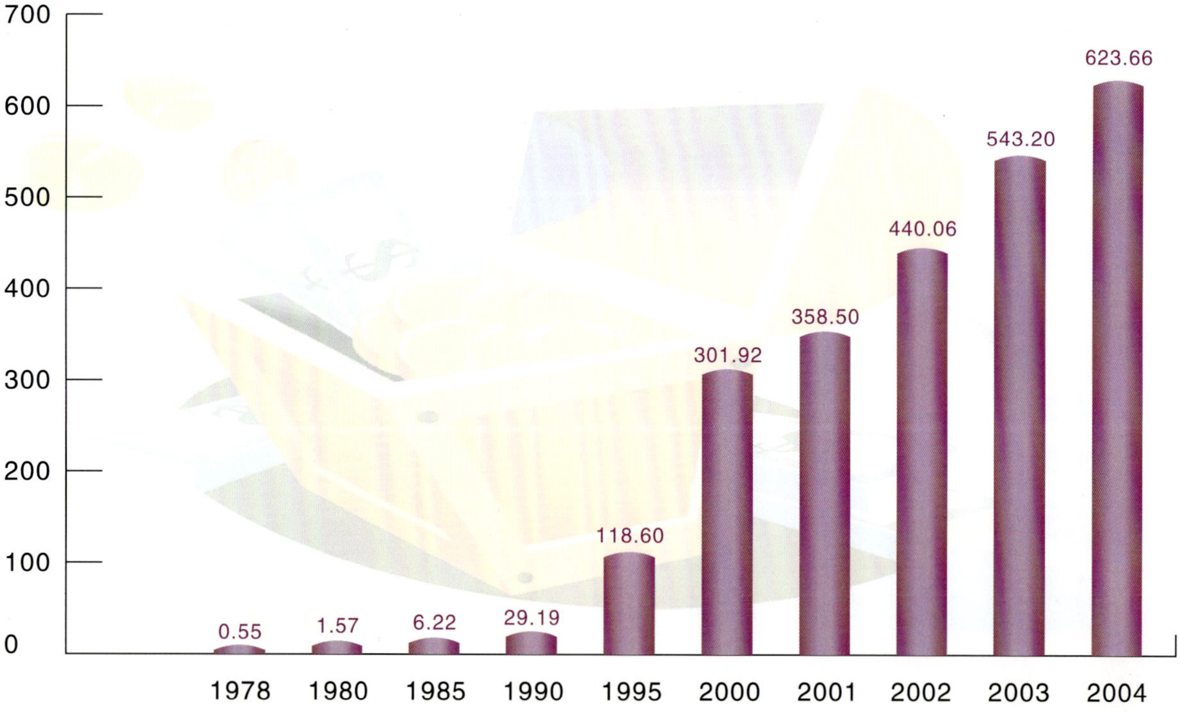

编者说明

一、《金华统计年鉴—2005》是一本信息密集、资料翔实的综合性、权威性年刊。本年鉴收录了金华及各县、市2004年经济和社会各方面大量的统计数据，以及改革开放以来金华主要统计数据。通过大量统计数据，真实地记录了在改革开放中金华的经济、科技、社会的发展变化。

二、本年鉴内容共分十六个部分，即：1. 特载；2. 综合；3. 人口和从业人员；4. 农业；5. 工业；6. 交通运输和邮电通信业；7. 固定资产投资和建筑业；8. 国内贸易和对外经济；9. 能源消费；10. 财政和金融；11. 物价指数；12. 人民生活；13. 科技、教育、文化、卫生事业及其他；14. 市区基本情况；15. 乡镇基本情况；16. 全省及地级市与市区基本情况。为便于读者使用，部分统计表下作了简要注释，每部分后面附有《主要统计指标解释》。

三、本年鉴对过去发表的统计资料重新予以核实，凡与本年鉴数据有出入的，以本年鉴为准；本年鉴中的市区包括市本级（市直属及以上单位）、开发区、婺城区和金东区，并对历年的市区数据作了相应调整。

四、本年鉴所列的统计数据，以2004年各类统计年报数据为主，以经济普查数据代替年报的专业（国民经济核算、工业效益、能源、房地产、建筑业、贸易）则按年底快报数据整理，故在表式上与往年比会有较大的改动与调整。我们在原则上尽可能保持资料的完整性、详实性及可延续性，以满足多方面的需要。

五、本年鉴中的符号使用："△"表示"在总计中"，用于多种统计分组；"#"表示其中的主要项；"…"表示数据不足本表最小单位数；"空格"表示无该项指标数据或数据不详。

六、《金华统计年鉴》公开出版以来，受到了广大读者的关心和支持，对此我们深表谢意。欢迎广大读者对年鉴内容、编排等方面提出宝贵意见，以利于我们进一步提高年鉴的编辑工作水平，更好地为广大读者服务。

目　录

五、交通运输和邮电通信业

六、固定资产投资和建筑业

七、国内贸易和对外经济

八、能源消费

九、财政和金融

十、物价指数

十一、人民生活

十二、科技、教育、文化、卫生事业及其他

十三、市区基本情况

十四、乡镇基本情况

十五、全省及地级市与市区基本情况

特　载

Special Articles

中华人民共和国
2004年国民经济和社会发展统计公报

2004年，全国各族人民在党中央、国务院的正确领导下，以邓小平理论和“三个代表”重要思想为指导，深入贯彻党的十六大和十六届三中、四中全会精神，全面落实科学发展观，认真贯彻国家加强和改善宏观调控的各项措施，取得了明显成效。经济运行中的不稳定不健康因素得到抑制，农业、基础设施建设和社会事业等方面的薄弱环节得到加强，粮食生产出现重要转机，部分行业投资增长过快的势头得到初步遏制，各项改革稳步推进，对外开放进一步扩大，就业再就业和社会保障工作取得新进展，城乡居民生活继续改善，国民经济保持平稳较快发展，各项社会事业加快发展，较好地实现了国民经济和社会发展的预期目标。

一、综　　合

初步核算，全年国内生产总值136515亿元，按可比价格计算，比上年增长9.5%。其中，第一产业增加值20744亿元，增长6.3%；第二产业增加值72387亿元，增长11.1%；第三产业增加值43384亿元，增长8.3%。第一、第三产业对国内生产总值增长的贡献率为9.2%和29.0%，分别比上年提高5.2个百分点和2.8个百分点。

全国居民消费价格总水平比上年上涨3.9%，其中服务价格上涨2.3%。商品零售价格上涨2.8%。工业品出厂价格上涨6.1%。原材料、燃料、动力购进价格上涨11.4%。固定资产投资价格上涨5.6%。农产品生产价格上涨13.1%。

全年城镇新增就业人员980万人，比预期目标多80万人。全年有510万下岗人员实现了再就业。年末城镇登记失业率为4.2%，比上年末下降0.1个百分点。

年末国家外汇储备达到6099亿美元，比上年末增加2067亿美元。人民币汇率继续保持稳定，年末汇率8.2765元人民币兑1美元，比上年末上升2个基本点。

全年各项税收收入25718亿元(不包括关税和农业税)，比上年增加5256亿元，增长25.7%。全国规模以上工业企业实现利润达11342亿元，比上年增长38.1%。

国民经济和社会发展中存在的主要问题是：农业基础还不稳固，保持粮食增产、农民增收的难度加大；在建和新开工项目较多，投资盲目扩张的冲动仍较强；能源、原材料价格上涨幅度较高；煤电油运供求关系紧张的矛盾仍然很突出；重特大安全生产事故时有发生；资源浪费、环境污染问题还比较严重；部分居民生活仍较困难。

二、农　　业

全年粮食种植面积10161万公顷，比上年增加220万公顷；棉花种植面积569万公顷，增加58万公顷；油料种植面积1452万公顷，减少47万公顷；糖料种植面积157万公顷，减少9万公顷；蔬菜种植面积1767万公顷，减少29万公顷。

全年粮食产量46947万吨，比上年增加3877万吨，增产9.0%；棉花产量632万吨，增产30.1%；油料产量3057万吨，增产8.8%；糖料产量9528万吨，减产1.2%。蔬菜、水果在扩大优质品种的基础上平稳发展(见表1)。

全年肉类总产量7260万吨，比上年增长4.7%。其中，牛、羊肉分别增长7.9%和10.6%。全年水产品产量4855万吨，增长3.2%。

全年新增有效灌溉面积98万公顷，新增节水灌溉面积130万公顷。

三、工业和建筑业

全年全部工业增加值62815亿元，比上年增长11.5%，其中规模以上工业增加值54805亿元，增长16.7%。产品销售率98.1%，比上年提高0.2个百分点。

全年一次能源生产总量18.46亿吨标准煤，比上年增长15.2%；发电量21870亿千瓦小时，增长14.5%；原煤19.56亿吨，增长17.3%；原油1.75亿吨，增长2.9%。

全年黑色金属冶炼及压延加工业增加值比上年增长26.8%，有色金属冶炼及压延加工业增长22.4%，化学原料及化学制品制造业和非金属矿物制品业分别增长18.2%和19.9%。主要原材料产品中，粗钢产量2.73亿吨，增长22.7%；钢材2.97亿吨，增长23.3%；水泥9.7亿吨，增长12.5%；十种有色金属增长16.4%，硫酸、纯碱、烧碱、乙烯等主要化工产品增长2.4%至18.5%。

全年通用设备制造业增加值比上年增长22.2%，电气机械及器材制造业增长17.7%，交通运输设备制造业增长14.0%。大中型拖拉机产量增长101.4%，发电设备增长92.9%；汽车产量507.4万辆，增长14.2%，其中轿车231.4万辆，增长11.7%。

高技术产业增加值比上年增长23.1%。在高技术产业中，通信设备、计算机及其他电子设备制造业增长26.9%，其中光通信设备、程控交换机、移动电话机、微型电子计算机等产品产量分别增长14.7%至40.3%（工业主要产品产量见表2）。

全年规模以上工业企业中，国有及国有控股企业实现利润5312亿元，比上年增长42.5%；集体企业实现利润512亿元，增长31.3%；股份制企业实现利润5448亿元，增长39.4%；外商及港澳台投资企业实现利润3455亿元，增长25.5%；私营企业实现利润1237亿元，增长40.1%。

全年全社会建筑业实现增加值9572亿元，按可比价计算，比上年增长8.1%。全国具有资质等级的总承包和专业承包建筑业企业实现利润621亿元，增长19.5%；上缴税金959亿元，增长26.4%。

四、固定资产投资

全年全社会固定资产投资70073亿元，比上年增长25.8%，增速比上年回落1.9个百分点。其中，城镇投资增长27.6%，农村投资增长17.4%。

分地区看，东部地区投资40242亿元，比上年增长24.8%；中部地区投资15126亿元，增长30.2%；西部地区投资13749亿元，增长26.6%。

在城镇投资中，第一产业投资由上年下降19.6%转为增长20.3%；第二产业投资增长38.3%，增速比上年回落8个百分点；第三产业投资增长21.6%，回落0.5个百分点。

在城镇500万元以上项目中，钢铁投资比上年增长32.3%，增速比上年回落63.9个百分点；铝业投资由上年增长86.6%转为下降1.8%；水泥投资增长43.3%，增速比上年回落70.1个百分点；汽车投资增长53.5%，回落24.3个百分点；纺织投资增长30.3%，回落56.4个百分点。

全年房地产开发投资13158亿元，比上年增长28.1%；商品房销售额10376亿元，增长30.0%，其中销售给个人增长30.4%，所占比重为93.3%。

长江三峡工程累计完成投资1114亿元，累计投产11台发电机组，累计新增发电机组容量770万千瓦；青藏铁路累计完成投资198亿元，累计正线铺轨743公里；西气东输管道工程年底全线正式商业运营；

南水北调东线、中线同时开工建设，5项单项工程累计完成投资21亿元。在中央政府投资支持下，累计改造县际和农村公路15万公里，解决了农村5020万人的饮水困难；突发公共卫生事件医疗救治体系累计完成项目163个，国家疾病预防控制网络体系1296个项目基本竣工。

五、国内贸易

全年社会消费品零售总额达到53950亿元，比上年增长13.3%，扣除物价上涨因素，实际增长10.2%。分城乡看，城市消费品零售额35573亿元，增长14.7%；县及县以下消费品零售额18377亿元，增长10.7%。分行业看，批发零售业零售额44840亿元，增长12.5%；餐饮业零售额7486亿元，增长21.6%；其他行业零售额1624亿元，增长1.5%。

在限额以上批发零售业零售额中，文化办公用品类零售额比上年增长22.7%，通讯器材类增长41.7%，家用电器和音像器材类增长13.7%，建筑及装潢材料类增长27.1%，家具类增长21.8%，食品、饮料、烟酒类增长17.9%，服装鞋帽、针、纺织品类增长18.7%，汽车类增长23.4%，石油及制品类增长45.9%。

六、对外经济

全年进出口总额达11548亿美元，比上年增长35.7%。其中，出口5934亿美元，增长35.4%；进口5614亿美元，增长36.0%。进出口相抵，顺差320亿美元，比上年增加65亿美元。

全年批准设立外商直接投资企业43664个，比上年增长6.3%；合同外资金额1535亿美元，增长33.4%；实际使用外商直接投资606亿美元，增长13.3%。

全年对外承包工程完成营业额175亿美元，增长26.0%；对外劳务合作完成营业额38亿美元，增长13.4%。

七、交通、邮电和旅游

全年交通运输和邮电通信业实现增加值7777亿元，比上年增长14.9%。

全年各种运输方式完成货物运输周转量66698亿吨公里，比上年增长23.8%。其中，铁路19289亿吨公里，增长11.8%；公路7596亿吨公里，增长7.0%；水运38973亿吨公里，增长35.7%；民航72亿吨公里，增长24.0%；管道768亿吨公里，增长3.9%。

全年各种运输方式完成旅客运输周转量16324亿人公里，比上年增长18.2%。其中，铁路5712亿人公里，增长19.3%；公路8765亿人公里，增长13.9%；水运65亿人公里，增长3.3%；民航1782亿人公里，增长41.1%。

全年全国港口完成货物吞吐量40亿吨，比上年增长21.3%。其中外贸货物吞吐量11.5亿吨，增长18.4%。集装箱吞吐量6150万标箱。

年末全国民用汽车保有量达到2742万辆，比上年增长15.0%。其中私人汽车1365万辆，增长12.0%。民用轿车保有量达到920万辆，其中私人轿车600万辆。

全年完成邮电业务总量9791亿元，比上年增长34.9%。其中，邮政业务总量566亿元，增长4.4%；电信业务总量9225亿元，增长37.4%。全年新增局用交换机7020万门，总容量达到4.2亿门。新增固定电话用户4970万户，年末达到31244万户。其中，城市电话用户21085万户，乡村电话用户10159万户。新增移动电话用户6487万户，年末达到33483万户。年末全国固定及移动电话用户总数达到64727万户，比上年末增加11457万户。电话普及率达到51部/百人。

全年入境的旅游、商务、探亲等人数10904万人次，比上年增长19.0%。其中，外国人1693万人次，增长48.5%；港、澳、台同胞9211万人次，增长14.8%。在入境旅游者中，过夜人数4176万人次，增长26.7%。国际旅游外汇收入257亿美元，增长47.9%。全年国内出境人数达2885万人次，增长42.7%。其中因私出境2298万人次，增长55.2%，占出境人数的79.7%。全年国内旅游出游人数达11亿人次，增长26.6%；旅游总收入4711亿元，增长36.9%。

八、金融、证券和保险

年末广义货币供应量(M2)余额为25.3万亿元，比上年末增长14.6%；狭义货币供应量(M1)余额为9.6万亿元，增长13.6%；流通中现金(M0)余额为2.1万亿元，增长8.7%。年末全部金融机构本外币各项存款余额25.3万亿元，比上年末增长15.3%；全部金融机构本外币各项贷款余额18.9万亿元，增长14.4%。

全国农村信用社人民币贷款余额1.9万亿元，比上年末增加2532亿元。全部金融机构人民币消费贷款余额2万亿元，增加4327亿元。其中个人住房贷款余额1.6万亿元，增加4073亿元。

全年证券市场通过发行、配售股票共筹集资金1511亿元，比上年增加153亿元。其中，发行A股(包括增发及可转债)123只，配股23只，筹集资金836亿元，增加16亿元；发行B股、H股共28只，筹集资金675亿元，增加137亿元。年末境内上市公司(A、B股)数量由上年末的1287家增加到1377家，市价总值37056亿元，比上年末减少12.7%。

全年内外资保险公司保费收入4318亿元，比上年增长11.3%，其中寿险保费收入2851亿元；健康险和意外伤害险保费收入377亿元；财产险保费收入1090亿元。支付各类赔款及给付1004亿元，其中寿险业务给付308亿元；健康险和意外伤害险赔款及给付129亿元；财产险赔款568亿元。

九、教育和科学技术

全年研究生教育招生32.6万人，在学研究生82.0万人，毕业生15.1万人。普通高等教育招生447.3万人，在校生1333.5万人，毕业生239.1万人。各类中等职业教育招生548.1万人，在校生1367.9万人，毕业生351.0万人。全国普通高中招生821.5万人，在校生2220.4万人，毕业生546.9万人。全国初中招生2078.2万人，在校生6475.0万人，毕业生2070.4万人。普通小学招生1747.0万人，在校生11246.2万人，毕业生2135.2万人。特殊教育招生5.1万人，在校生37.2万人。幼儿园在园幼儿2084.4万人。

全年科学研究与试验发展(R&D)经费支出1843亿元，比上年增长19.7%，占国内生产总值的1.35%，其中基础研究经费102亿元。年末国有企事业单位共有各类专业技术人员2716.3万人。全年国家安排了824项科技攻关计划课题和1071项“863”计划课题，新安排高技术产业化示范工程项目333项，新建国家工程研究中心10个，安排国家重点实验室改造项目40项，择优支持53家企业技术中心进行创新能力建设，累计认定国家级企业技术中心332家。全年共取得省部级以上科技成果3.1万项。全年受理国内外专利申请35.4万件，授权专利19万件，分别比上年增长14.7%和4.4%。全年共签订技术合同26.5万项，技术合同成交金额1334亿元，比上年增长23%。全年成功发射卫星8次。

年末全国共有产品检测实验室18983个，其中国家检测中心263个。全国现有产品质量、体系认证机构169个，已累计完成对3.1万个企业的产品认证。全国共有法定计量技术机构4098个，全年强制检定计量器具3400万台(件)。全年制定、修订国家标准893项，其中新制定458项。全国共有天气雷达观测站点255个，卫星云图接收站点382个。全国共有地震台站1253个，地震遥测台网30个。全国共有2706个海洋观测、监测站点。测绘部门公开出版地图1767种，测绘图书430种。

十、文化、卫生和体育

年末全国共有艺术表演团体2599个，文化馆2858个，公共图书馆2710个，博物馆1509个。广播电台282座，电视台314座，教育台60个。全国有线电视用户11470万户，30个城市开展有线数字电视业务，用户122万户。年末广播综合人口覆盖率为94.1%；电视综合人口覆盖率为95.3%。全年生产故事影片212部，科教、纪录、美术片44部。出版全国性和省级报纸257.7亿份，各类期刊26.9亿册，图书64.4亿册(张)。年末全国共有档案馆3982个，已开放各类档案5626万卷(件)。

年末全国共有卫生机构27.7万个，其中医院、卫生院6.2万个，妇幼保健院(所、站)3000个，专科疾病防治院(所、站)1718个。医院和卫生院床位300.4万张。卫生技术人员434.3万人，其中执业医师和执业助理医师189.2万人，注册护士128.6万人。全国疾病预防控制中心(防疫站)3590个，卫生技术人员16万人。卫生监督检验机构1270个，卫生技术人员2.7万人。乡镇卫生院4.4万个，床位67.4万张，卫生技术人员89.8万人。全国共有333个县(市)开展了新型农村合作医疗试点工作，约覆盖10691万农村人口，实际参加新型农村合作医疗的农民8040万人。

全年我国运动健儿在27个项目中共获得了106个世界冠军，7人2队16次创16项世界纪录。在雅典奥运会上，我国运动员共获得金牌32块，银牌17块，铜牌14块，金牌数和奖牌总数均居世界第2位。在雅典残疾人奥运会上，我国运动员共获得金牌63块，银牌46块，铜牌32块，金牌数和奖牌总数均列第1位，创造历史最好成绩。全民健身运动蓬勃发展。

十一、人口、人民生活和社会保障

年末全国总人口为129988万人。全年全国出生人口1593万人，出生率为12.29‰，死亡人口832万人，死亡率为6.42‰；全年净增人口761万人，自然增长率为5.87‰，比上年下降0.14个千分点。

全年全国农村居民人均纯收入2936元，扣除物价上涨因素，实际增长6.8%，是1997年以来增长最快的一年；城镇居民人均可支配收入9422元，实际增长7.7%。农村居民家庭恩格尔系数(即居民家庭食品消费支出占家庭消费总支出的比重)为47.2%，城镇居民家庭恩格尔系数为37.7%。按年人均纯收入低于668元的标准，年末农村绝对贫困人口为2610万人，比上年末减少290万人；按年人均纯收入669—924元的标准，年末农村低收入人口为4977万人，比上年末减少640万人。

年末全国参加基本养老保险人数为16342万人，比上年增加836万人。其中参保职工12242万人，参保的离退休人员4100万人。全国参加失业保险的人数为10584万人，增加211万人。全国参加医疗保险的人数为12386万人，增加1484万人。其中参保职工9033万人，参保退休人员3353万人。年末全国企业参加基本养老保险离退休人员3770万人，全部实现了养老金按时足额发放；年末仍有国有企业下岗职工153万人，进入再就业服务中心的下岗职工全部按时足额领到了基本生活费，并由中心代缴了社会保险费；年末全国领取失业保险金人数为419万人，与上年末基本持平；全国共有2201万城镇居民得到政府最低生活保障，比上年减少46万人。

年末全国各类收养性社会福利单位床位133万张，收养各类人员102.3万人。城镇建立各种社区服务设施17.4万个，其中综合性社区服务中心9888个。全年销售社会福利彩票226.4亿元，筹集社会福利资金79.2亿元，直接接收社会捐赠款14.2亿元。

十二、资源与环境

2004年，随着科学发展观的贯彻和落实，国家加大了对资源与环境保护的投入力度，资源的有效利用与环境保护工作取得一定进展。但是，资源消耗高、浪费大，对经济发展的制约更加突出，环境保护的压力增大。

加强土地资源管理取得成效。通过土地市场治理整顿，查出往年未变更上报的建设占用耕地 14.8 万公顷。全年实际建设占用耕地 14.5 万公顷，比上年减少 37.0%。灾毁耕地 6.3 万公顷。生态退耕 73.3 万公顷，因农业结构调整减少耕地 20.5 万公顷。土地整理复垦开发补充耕地 34.6 万公顷。当年净减少耕地 80.0 万公顷。

当年人均水资源 2040 立方米，比上年下降 4.0%。全年平均降水量 620 毫米，下降 2.8%。年末全国 422 座大型水库蓄水总量 1758 亿立方米，增加 70 亿立方米。全年总用水量 5500 亿立方米，比上年增长 3.4%。其中，生活用水增长 2.2%，工业用水增长 2.8%，农业用水增长 3.8%。全国人均用水量为 423 立方米，增长 3.0%。全国有 79 个城市缺水，有 2340 万人口、1300 万头大牲畜发生临时性饮水困难。

根据第六次全国森林资源清查（1999－2003 年）结果，全国森林面积 1.75 亿公顷，森林覆盖率为 18.21%。活立木总蓄积量 136.2 亿立方米。森林蓄积量为 124.6 亿立方米。

国土资源调查及地质勘查新发现大中型矿产地 205 处，其中，能源矿产地 24 处，金属矿产地 66 处，非金属矿产地 113 处，水气矿产地 2 处。有 56 种矿产新增查明资源储量，其中，石油 10.98 亿吨，天然气 3802 亿立方米，原煤 96.54 亿吨。

初步测算，全年能源消费总量 19.7 亿吨标准煤，比上年增长 15.2%。其中，煤炭消费量 18.7 亿吨，增长 14.4%；原油 2.9 亿吨，增长 16.8%；天然气 415 亿立方米，增长 18.5%；水电 3280 亿千瓦小时，增长 15.6%；核电 501 亿千瓦小时，增长 15.6%。主要原材料消费中，钢材 3.1 亿吨，增长 15.1%；氧化铝 1284 万吨，增长 9.7%；水泥 9.6 亿吨，增长 12.4%。万元 GDP 能耗 1.58 吨标准煤，上升 5.3%。

七大水系的 413 个水质监测断面中，有 41.6%的断面满足国家地表水 3 类标准，比上年上升 3.5 个百分点；30.5%的断面为 4～5 类水质，下降 1.7 个百分点；超过 5 类水质的断面比例占 27.9%，下降 1.8 个百分点。珠江、长江水质较好，海河、辽河、黄河、淮河、松花江水质较差。

全国近岸海域 246 个海水水质监测点中，达到国家一、二类海水水质标准的监测点占 49.6%，与上年基本持平；三类海水占 15.4%，比上年下降 4.4 个百分点；四类、劣四类海水占 35.0%，比上年上升 5.0 个百分点。全国海域未达到清洁海域水质标准的面积为 16.9 万平方公里，比上年增加 19.0%，其中，严重污染海域面积约为 3.2 万平方公里。对 15 个海洋生态监控区监测表明，主要海湾、河口及滨海湿地生态系统处于亚健康或不健康状态。

全年城市污水日处理能力达 7402 万立方米，比上年增长 11.7%；集中供热面积 20.5 亿平方米，增长 8.4%。建成区绿化覆盖率达到 32.3%，比上年提高 1.1 个百分点；城市污水处理率达到 43.6%，提高 1.2 个百分点。在监测的 319 个城市中，有 132 个城市空气质量达到二级标准，占监测城市数的 41.4%，与上年持平；有 119 个城市为三级，占 37.3%，比上年增加 5.5 个百分点；有 68 个城市为劣三级，占 21.3%，比上年减少 5.5 个百分点。在 328 个城市的道路噪声监测中，噪声污染严重的占 2.1%，中度污染的占 5.2%，轻度污染的占 9.1%。

生态环境建设稳步推进，黄河连续 5 年实现不断流，塔里木河连续 3 年实施向下游台特玛湖应急输水，黑河连续 6 次将水输送到东居延海。全年完成营造林面积 716.7 万公顷。全国共批准国家级生态示范区 166 个，自然保护区达到 2194 个，其中国家级自然保护区 226 个，自然保护区面积 14822.6 万公顷，占国土面积的 14.8%。国家地质公园达 85 个，新建地质遗迹保护区 27 个。综合治理水土流失面积 4.9 万平方公里，实施水土流失地区封育保护面积 11 万平方公里。

全年因洪涝和干旱造成的直接经济损失 975 亿元，比上年减少 50.0%；因洪水和沿海风暴潮死亡人口1282人。全年全国农作物受灾面积3710.6万公顷，比上年下降31.8%。其中，绝收436万公顷，下降49.0%。全年因海洋灾害造成的直接经济损失约54亿元，比上年降低32.6%。全年发现赤潮96次，比上年减少23次；累计赤潮面积约26630平方公里，比上年上升83.0%。全年共发生各类地质灾害15954起，共造成697人死亡，直接经济损失20.6亿元。全年共发生5级以上地震22次，共造成8人死亡，直接经济损失9.5亿元。全年共发生道路交通事故56.8万起，造成9.9万人死亡、45.2万人受伤，直接财产损失27.7亿元。

注：1. 本公报为初步统计数。

2. 各项统计数据均未包括香港特别行政区、澳门特别行政区和台湾省。

3. 国内生产总值、各产业增加值绝对数按现价计算，增长速度按可比价计算。

4. 表1中的水果产量含果用瓜。

5. 钢材产量及消费量数据中含部分使用钢材加工成其他钢材的重复计算因素。

6. 电话普及率的计算含接入用户交换机的话机数。

7. 邮电业务总量完成额按2000年不变价格计算。

8. 第六次全国森林资源清查涉及的全国森林面积和森林覆盖率含清查间隔期内新增的国家特别规定的灌木林。

表1:主要农产品产量

产品名称		绝对数	比上年增长(%)
粮　食	(万吨)	46947	9.0
#夏　粮	(万吨)	10104	4.8
早　稻	(万吨)	3208	8.8
秋　粮	(万吨)	33635	10.3
油　料	(万吨)	3057	8.8
#花　生	(万吨)	1431	6.6
油菜籽	(万吨)	1304	14.2
棉　花	(万吨)	632	30.1
糖　料	(万吨)	9528	−1.2
#甘　蔗	(万吨)	8948	−0.8
甜　菜	(万吨)	580	−6.1
烤　烟	(万吨)	214	6.2
茶　叶	(万吨)	84	8.7
水　果	(万吨)	15243	5.0
蔬　菜	(万吨)	54927	1.7

表2:主要工业产品产量

产品名称		绝对数	比上年增长(%)
纱	(万吨)	1120.00	13.9
布	(亿米)	420.00	18.8
化纤	(万吨)	1424.54	20.6
机制糖	(万吨)	1017.61	−6.1
卷烟	(亿支)	18744.13	6.5
彩色电视机	(万部)	7328.80	12.0
家用电冰箱	(万台)	3033.38	35.3

产品名称		绝对数	比上年增长(%)
房间空调器	(万台)	6646.22	37.9
一次能源生产总量	(亿吨标准煤)	18.46	15.2
原煤	(亿吨)	19.56	17.3
原油	(亿吨)	1.75	2.9
发电量	(亿千瓦小时)	21870.00	14.5
粗　钢	(万吨)	27279.79	22.7
钢　材	(万吨)	29723.12	23.3
十种有色金属	(万吨)	1430.00	16.4
＃铜	(万吨)	217.00	18.0
氧化铝	(万吨)	699.00	14.7
水泥	(亿吨)	9.70	12.5
硫酸	(万吨)	3994.24	18.5
纯碱	(万吨)	1302.46	14.9
烧碱	(万吨)	1060.26	12.2
乙烯	(万吨)	626.58	2.4
化肥(折100%)	(万吨)	4469.47	15.2
发电设备	(万千瓦)	7137.88	92.9
汽车	(万辆)	507.41	14.2
＃轿车	(万辆)	231.40	11.7
大中型拖拉机	(万台)	9.83	101.4
集成电路	(亿块)	211.46	42.6
程控交换机	(万线)	8464.78	14.7
移动电话机	(万部)	23344.58	28.1
传真机	(万部)	1380.43	84.9
微型电子计算机	(万部)	4512.41	40.3
光通信设备	(万部)	13.96	28.0

2004年浙江省国民经济和社会发展统计公报

2004年，浙江人民在省委、省政府的正确领导下，以邓小平理论和“三个代表”重要思想为指导，全面贯彻党的十六大和十六届三中、四中全会精神，牢固树立和认真落实科学发展观，坚决执行中央宏观调控政策，深入实施“八八战略”，全面建设“平安浙江”，继续深化各项改革，积极应对经济社会发展中存在的新情况和新问题，全省经济保持平稳较快健康发展，各项社会事业全面进步，人民生活水平不断提高。

一、综　　合

国民经济平稳较快增长。全年全省生产总值11243亿元，按可比价格计算，比上年增长14.3%。其中第一产业增加值816亿元，增长3.7%；第二产业增加值6045亿元，增长16.2%；第三产业增加值4382亿元，增长13.9%。在第三产业中，金融保险业增长9.8%，批发和零售贸易餐饮业增长12.2%，房地产业增长8.8%。三次产业增加值结构由上年的7.7：52.6：39.7变化为7.3:53.7:39。全省人均生产总值23942元，比上年增长13.5%。

在全省生产总值中，公有制经济增加值为4160亿元，占37%，比上年下降3.5个百分点；非公有制增加值为7083亿元，占63%，比上年上升3.5个百分点。其中个私经济增加值6195亿元，占55.1%，比上年上升3个百分点。价格总水平有所上涨。全省居民消费价格总水平比上年上涨3.9%。其中，城市上涨2.8%，农村上涨4.6%。居民消费价格中，食品价格上涨11.1%，服务价格上涨2.9%。商品零售价格上涨2.7%。工业品出厂价格上涨5.0%。原材料、燃料、动力购进价格上涨13.4%。固定资产投资价格上涨5.9%。房屋销售价格上涨15.2%

就业人数增加。年末全省就业人员2940万人，比上年末增加21.4万人。其中城镇就业人员796万人，增加46万人。全年全省新增城镇就业岗位61.6万个，年末城镇登记失业率为4.1%，比上年末下降0.1个百分点。

国民经济和社会发展中存在的主要问题是：经济粗放增长的格局尚未根本改变，结构性、素质性、体制性矛盾依然突出；能源、土地、资金、人才等要素制约十分明显，资源利用率不高和环境污染严重的问题仍然存在；农业增效、农民增收的基础还不牢固，企业生产经营成本上升，居民收入差距拉大的趋势仍未改变，部分低收入居民生活比较困难；房地产价格持续上涨，提高了中低收入群众改善住房的门槛等等。

二、农　　业

2004年全省农业生产呈现良好的发展态势，农林牧渔业增加值816亿元，比上年增长3.7%。

农作物种植结构继续调整。2004年，随着中央和省出台的一系列支持农业发展政策的贯彻落实，特别是促进粮食生产各项政策的实施，农民种粮积极性提高，粮食作物播种面积回升。全年总播种面积2778.4千公顷，比上年减少2.0%，其中粮食播种面积1454.5千公顷，比上年增加26.8千公顷，增长1.9%；棉花播种面积18.8千公顷，增长6.5%；果用瓜种植面积102.0千公顷，增长4.6%；药材播种面积27.2千公顷，增长4.1%。油料播种面积237.3千公顷，下降5.4%；蔬菜种植面积661.0千公顷，减少5.7%；花卉苗木面积 114.1 千公顷，减少 0.2%。粮经面积比例由上年的 50.4:49.6 调整到 52.4:47.6。全年粮食总产量为 834.9 万吨，比上年增加 41.5 万吨，增长 5.2%。

畜牧业、渔业生产稳步发展。全年肉类总产量为 161.8 万吨，比上年增长 5.1%，其中猪肉为 126.4 万吨，增长 7.8%。牛奶产量为 26.0 万吨，增长 4.9%。全年生猪出栏 1893.1 万头，增长 5.6%；家禽出栏 19174.8 万只，下降 7.6%。全年水产品总产量为 493.5 万吨，比上年增长 2.2%，其中海水养殖产量增长 1.2%，淡水养殖产量增长 1.7%。

2004 年末，全省农田有效灌溉面积达到 1406.9 千公顷，比上年增长 0.2%，其中旱涝保收面积 1053.2 千公顷，增长 0.6%。全年化肥施用量（折纯）93.3 万吨，比上年增长 3.2%。

三、工业和建筑业

工业生产较快增长。全年工业增加值 5381 亿元，比上年增长 17.0%。其中规模以上工业企业（国有及年产品销售收入 500 万元及以上的非国有工业企业）增加值 4173.4 亿元，增长 21.1%。在规模以上工业增加值中，重工业 2198.9 亿元，占 52.7%；轻工业 1974.5 亿元，占 47.3%。国有及国有控股工业企业增加值 696.5 亿元，增长 13.5%。规模以上工业企业完成出口交货值 4575.8 亿元，增长 29.6%。出口交货值占销售产值的比重由上年的 26.8%提高到 27.1%。

工业企业科技创新不断增强，结构调整取得积极进展。2004 年，规模以上工业企业科技活动经费和研究开发费用支出分别为 93 和 46.9 亿元，分别比上年增长 70.1%和 1.3 倍，购置技术成果费用 7.2 亿元，增长 26.3%。省级以上新产品产值率达到 9.5%。光通信设备、微波通信设备、移动电话机和微型电子计算机等信息通信产品产量分别增长 20.7%、38.3%、12.5%和 1.15 倍。汽车产量 10 万辆，增长 12.9%，其中轿车产量 2 万辆，增长 21.2%。

工业经济效益继续提高。规模以上工业企业利润总额 942.8 亿元，比上年增长 19.1%，其中国有及国有控股企业利润 140.5 亿元，增长 47.2%。38 个工业大类行业中有 31 个行业利润保持增长。规模以上工业企业产品销售率为 97.7%，与上年持平。列入国家考核的 7 项经济效益指标综合指数为 155.9，比上年提高 1.3 点。

全年建筑业增加值 663.6 亿元，比上年增长 9.0%。四级及以上建筑企业利润总额 103 亿元，增长 23.8%；税金总额 118 亿元，增长 24.9%。

四、固定资产投资和房地产业

贯彻宏观调控成效显著，固定资产投资过快增长势头得到有效遏制。全年全社会固定资产投资 5945 亿元，比上年增长 20.2%，增幅比上年回落 18.7 个百分。其中，限额以上固定资产投资 5291.8 亿元，增长 27%，回落 14.4 个百分点。非国有投资 3973 亿元，比上年增长 23.0%，占全社会投资的 66.8%。

工业投资增长明显快于其他产业。在限额以上固定资产投资中，第一产业投资 14.9 亿元，增长 7.6%。第二产业投资 2443.4 亿元，增长 35%。其中工业投资 2404.7 亿元，增长 35.3%。部分工业行业投资高速增长得到遏制，非金属矿物制品业和黑色金属冶炼及压延加工业投资分别增长 30.7%和 90.6%，增幅分别比上年回落 69.9 和 22.8 个百分点。第三产业投资 2833.4 亿元，增长 20.9%。

重点行业投资得到加强。全年限额以上投资项目达 18310 个，比上年增加 1454 个。其中，新开工项目

10175个，增加11个。电力燃气和水的生产和供应、交通运输、批发零售、住宿餐饮、金融、居民服务及其他服务业投资分别增长81.8%、47.4%、55.1%、61%、64.2%和55.6%，研究与试验发展、软件业投资分别增长1.8和2.3倍。镇海炼化800万吨/年炼油扩建工程、钱江四桥等一大批重点项目顺利建成。

房地产投资继续较快增长。房地产开发投资1295.2亿元，比上年增长33.2%；全年商品房销售额868.5亿元，增长21.7%，其中销售给个人增长19.8%，所占比重为94.4%。

五、国内贸易

消费品市场销售增长加快。全年社会消费品零售总额3645.4亿元，比上年增长15.5%，扣除价格因素实际增长12.5%。其中，城市消费品零售额2313亿元，增长15.7%，县及县以下消费品零售额1332.4亿元，增长15.1%。分行业看，批发零售贸易业零售额3087.7亿元，增长14.5%；餐饮业零售额445.3亿元，增长24.1%；其他行业零售额112.4亿元，增长10.4%。在限额以上批发零售贸易业销售额中，汽车类零售额比上年增长28.7%，通信器材类增长72.4%，建筑及装潢材料类增长49.7%，服装类增长35.6%，化妆品类增长34.2%，金银珠宝类增长32.8%，石油及制品类增长31.8%。

商品交易市场稳步发展。全年共有商品交易市场4049个，其中年成交额超亿元的市场497个，超十亿元的市场114个，超百亿元的市场9个。商品交易市场成交额6384亿元，比上年增长14.2%。

六、对外经济

对外贸易增势强劲。全年进出口总额852.3亿美元，比上年增长38.8%，其中出口581.6亿美元，进口270.7亿美元，分别增长39.8%和36.6%。对主要市场的进出口均增长较快。

外商直接投资规模不断扩大。全年批准设立外商直接投资企业3824个，比上年下降13.9%；合同金额145.6亿美元，增长20.8%；实际使用金额66.8亿美元，增长22.6%。

对外经济技术合作保持良好发展势头。全年对外承包工程、对外劳务合作、对外设计咨询新签合同额16.8亿美元，比上年增长37.7%；完成营业额15.3亿美元，增长22.0%。

七、交通运输、邮电和旅游

交通运输和邮电通信业快速增长。全年增加值835.0亿元，比上年增长17.6%。

全年货物周转量2659.1亿吨公里，比上年增长30.4%；旅客周转量787.2亿人公里，增长10.6%。主要港口货物吞吐量4.1亿吨，增长25.8%。

全年邮电业务总量668.8亿元，比上年增长36.2%。其中，邮政业务总量29.0亿元，增长4.8%；电信业务总量639.8亿元，增长37.8%。年末拥有局用电话交换机容量1515万门，比上年增长6.1%；移动电话交换机容量3017万户，新增540万户；长途光缆线路长度19921公里，增长8.0%。年末固定电话用户1975万户，新增318万户。年末移动电话用户2323万户，新增343万户。固定电话普及率由上年末的46.5部/百人提高到59.8部/百人；移动电话普及率由上年末的42.3部/百人提高到49.2部/百人。

旅游业快速发展。全年国内旅游者10600万人次，比上年增长25.8%；国内旅游收入902.5亿元，增长29.8%。境外入境旅游者276.7万人次，增长53.2%。其中外国人177.6万人次，增长66.3%；香港、澳门和台湾同胞99.0万人次，增长34.2%。国际旅游外汇收入13亿美元，增长49.4%。全年国内国际旅游总收入 1010.1 亿元，增长 31.6%。

八、金融、证券和保险

金融机构存贷款平稳增长。年末金融机构本外币各项存款余额 17855.1 亿元，比上年末增长 15.8%。其中人民币存款余额增长 16.8%。全部金融机构本外币各项贷款余额 14982.5 亿元，比上年末增长 20.8%，其中人民币贷款余额增长 19.6%。年末城乡居民本外币储蓄存款余额 7741.7 亿元，比上年末增长 12.4%。

金融机构不良贷款减少。按照五级分类统计，年末银行业主要金融机构不良贷款余额为 319.7 亿元，比年初减少 136.6 亿元，不良贷款率为 2.69%，比年初下降 1.92 个百分点。

证券市场稳定发展。截止 2004 年末，全省已有上市公司 99 家，发行股票 100 只，累计通过证券市场募集资金 441.7 亿元。其中，A 股上市公司 83 家，B 股上市公司 3 家，H 股上市公司 8 家，红筹股 6 家。全年新增上市公司 24 家，募集资金 66.4 亿元。其中国内 A 股首发上市 18 家，募集资金 54.2 亿元，迁址 1 家；香港 H 股创业板 1 家，募集资金 0.3 亿港元；新加坡红筹股 4 家，募集资金 3.9 亿元。

保险事业较快发展。全年内外资保险公司保费收入 291.0 亿元，比上年增长 11.8%。其中寿险保费收入 173.6 亿元；健康险和意外伤害险保费收入 24.3 亿元；财产险保费收入 93.1 亿元。支付各类赔款及给付 88.3 亿元。其中寿险业务给付 20.3 亿元；健康险和意外伤害险赔款及给付 8.1 亿元；财产险赔款 60.0 亿元。

九、教育和科学技术

教育事业加快发展。全省共有普通高校 73 所(含正在筹建的高职学校 7 所)。2004 年，研究生教育共招生 0.8 万人，在学研究生 2.21 万人，毕业生 0.49 万人。普通高考录取率为 76.6%，比上年提高 0.1 个百分点，高等教育毛入学率为 30%，比上年提高 5 个百分点；普通高等教育招生 19.56 万人，普通高校在校生 57.28 万人，毕业生 10.31 万人。各类中等职业教育招生 29.69 万人，在校生 79.53 万人，毕业生 18.22 万人。普通高中招生 29.99 万人，初中毕业升高中段的比例为 87.76%，比上年提高 3.16 个百分点；普通高中在校生 86.06 万人，毕业生 21.56 万人。初中招生 54.73 万人，在校生 180.07 万人，毕业生 64.92 万人。普通小学招生 51.42 万人，在校生 344.31 万人，毕业生 53.24 万人。初中入学率、巩固率分别为 99.23%和 99.89%，特殊教育招生 0.17 万人，在校生 1.42 万人。全省拥有幼儿园 11367 所，在园幼儿 127.85 万人。

科技事业取得新进展。全省全社会科技活动经费投入 222 亿元，比上年增长 19.9%。科学研究与试验发展(R&D)经费支出 95 亿元，增长 22.1%，占全省生产总值的 0.84%，其中基础研究经费 2.54 亿元。年末拥有各类具有中专以上学历或有初级及以上专业技术职务职称的人员 307 万人，比上年增长 9.2%；每万人口中人才资源数从 2003 年的 618 人增加到 675 人；人才资源占从业人员比例从上年的 9.6%提高到 10.4%。高技术产业增加值 340 亿元，比上年增长 27%。受理专利申请 2.53 万件，授权专利 1.52 万件，分别比上年增长 17.9%和 5.6%。全年经认定登记的技术合同 39974 项，合同成交金额 58.15 亿元，比上年增长 9.64%，其中技术交易额 57.47 亿元，增长 9.9%。

质量检验工作进一步加强。全省拥有产品质量检验机构 829 个，其中国家检测中心 7 个；产品质量、体系认证机构 7 个，已累计完成 6215 个企业 2.96 万个产品认证。法定计量技术机构 84 个，全年强制检定计量器具 55.9 万台件。

全省拥有海洋预报监测中心(站)16 个，气象雷达观测站点 3 个，卫星云图接收站点 25 个。全年测绘部门完成各种比例尺地形图 6.5 万幅。

十、文化、卫生和体育

文化大省建设步伐加快。全省共有艺术表演团体 79 个，群艺(文化)馆、文化站 1634 个，公共图书馆 84 个，博物馆 73 个。全省拥有省市级广播电台、电视台各为 12 座，县级广播电视台 66 家。有线广播电视用户达到 799.1 万户，比上年增长 3.5%。广播、电视人口覆盖率分别达到 97.56%和 98.25%。2004 年，全省拍摄电视剧 21 部 377 集。全年城市影院共放映电影 23.89 万场，观众达 556.6 万人次，票房收入 1.22 亿元。图书出版社共出版图书 5735 种，总印数达 2.87 亿册；省级以上公开发行报纸 26 种，总印量 9.9 亿份。全省共有综合档案馆 96 个，已开放各类档案 9572 个全宗，共计 135.4 万卷 2.1 万件。

卫生保健工作加强。全省共有卫生机构 11919 个，其中医院、卫生院 2918 个，妇幼保健院(所、站)88 个，专科疾病防治院(所、站)27 个。医院和卫生院床位 12.5 万张。卫生技术人员 18.5 万人，其中执业医师和执业助理医师 8.3 万人，注册护士 5.3 万人。疾病预防控制中心(防疫站)97 个，卫生技术人员 0.4 万人。卫生监督检验机构 100 个，卫生技术人员 0.2 万人。乡镇卫生院 2236 个，床位 2.1 万张，卫生技术人员 3.6 万人。已建立艾滋病监测点 34 个。

体育事业取得新成绩。全年我省运动健儿共获得 15 个世界冠军、19 个亚洲冠军和 96 个全国冠军。特别是在雅典奥运会上，浙江籍运动员共取得 4 枚金牌、1 枚银牌和 1 枚铜牌，2 人打破 1 项世界纪录、2 项奥运会纪录和 1 项全国纪录，保持了我国恢复参加奥运会以来我省运动员在每届都有金牌的殊荣。全民健身运动蓬勃发展。全年发行体育彩票 14.7 亿元，总销量居全国第 3 位。

十一、人口、人民生活和社会保障

人口保持低速增长。据抽样调查，年末全省常住人口 4719.57 万人，比上年增长 0.86%。其中，男性人口 2390.93 万人，女性人口 2328.64 万人，分别占总人口的 50.66%和 49.34%。全年出生人口 50.12 万人，出生率为 10.71‰；死亡人口 26.95 万人，死亡率为 5.76‰；全年净增人口 40.02 万人，自然增长率为 4.95‰。

城乡居民生活水平继续提高。全年城镇居民人均可支配收入 14546 元，扣除价格上涨因素实际增长 7.4%；农村居民人均纯收入 6096 元，实际增长 7.4%。居民家庭恩格尔系数(即食品消费支出占消费总支出的比重)，城市为 36.2%，比上年降低 0.4 个百分点；农村为 39.5%，上升 1.3 个百分点。全年城镇家庭人均购建房支出达到 1844 元，增长 21.7%，人均住房使用面积 23.9 平方米；农村居民人均居住消费支出 799 元，比上年增长 3.1%，人均居住面积达 51.3 平方米。年末每百户城镇居民家用汽车拥有量为 3.6 辆。

社会保障进一步加强。全省参加基本养老保险人数为 888.0 万人，比上年增加 86.8 万人。其中参保职工 735.6 万人，参保的离退休人员 152.4 万人。参加失业保险的人数为 428.4 万人，增加 31.6 万人。参加医疗保险的人数为 569.2 万人，增加 93.2 万人。其中参保职工 418.9 万人，参保退休人员 150.3 万人。参加工伤、生育保险参保职工分别为 360.4 和 240.0 万人；年末领取失业保险金人数为 11.3 万人，比上年减少 6.2 万人；有低保对象 60.1 万人，其中农村 51.4 万人。全年共支出低保金 4.47 亿元，比上年增长 38%，基本实现动态管理中应保尽保的目标。

社会福利事业成绩显著。全省各类收养性社会福利单位拥有床位 8.6 万张，收养各类人员 6.4 万人。农村五保对象和城镇“三无”对象集中供养率分别从上年的 49.5%、68.8%提高到 81.9%和 90.6%。城镇建立各种社区服务设施 2.6 万个，其中综合性社区服务中心 254 个。全年销售社会福利彩票 8.2 亿元，直接接收社会捐赠款 2.9 亿元。

十二、资源与环境

耕地保护力度加大，耕地面积有所增加。全年建设占用耕地 12.0 千公顷。因农业结构调整减少耕地 0.9 千公顷。土地整理复垦开发补充等新增耕地 16.4 千公顷。全年净增加耕地 2.8 千公顷。

能源消耗率有所降低。2004 年，全省万元 GDP 能耗为 0.76 吨标准煤，按可比价格计算，比上年降低 2.4%。万元工业总产值的综合能源消费量从上年的 0.57 吨标煤下降到 0.51 吨标煤，降低 10.7%。

矿产资源勘探取得新进展。全年全省有地质环境监测站 9 个，安排地质勘查项目 19 项，新查明矿产地 5 处。

环境保护工作继续加强。全年新创建噪声达标区 385 平方公里，烟尘控制区 488 平方公里。城市污水处理率、城市生活垃圾无害化处理率分别为 48%和 87%，均比上年提高 2.1 个百分点。建设项目环评执行率达到 99.41%。全省八大水系、运河、湖库和主要饮用水源地有 54.5%的断面水质达到国家一至三类水质标准；84.4%的省控城市空气质量年均值达到国家二级标准，杭甬温 3 个城市达到二级标准以上的天数分别占到全年的 80.2%、91.9%和 96.9%。

生态环境建设力度加大。全省完成造林面积 21 千公顷，迹地更新 4.5 千公顷；幼林抚育作业面积 82.6 千公顷；当年新增封山育林面积 25.1 千公顷。全省创建国家级生态示范区的市、县(市、区)39 个。全省建有各级自然保护区 50 个，其中国家级自然保护区 8 个；自然保护区面积 27.6 万公顷，占国土总面积的 2.71%。建有省级以上森林公园 78 个。全年新增绿地 1300 公顷。

注：(1)本公报所列各项数据为年度初步统计数据。

(2)全省生产总值和各产业增加值绝对数按现行价格计算，增长速度按可比价格计算。

(3)全省人均生产总值按年平均常住人口口径计算。

2004年金华市国民经济和社会发展统计公报

2004年，全市人民坚持以邓小平理论和“三个代表”重要思想为指导，认真贯彻落实党的十六大和十六届三中全会、四中全会精神，牢固树立和认真落实科学发展观，积极落实中央宏观调控政策，深入实施“三化”战略，扎实推进“平安金华”建设，全市经济保持协调快速发展，各项改革稳步推进，社会事业加快发展，城乡居民生活继续改善，较好地实现了国民经济和社会发展的预期目标。

一、综　　合

经济增长继续加快。据初步测算，2004年全市实现生产总值(GDP)978.38亿元，按可比价格计算，比上年增长16.2％，增幅比上年提高0.7个百分点。其中：第一产业增加值65亿元，增长4.8%；第二产业增加值551.16亿元，增长17%；第三产业增加值362.22亿元，增长17.3%。在第三产业中，金融保险业增长19.5%，批发和零售贸易餐饮业增长13.2%，房地产业增长12.5%。全市人均生产总值达到21703元，增长15.9%。经济运行态势是1996年以来最好的一年，总体也好于全省及全国平均水平。

价格总水平有所上涨。据抽样调查，市区居民消费价格上涨1.8个百分点，商品零售价格上涨0.7个百分点(各类价格指数详见附表1)。

就业人数平稳增加。多渠道开发就业岗位。年末全市拥有各类职业介绍机构167家。全年净增就业岗位6.5万个，失业人员再就业20219人。年末城镇登记失业率为3.2%。

经济结构进一步调整。第一、二、三产业增加值占地区生产总值的比重由上年的7.1 :55.9:37.0变化为6.7 :56.3:37.0，第二产业所占比重比上年提高0.4个百分点。

区域经济之投资、进出口的依存度有所提高，消费的依存度下降。全社会固定资产投资完成额、社会消费品零售总额、进出口总额对地区生产总值的依存度分别为52.8%、28.0%、31.1%，与上年相比，投资、进出口的依存度分别上升1.2、4.9个百分点，消费的依存度下降1.9个百分点。

国民经济和社会发展中存在的主要问题是：经济运行中的不稳定因素仍比较突出；土地、资金等要素制约、电力等能源瓶颈仍没能从根本上得到解决；环境承载压力增大；城乡居民收入差距较大；农业、基础设施建设和社会事业等方面的薄弱环节仍有待加强等。

二、农　　业

2004年全市农业生产呈现良好的发展态势，农林牧渔业增加值65亿元，比上年增长4.8%。

农作物种植结构调整步伐加快。中央一号文件促进粮食生产出现转机，农民种粮积极性提高，粮食作物播种面积回升。全市总播种面积257.67千公顷，比上年增长1.4%，其中粮食播种面积为149.44千公顷，总产量为85.33万吨，分别比上年增长11.5%和16.7%；棉花播种面积3.77千公顷，产量为0.51万吨，分别增长32.3%和31.9%；果用瓜种植面积7.84千公顷，产量为18.56万吨，分别增长16.7%和21.0%。油料播种面积为19.43千公顷，产量为3.3万吨，面积下降9.1%，产量持平；蔬菜播种面积为45.49千公顷，下降6.0%；药材播种面积6.23千公顷，下降2.4%；花卉苗木种植面积9.87千公顷，下降16.3%。经济作物产值占种植业的比重为72.0%。其它各种农产品产量有增有减(主要农产品产量详见附表2)。

生态林业建设平稳推进。全年完成造林面积1.65千公顷，幼林抚育作业面积6.49千公顷；封山育林面积114.36千公顷,其中本年新封面积3.94千公顷;森林覆盖率61.3%。

畜牧业、渔业生产稳步发展。全年肉类总产量17.81万吨,比上年增长9.9%,其中猪肉14.12万吨,增长10.1%。牛奶产量10.72万吨,增长12.4 %。全年生猪出栏186.35万头,增长2.0%;家禽出栏2242.81万只,增长12.1%。全年水产品产量4.94万吨,增长4.5%。

农业生产条件继续改善。全市农田有效灌溉面积157.19千公顷,旱涝保收面积115.01千公顷。年末拥有农业机械总动力179.99万千瓦,比上年末增长9.8%;全年化肥施用量(折纯)9.95万吨,增长4.8%;农村用电量23.28亿千瓦小时,增长7.0%。

三、工业和建筑业

工业生产快速增长。2004年全市完成工业增加值476.56亿元,比上年增长16.7%,工业增加值占GDP的比重48.7%。全市规模以上工业实现总产值1015.68亿元,销售产值985.43亿元,分别增长29.5%、29.0%。规模以上工业企业完成出口交货值333.80亿元,增长32.9%。出口交货值占销售产值的比重由上年的32.9%提高到33.9%。

企业科技创新不断增强。全市规模以上工业技术改造投入加大,科技活动经费与购置技术成果费用分别增长85.2%与158.0%,设备购置费增长133.9%。新产品生产快速增长。全年规模以上工业实现省级以上新产品产值56.2亿元,增长30.3%,新产品产值率由上年的5.5%上升为5.54%;一些主要工业产品产量发生了较大变化(主要工业产品产量详见附表3)。

工业经济效益进一步提高。列入省考核的十一项规模以上工业经济效益评价考核指标综合得分为180.47分,比上年提高1.18分。全年规模以上企业实现利税87.93亿元,增长20.6%,其中利润47.85亿元,增长18.7%。"三资"企业效益增势强劲,利税增长32.7%;私营企业稳步提高,利税增长24.1%;集体企业小幅增长,利税增长6.5%;国有企业略有回落,利税下降9.1%。多数行业效益快速增长,通用设备、金属制品、交通运输设备、化工、纺织、服装鞋帽六大行业实现利润占全市规模以上工业利润总额的59.6%。

建筑业较快发展。全市完成建筑业增加值74.61亿元,比上年增长18.7%。建筑施工面积5754.57万平方米,完成房屋竣工面积2307.18万平方米,分别增长31.0%和19.1%。资质以上建筑企业实现利税总额25.85亿元,增长34.5%。

四、固定资产投资

固定资产投资保持较快增长。2004年全市完成全社会固定资产投资516.1亿元,比上年增长25.2%。增速回落14.9个百分。其中,限额以上固定资产投资413.21亿元,增长28.5%,回落15.6个百分点。民间投资活力进一步增强。全年限额以上非国有投资247.76亿元,比上年增长36.8%,占限额以上投资的60%。在全部限额以上固定资产投资额中:房地产开发完成投资115.46亿元,增长48.9%;投资项目(单位)投资297.75亿元,增长22%。

投资结构有所调整。第三产业投资较快增长,比重有所增加。在限额以上投资中:第一产业完成投资1.28亿元,比重由上年0.6%下降为0.3%;第二产业完成投资163.07亿元,比重由42.3%下降为39.5%,第三产业完成投资248.86亿元,比重由57.1%上升为60.2%。工业投资增长明显快于其他产业。全年工业投资达143.64亿元,增长58.1%。

重点工程进展顺利。85项市级以上重点项目中已建成或基本建成25项,完成投资122.9亿元。其中省重点建设项目49个,完成投资52.62亿元。全年限额以上投资项目达1556个。其中,新开工项目732

个。化学纤维、橡胶、电力燃气和水的生产和供应、交通运输、金融等重点行业投资有大幅增长。浙能兰溪电厂、金华燃机电厂扩建工程、诸永高速公路等21项已完成或基本完成前期工作并开工建设。

房地产业发展迅速。全市完成房地产开发投资115.46亿元，比上年增长48.9%。商品房新开工面积553.96万平方米，竣工265.59万平方米。商品房销售面积219.49万平方米，其中住宅销售面积185.43万平方米。

五、国内贸易

市场销售稳定增长。2004年全市实现社会消费品零售总额273.89亿元，比上年增长14.7%。其中城市消费品零售额203.17亿元，增长14.9%；农村消费品零售额70.72亿元，增长14.0%。分行业看，批发零售贸易业零售额237.27亿元，增长13.5%；餐饮业零售额27.68亿元，增长26%；其它行业零售额8.94亿元，增长13.5%。

市场需求较为旺盛。在限额以上批发零售贸易业销售额中，煤炭及制品类比上年增长153.1%，电子出版及音像制品类增长103.5%，体育娱乐用品类增长67.9%，石油及制品类增长27%，家具类增长23.8%，化工材料及制品类增长20.2%，金银珠宝类增长24.5%。

交易市场日趋成熟。全市商品交易市场384个，总成交额775.62亿元。年成交额超亿元的市场有38个，成交额699.71亿元，比上年增长13.0%。

六、对外经济

进出口高速增长，结构调整初显成效。2004年全市完成进出口总额36.75亿美元，比上年增长45.3%。其中进口总额3.27亿美元，增长58.3%；出口总额33.48亿美元，增长44.1%。生产企业(地产品)出口比重59.9%，比上年提高7.33个百分点；加工贸易出口增长45.2%。

外贸经营主体快速增加。全年新增外贸出口主体692家，全市累计各类经营主体(不包括“三资”企业)达1843家。

招商引资成效明显。全市新批外商投资企业225家，新增合同外资额56352万美元。实际到位外资42983万美元，增长67%。

外经合作稳步发展。全市完成外经营业额2003万美元，增长22.4%。新批境外投资项目32个，对境外投资额639.7万美元，分别增长40%和101%。

七、交通、邮电和旅游

交通运输业快速发展。着力构筑浙中城市群“八高八快十二联”为主骨架的交通网。2004年全市交通建设投资达40.8亿元，其中：高速网络工程投资11.3亿元，境内高速公路通车里程达160.4公里；国省道及重要县道干线畅通工程投资18.1亿元，新建改建二级以上公路里程561.5公里；公路绿色通道工程投资0.5亿元，完成绿色通道648.36公里；乡村康庄工程投资7.9亿元，完成路基改造1145.1公里，路面硬化1322.5公里；全市公路通车总里程达8545.95公里(含乡村康庄公路1648.7公里)。拥有机动车69.92万辆，比上年增长18.1%，其中汽车17.08万辆，增长17.8%。年内公路旅客周转量457238万人公里，货物周转量521559万吨公里。航空出港客运量19.03万人次，货运量3797.8吨。

邮电事业进一步发展。全市完成邮电业务总量47.98亿元。当年新增电话用户34.87万户，年末城乡固定电话用户增至178.38万户，比上年末增长24.3%。其中住宅电话97.52万户，增长3.5%；公用电话18.75万户。主线普及率达39.5部/百人。年末移动电话用户达239.78万户，比上年末增长21.4%。国际互联网络用户达25.66万户。

旅游事业蓬勃发展。全市共接待海内外游客1222.31万人次，比上年增长40.8%，实现旅游业总收入94.36亿元，增长42.4%。其中接待国内游客1198.85万人次，增长40.5%，实现国内旅游收入84.15亿元，增长41.4%；接待入境游客23.46万人次，增长56.2%，旅游创汇1.23亿美元，增长59.8%。全市共有旅行社53家；旅游饭店101家。

八、金融和保险

金融机构存贷款平稳增长。2004年末金融机构本外币存款余额1337.16亿元，比年初增加191.55亿元，增长16.7%。企业存款余额423.51亿元，增长16.8%；城乡居民储蓄存款余额642.86亿元，增长14.5%。金融机构本外币贷款余额1071.33亿元，比年初增加183.33亿元，增长20.6%。其中短期贷款639.97亿元，增长11.8%；中长期贷款345.42亿元，增长27.9%。存贷比例为80.1%。

商业保险业务进一步拓展。全市保险机构全年保费收入28.66亿元，比上年增长17.3%。其中财产险保费收入8.95亿元，寿险保费收入19.71亿元，分别比上年增长37.4%和10.0%。全年支付各类赔偿及给付7.54亿元，其中财产险赔款4.45亿元；寿险赔款1.09亿元，寿险期满给付2.00亿元。

九、教育和科学技术

教育事业均衡协调发展。以巩固普及十五年教育和实施"高标准、高质量"义务教育为目标，走教育强市之路。全市拥有各级各类全日制学校1084所，在校学生72.73万人。其中小学735所，在校学生33.68万人，小学适龄儿童入学率达到100%；初中210所，在校学生17.65万人，初中适龄少年入学率达到99.9%。普通高中教育与中等职业教育协调发展。全市有高中65所，在校生8.55万人；职业高中46所，在校生7.17万人；普通中专7所，在校生1.36万人；初中毕业生升入高中段学校比例90.9%。高等教育规模不断扩大。高等院校4所，在校生36409人；成人高校2所，在校生5009人。学前教育、特殊教育进一步加强。全市拥有幼儿园1972所，在园幼儿13.25万人。特殊教育学校7所，在校学生1031人，残疾儿童入学率94.6%，三类残疾儿童入学率达96.8%。民办教育健康发展，已批办的民办教育机构达2501所。

科技事业稳步推进。市技术创新"52145"工程年度加压目标圆满完成，组织实施市级以上科技项目826项，其中国家级47项，省级226项。全市14项科技成果评为2003年度省科学技术奖，73项评为市科学技术奖。新培育认定市级以上高新技术企业54家，其中国家级5家，省级18家；新组建市级以上技术研发中心19家，其中省级6家。成功举办第五届工科会，科技合作又上新台阶。加强专利管理，专利申请、授权，专利技术实施和保护等工作取得明显成效，经国家知识产权局批准，我市列为国家知识产权试点城市。科技队伍不断壮大。全市年末各类人才总数25万人，其中国有企事业单位共有各类专业技术人员6.5万人(其中高、中级职称2.8万人)。

气象事业取得新进展。新一代天气雷达完成天线吊装，雷达数据处理中心大楼全面竣工，全市中尺度自动监测网二期工程建设和台站综合改造工程全面启动。首次实施火箭人工增雨作业，全面开展地质灾害气象条件预测预警业务及精细化天气预报系统的研究工作。全年一般降水预报准确率78.9%，重要天气预报准确率86.0%。

质量技术监督工作进一步加强。全市获得中国名牌产品3只、浙江名牌产品31只、金华名牌产品52只、国家免检产品4只，主要工业产品采用国际标准累计达373个、采标标志140项，备案企业产品标准1367个，标准执行登记1834项；全年重点产品质量稳定提高率为96.6%，计量器具省级检查合格率为93.0%，工业压力管道和气瓶普查通过省级验收；建立农业标准化示范项目38个、特色优势产业农业标准化示范项目20个，通过国家实验室认可技术机构2个，组建省市级检测中心8个，新增检测项目218项。

十、文化、体育和卫生

文化事业健康发展。2004年末全市拥有艺术专业团体5个，群众艺术馆（文化馆）10个，公共图书馆9个，剧院8家。地市级广播电台1座、电视台1座，县级广播电视台7座。广播电视农村入户工程建设如期完成，并通过省验收。广播综合覆盖率和电视综合覆盖率达98.6%和99.3%。

体育事业上新台阶。我市运动员在省赛中共取得金牌73枚、银牌62枚、铜牌82枚。在全国及其以上级的比赛中，共取得金牌7枚、银牌6枚、铜牌5枚。有1人2次破3项省年龄组纪录，有17人次破15项市纪录，有3人达到运动健将标准，有7人达到一级运动员标准，有159人达到二级运动员标准。我市运动员李杰在意大利米兰举行的射击总决赛中夺得冠军后，又在二十八届奥运会射击比赛中以578环的成绩夺得10米移动靶第6名。杜剑平在第十二届残疾人奥运会游泳比赛中，获得3金3银的优异成绩。全民健身运动蓬勃发展。全年体育彩票销售量达1.1亿元。

卫生事业稳步发展。加快推进浙江中西部医疗中心建设，深化"诚信医院"创建活动，新型农村合作医疗进展顺利。不断完善和巩固疾病防治措施和应急预案，加强疫情监测网络和医疗救治网络。实施科研战略，75项科研课题申报立项，其中省卫生科技创新项目8项，省中医药项目6项，市科技进步项目61项。2004年获省医药卫生科技创新奖8项，获市科技进步奖10项。卫生保健工作加强。全市共有卫生机构431个（不含诊所等），其中医院、卫生院342个，妇保院（所、站）10个，专科疾病防治院（所、站）6个。全市实际开放床位数12020张，其中：医院和卫生院床位11400张。全市卫生技术人员15937人，其中执业医师和执业助理医师7546人，注册护士4650人。疾病预防控制中心（防疫站）11个，卫生技术人员359人；卫生监督检验机构10个，卫生技术人员193人；卫生院282个，实际开放床位1758张，卫生技术人员4112人；另有诊所、医务室、卫生所、社区卫生服务站843个，卫技人员1305人。建立艾滋病监测点2个。

十一、环境保护

环境保护事业取得新进展。实施金华江流域"碧水行动"计划，生态市建设全面推进。2004年末全市拥有各级监测站8个。工业废水排放达标率、工业固体废物综合利用率分别为96.0%、95.4%。烟尘控制区面积329.7平方公里，增长0.3%，噪声达标区140.8平方公里，增长8.7%。全市8个县、市城区空气环境质量均达到国家2级标准，磐安达到1级标准。

生态环境保护力度加大。全市实施生态公益林面积335万亩，累计建成生态公益林41万亩，累计净增森林蓄积量36万立方米。建成自然保护区5个，其中国家级自然保护区1个；森林公园16个，其中省级以上森林公园4个。

十二、人口、人民生活和社会保障

人口总量保持低速增长。2004年全市出生人口58550人，出生率12.98‰，人口自然增长率7.33‰。年末总人口451.70万人，其中市区92.21万人；非农业人口96.95万人，其中市区30.99万人。平均每户家庭人口2.74人。

城乡居民生活水平继续提高。据抽样调查，市区城镇居民人均可支配收入13910元，比上年增长11.8%，剔除物价因素后实际增长9.8%。全市农村居民人均纯收入5018元，增长11.4%，剔除物价因素后实际增长7.5%。居民住房条件继续改善。年末市区城镇居民人均居住面积21.93平方米，比上年末增加0.2平方米；全市农村居民人均生活用房面积49.4平方米，增加0.3平方米。

民政福利事业继续发展。全市拥有各类收养性社会福利单位92个，社会福利床位数8841张，收养各类人员7231人。社区服务业建设步伐加快，成立金华市社区服务中心，开通96345便民呼叫中心，建成城镇社区服务设施663个和城镇便民、利民网点1137个。全市共有低保对象5.09万人，其中城镇4398人，发放最低生活保障金3833万元。实现低保对象动态管理中应保尽保的目标。农村五保对象集中供养率为85.2%，城镇"三无"对象集中供养率为91.1%。发行社会福利彩票9743万元。接收各类社会慈善捐款9083.2万元。

社会保障进一步加强。年末全市参加养老保险总人数60.44万人，比上年净增10.5万人。其中参保职工49.47万人。医疗保险参保人数36.6万人，比上年净增2.7万人。其中参保职工25.77万人。参加失业保险35.1万人；工伤保险16.6万人；女工生育保险8.6万人；被征地农民基本生活保障参保16.5万人。

注：(1)本公报所列各项数据为年度初步统计数据；

(2)人口数为公安部门统计年报数；

(3)公报中生产总值和各产业增加值绝对数按现价计算，增长速度按可比价格计算，人均生产总值按户籍人口计算；

(4)规模以上工业企业指年销售收入500万元及以上工业企业；

(5)限额以上投资指计划总投资500万元以上投资项目和全部房地产开发投资。

表 1:市区各类价格指数(以上年为 100)

居民消费价格总指数	101.8
1. 食品类	108.2
#粮食	140.1
肉禽及制品	122.6
水产品类	105.7
菜类	85.9
2. 烟酒及用品类	99.9
3. 衣着类	89.3
4. 家庭设备用品及维修服务	96.2
5. 医疗保健和个人用品	94.5
6. 交通与通讯	96.3
7. 娱乐教育文化用品及服务	102.4
8. 居住	105.9
商品零售价格指数	100.7

表 2:主要农产品产量

产品名称		绝对数	比上年增长(%)
粮　食	(万吨)	85.33	16.7
#谷　物	(万吨)	77.73	−16.5
油菜籽	(吨)	28445	−0.9
棉　花	(吨)	5070	31.9
蔬　菜	(万吨)	93.31	−1.7
茶　叶	(万吨)	1.67	1.2
水　果	(万吨)	47.49	20
#柑　桔	(万吨)	16.12	22.2
葡　萄	(万吨)	3.54	21.6
草　莓	(吨)	6937	−15.8
蚕　茧	(吨)	3160	−3.1

产品名称		绝对数	比上年增长(%)
肉类产量	(吨)	178063	9.9
#猪牛羊肉	(吨)	145802	10.4
禽　肉	(吨)	31520	5.8
禽蛋产量	(吨)	45948	−3.4
牛奶产量	(吨)	107163	12.4
猪年末出栏	(万头)	186.35	2.0
猪年末存栏	(万头)	139.13	8.9
牛年末存栏	(万头)	6.69	−2.7
#奶牛	(万头)	3.54	6.6
羊年末存栏	(万只)	11.28	−8.7

表3:主要工业产品产量

产品名称		绝对数	比上年增长(%)
纱	(万吨)	7.36	8.0
布	(万米)	17619.03	58.5
服装	(万件)	18762.30	17.4
丝织品	(万米)	81.72	5.5
机制纸板	(万吨)	23.34	−12.1
乳制品	(吨)	195666	7.0
硫酸(折100%)	(吨)	12367	−1.7
化肥(折100%)	(吨)	40411	−12.9
化学农药(折100%)	(吨)	6196	8.6
油漆	(吨)	34571	8.2
塑料制品	(万吨)	8.21	25.0
水泥	(万吨)	1175.84	−9.5
铝	(万吨)	8.65	−8.3
钢材	(万吨)	1.24	−22.4
金属切削机床	(台)	5821	26.5

产品名称		绝对数	比上年增长(%)
内燃机(商品量)	(万千瓦)	247.06	35.2
小型拖拉机	(万台)	5.82	32.2
汽车	(辆)	4971	155.1
自行车	(万辆)	123.62	72.0
通讯电缆	(万公里)	38.79	43.3
发电量	(亿千瓦小时)	12.08	−3.3

注:工业产品产量的统计范围为年销售收入500万元及以上工业企业。

综　合

General Survey

Chapter 1

1—1 行政区划

（2004 年末）　　单位：个

	镇	乡	街道	村委会	社区居委会	居委会	土地面积（平方公里）	人口密度（人/平方公里）
全　市	69	37	40	4836	266	101	10918	414
市　区	17	10	11	1078	114	6	2044	451
#婺城区	9	9	9	585	101	6	1388	448
金东区	8	1	2	493	13		656	457
兰溪市	6	3	6	646	20	6	1310	500
义乌市	6		7	732	30	61	1103	624
东阳市	11	1	6	349	43		1739	456
永康市	5		4	715	17	26	1049	518
武义县	8	7	3	544	14	2	1577	208
浦江县	7	5	3	409	20		900	423
磐安县	9	11		363	8		1196	171

1—2 地理位置和自然资源

项　　目		2004 年
地理位置		
东　　经		119°14′——120°46′30″
北　　纬		28°32′——29°41′
南北跨度	（公里）	129
东西跨度	（公里）	151
土地面积	（平方公里）	10918
森林		
林业用地面积	（千公顷）	694
森林覆盖率	（%）	61.3
活立木总蓄积	（万立方米）	1218
水利资源		
水资源总量	（亿立方米）	54.25
淡水养殖面积	（公顷）	19914

1—3 日照时数、降水量和平均气温

（2004 年）

	全年	1月	2月	3月	4月	5月	6月	7月	8月	9月	10月	11月	12月
日照时数（小时）													
市区	1805.7	85.6	156.6	116.1	155.8	187.1	131.6	121.2	228.3	126.0	219.0	163.7	114.7
兰溪	1692.5	81.3	112.1	90.3	121.1	166.2	120.5	291.2	209.6	95.7	183.3	120.5	100.7
义乌	1953.7	99.7	153.8	118.7	179.7	168.9	128.1	305.6	218.5	119.8	208.8	144.8	107.3
东阳	1884.0	84.0	135.9	108.7	153.9	164.1	120.5	302.7	212.0	118.8	202.6	162.0	118.8
永康	1895.0	84.4	137.4	95.9	145.5	171.1	142.3	301.1	213.6	112.6	216.6	144.3	130.2
武义	1807.7	81.8	137.5	104.6	159.9	131.9	117.1	287.0	211.0	115.9	210.2	137.4	113.4
浦江	1922.0	88.8	144.0	109.4	151.3	161.8	119.7	299.1	204.7	125.2	224.4	164.9	128.7
降水量（毫米）													
市区	1114.9	48.6	96.5	65.4	71.5	243.8	93.2	104.1	87.4	125.3	18.9	56.1	104.1
兰溪	1067.0	48.9	110.6	50.2	70.6	248.7	95.7	69.3	62.0	120.1	14.1	74.7	102.1
义乌	938.0	51.8	82.4	51.1	51.0	158.5	58.4	101.6	44.8	150.4	15.4	48.9	123.7
东阳	1048.5	57.1	89.2	56.0	55.9	178.6	31.4	112.5	59.6	205.3	20.3	45.5	137.1
永康	1224.6	49.3	87.0	92.0	69.7	282.8	64.0	23.7	175.0	189.3	13.9	44.6	133.3
武义	1212.8	48.8	106.0	97.2	62.6	297.8	73.1	81.3	119.9	152.3	8.5	38.7	126.6
浦江	1171.3	59.5	112.5	44.4	48.3	192.1	72.7	81.1	154.6	212.9	10.4	79.3	103.5
平均气温（摄氏度）													
市区	18.5	5.9	10.6	10.9	18.4	23.2	25.5	30.5	30.0	23.8	18.7	15.2	8.7
兰溪	18.1	5.7	10.4	10.8	18.1	20.3	25.3	30.6	30.0	23.7	18.5	15.0	8.3
义乌	18.5	5.6	10.7	10.7	18.6	23.4	25.7	31.0	29.9	23.8	18.7	15.2	8.6
东阳	18.5	5.7	10.8	10.9	18.6	23.3	25.5	30.6	29.8	23.8	18.7	15.2	8.7
永康	18.4	6.0	10.6	11.0	18.8	23.3	25.7	30.6	29.7	23.7	18.3	15.0	8.5
武义	17.8	5.6	9.9	10.5	18.1	22.6	25.1	30.0	29.2	23.3	17.5	14.1	7.8
浦江	17.5	4.8	9.3	10.0	17.6	22.4	24.6	29.9	29.1	23.0	17.7	14.1	7.7

1—4 全市主要年份国民经济主要指标

指　　标		1978年	1980年	1985年	1990年	1995年	2000年	2003年	2004年
年末总人口	(万人)	377.95	386.22	405.60	424.90	436.24	446.42	449.91	451.70
生产总值	(亿元)	9.85	14.25	30.96	74.64	340.46	546.52	801.60	978.38
指数(1978=100)	(%)	100.0	130.6	251.3	425.1	1102.4	1871.3	2691.5	3127.4
人均生产总值	(元)	262	371	766	1761	7828	12271	17831	21703
农林牧渔业总产值	(亿元)	7.34	10.27	17.50	32.96	84.77	81.13	89.12	99.38
指数(1978=100)	(%)	100.0	121.7	171.7	199.3	296.1	273.9	327.7	351.7
粮食产量	(万吨)	153.84	166.61	192.15	178.14	147.15	134.91	73.09	85.33
公路客运周转量	(万人公里)	29437	48949	104864	174783	415492	438390	448850	457238
公路货运周转量	(万吨公里)	8559	10200	17451	97898	371321	351843	469586	521559
邮电业务总量	(万元)	912	1156	2494	5088	34304	237081	369773	479840
全社会固定资产投资	(亿元)	0.51	0.90	6.18	10.27	86.46	165.05	412.19	517.80
社会消费品零售额	(亿元)	3.44	5.80	12.12	24.63	95.95	169.38	238.90	273.89
外贸出口总额	(万美元)				1379	22573	63363	232288	334791
实际利用外资	(万美元)				12	4386	3000	25750	42983
财政收入(老口径)	(万元)	16817	18947	37231	66041	140079	371803	888052	1063478
财政支出	(万元)	7956	10094	19907	46614	103094	244333	541356	682245
城乡居民储蓄存款年末余额	(亿元)	0.55	1.57	6.22	29.19	118.86	301.92	543.20	623.66
农村居民人均纯收入	(元)			472	919	2480	3725	4506	5018
全部职工平均工资	(元)	494	676	1078	2082	5925	12008	20126	22978
高等学校在校学生数	(人)	2023	2952	4368	3734	5185	14458	43683	41418
中等学校在校学生数	(人)	2431	3350	3885	5689	14697	8442	12634	13614
普通中学在校学生数	(万人)	26.23	21.04	22.46	23.50	24.64	25.72	27.29	26.20
小学在校学生数	(万人)	51.30	50.52	42.30	37.34	31.29	35.06	33.23	33.68
卫生机构数	(个)	694	746	847	897	910	399	433	431
#医院		368	373	358	381	384	44	51	60
卫生技术人员数	(人)	6252	7257	11045	13107	14286	13297	15248	15937
#医生		2744	2805	3840	5757	6976	6665	7042	7546
床位数	(张)	4309	4963	6442	8444	9377	10442	11864	12020
#医院		3842	4659	5778	7535	8790	7602	9317	9642

1—5 全市主要年份国民经济主要指标人均水平

单位:元

指标	1978年	1980年	1985年	1990年	1995年	2000年	2003年	2004年
生产总值	262	371	766	1761	7828	12271	17831	21703
农业总产值	195	267	433	777	1949	1822	1982	2205
全社会固定资产投资	14	23	153	242	1988	3706	9169	11486
社会消费品零售总额	92	151	300	581	2206	3803	5314	6076
财政收入(老口径)	45	49	92	156	322	835	1975	2359
财政支出	21	26	49	110	237	549	1204	1513
城乡居民储蓄存款年末余额	15	41	153	687	2725	6763	12083	13834
市区城镇居民可支配收入				1685	6020	9223	12445	13910
市区城镇居民消费支出				1473	5196	8290	9211	9879
农村居民纯收入			472	919	2480	3725	4506	5018
农村居民生活消费支出			424	820	2039	3090	3999	4183
全部职工工资	494	676	1078	2082	5925	12008	20126	22978

1—6 市区主要年份国民经济主要指标

指 标		1978年	1980年	1985年	1990年	1995年	2000年	2003年	2004年
年末总人口	(万人)	73.53	75.60	79.99	84.22	86.68	90.55	92.18	92.21
生产总值	(亿元)	2.72	3.80	7.42	17.06	59.50	96.28	143.38	176.21
人均生产总值	(元)	373	505	931	2032	6892	10682	15571	19113
农林牧渔业总产值	(亿元)	2.04	2.20	3.40	7.32	20.44	23.15	25.68	27.22
指数(1978=100)	(%)	100.0	120.7	164.7	208.2	372.0	394.7	484.6	519.5
全社会固定资产投资	(亿元)	0.10	0.31	1.43	1.96	21.05	39.61	116.60	144.09
社会消费品零售额	(亿元)	0.92	1.67	3.46	7.08	23.57	45.44	64.48	74.16
外贸出口总额	(万美元)				229	5299	16857	41089	47637
实际利用外资	(万美元)				8	1612	1403	10193	13822
财政收入	(万元)	6365	7274	12105	17966	32973	91205	222198	266638
财政支出	(万元)	2420	2835	5302	12563	25411	66425	153523	182614
城乡居民储蓄存款年末余额	(亿元)	0.16	0.40	1.51	6.90	25.77	61.94	112.01	120.21
农村居民人均纯收入	(元)			455	952	2603	3684	4387	4963
城镇居民人均可支配收入	(元)				1685	6020	9223	12445	13910
全部职工平均工资	(元)						11740	22232	25711
高等学校在校学生数	(人)	2023	2952	4368	3734	5185	14458	39870	34994
中等学校在校学生数	(人)	2131	2750	3307	4857	13220	7479	10277	11001
普通中学在校学生数	(万人)		3.37	3.91	4.88	4.75	4.93	4.87	4.64
小学在校学生数	(万人)		8.83	8.09	7.81	5.34	6.04	5.67	5.77
卫生机构数	(个)		206	235	245	235	74	106	103
#医院							16	15	22
卫生技术人员数	(人)		2290	3090	3822	4052	3815	4536	4593
#医生			893	1192	1712	2040	1825	1876	2058
床位数	(张)		1566	2397	3287	3046	3167	3975	3911
#医院							2564	3429	3414

1—7 历年地区生产总值(GDP)

(1978—2004年,当年价格)

单位:万元

年 份	金华市	市 区	兰溪市	义乌市	东阳市	永康市	武义县	浦江县	磐安县
1978	98482	27236	16361	12809	15115	9643	8067	6352	2899
1979	123905	33379	20229	16610	19992	12256	9752	8010	3677
1980	142486	37968	23639	18763	22801	14395	11634	9207	4079
1981	152726	42942	25117	19859	23221	14677	12045	10660	4205
1982	183232	51566	28620	23058	29315	17330	14012	14152	5179
1983	200953	55634	32837	28163	30789	18304	15615	14280	5331
1984	245209	66694	41904	38449	35773	21212	16887	16791	7499
1985	309617	74160	54199	50578	48198	30531	20935	20213	10803
1986	372450	89713	68820	60609	57429	36591	24234	24783	10271
1987	454342	106148	82300	79001	70879	45265	27966	29682	13101
1988	596373	146134	100798	109860	90268	60523	33848	38825	16117
1989	667181	155181	114001	133496	96183	66693	39785	43552	18290
1990	746435	170571	120383	160025	108934	74527	43978	47331	20686
1991	870892	195235	129474	192583	130983	88885	54460	52917	24371
1992	1101333	230704	149878	274972	168776	110299	63182	74081	33107
1993	1559788	295952	198326	407572	267330	159133	85602	112277	42072
1994	2377160	440458	310900	623817	421640	243256	127507	175386	57875
1995	3404570	594989	438475	811241	615771	383191	180023	228611	85244
1996	4249552	725948	553971	935361	783195	501559	213657	253240	104128
1997	4619568	801914	575150	955004	833952	553812	240554	266761	95227
1998	4844853	841091	600522	1007529	842265	598200	251588	274990	99306
1999	5000345	873112	618420	1053574	900817	650600	260233	286301	102782
2000	5465158	962835	667955	1192436	1006666	739370	285083	310441	113376
2001	5973418	1058028	723462	1360106	1100363	820610	313552	340543	124350
2002	6804122	1208071	800961	1560831	1228008	933571	355349	380345	140079
2003	8016023	1433819	924857	1884856	1418899	1106316	423816	451659	165123
2004	9783771	1762061	1110315	2322972	1713395	1350793	522154	556206	201614

1—8 全市历年生产总值及构成

（1978—2004 年，当年价格）

年份	生产总值（万元）					构成（%）				人均生产总值（元）
	合计	第一产业	第二产业	#工业	第三产业	第一产业	第二产业	#工业	第三产业	
1978	98482	50220	27861	24406	20401	51.0	28.3	24.8	20.7	262
1979	123905	66034	33527	29207	24344	53.3	27.1	23.6	19.6	326
1980	142486	71875	41493	36215	29118	50.5	29.1	25.4	20.4	371
1981	152726	72437	46601	40531	33688	47.4	30.5	26.5	22.1	393
1982	183232	90658	52356	44324	40218	49.5	28.6	24.2	21.9	466
1983	200953	91921	61789	54120	47243	45.7	30.8	26.9	23.5	505
1984	245209	109977	78447	69095	56785	44.8	32.0	28.2	23.2	611
1985	309617	124302	112152	97351	73163	40.2	36.2	31.4	23.6	766
1986	372450	140375	139328	120749	92747	37.7	37.4	32.4	24.9	914
1987	454342	156420	179444	158433	118478	34.4	39.5	34.9	26.1	1104
1988	596373	193097	235695	208870	167581	32.4	39.5	35.0	28.1	1431
1989	667181	202442	265974	239091	198765	30.3	39.9	35.8	29.8	1584
1990	746435	212287	298197	268056	235951	28.4	40.0	35.9	31.6	1761
1991	870892	232429	353261	318232	285202	26.7	40.6	36.5	32.7	2043
1992	1101333	245772	463375	413980	392186	22.3	42.1	37.6	35.6	2570
1993	1559788	298982	758863	667150	501943	19.2	48.6	42.8	32.2	3622
1994	2377160	425776	1226629	1074794	724755	17.9	51.6	45.2	30.5	5495
1995	3404570	521209	1897186	1679071	986175	15.3	55.7	49.3	29.0	7828
1996	4249552	583690	2394575	2120700	1271287	13.7	56.4	49.9	29.9	9715
1997	4619568	510872	2644172	2356966	1464524	11.1	57.2	51.0	31.7	10509
1998	4844853	504326	2799758	2503597	1540769	10.4	57.8	51.7	31.8	10968
1999	5000345	502871	2862660	2553366	1634814	10.0	57.3	51.1	32.7	11271
2000	5465158	528422	3094067	2748884	1842669	9.7	56.6	50.3	33.7	12271
2001	5973418	539061	3322179	2921719	2112178	9.0	55.6	48.9	35.4	13358
2002	6804122	554076	3774488	3311083	2475558	8.1	55.5	48.7	36.4	15169
2003	8016023	573984	4466029	3887814	2976010	7.2	55.7	48.5	37.1	17831
2004	9783771	650012	5511618	4765566	3622141	6.7	56.3	48.7	37.0	21703

1—9 市区历年生产总值及构成

（1978—2004年，当年价格）

年 份	生产总值(万元)					构成(%)				人均生产总值(元)
	合计	第一产业	第二产业	#工业	第三产业	第一产业	第二产业	#工业	第三产业	
1978	27236	12170	8505	7910	6561	44.7	31.2	29.0	24.1	373
1979	33379	14613	10986	10147	7780	43.8	32.9	30.4	23.3	450
1980	37968	15651	12877	11474	9440	41.2	33.9	30.2	24.9	505
1981	42942	15963	14715	13212	12264	37.2	34.3	30.8	28.5	565
1982	51566	20323	16630	14167	14613	39.4	32.3	27.5	28.3	668
1983	55634	19069	19671	16955	16894	34.3	35.4	30.5	30.4	709
1984	66694	25782	21512	18373	19400	38.7	32.2	27.5	29.1	841
1985	74160	25116	26233	21977	22811	33.9	35.4	29.6	30.7	931
1986	89713	28540	31953	26330	29220	31.8	35.6	29.3	32.6	1115
1987	106148	30588	38603	32524	36957	28.8	36.4	30.6	34.8	1304
1988	146134	44570	53192	44527	48372	30.5	36.4	30.5	33.1	1775
1989	155181	46126	57151	51228	51904	29.7	36.8	33.0	33.5	1864
1990	170571	49626	66613	60320	54332	29.1	39.0	35.4	31.9	2032
1991	195235	54258	75954	68372	65023	27.8	38.9	35.0	33.3	2312
1992	230704	55212	95513	83742	79979	23.9	41.4	36.3	34.7	2720
1993	295952	58758	131463	112798	105731	19.9	44.4	38.1	35.7	3474
1994	440458	92079	195980	164020	152399	20.9	44.5	37.2	34.6	5141
1995	594989	112466	272432	223899	210091	18.9	45.8	37.6	35.3	6892
1996	725948	122956	355645	294851	247347	16.9	49.0	40.6	34.1	8327
1997	801914	126447	385721	320375	289746	15.8	48.1	40.0	36.1	9115
1998	841091	127877	399215	337357	313999	15.2	47.5	40.1	37.3	9485
1999	873112	124340	414473	348605	334299	14.2	47.5	39.9	38.3	9780
2000	962835	134944	437249	364319	390642	14.0	45.4	37.8	40.6	10682
2001	1058028	139820	486433	403479	431775	13.2	46.0	38.1	40.8	11634
2002	1208071	148346	554574	456079	505151	12.3	45.9	37.8	41.8	13179
2003	1433819	148424	665670	537705	619725	10.4	46.4	37.5	43.2	15571
2004	1762061	168148	825761	656618	768152	9.5	46.9	37.3	43.6	19113

1—10 历年地区生产总值定基发展速度

(1978—2004 年,1978 年=100)

年 份	金华市	市 区	兰溪市	义乌市	东阳市	永康市	武义县	浦江县	磐安县
1978	100.0	100.0	100.0	100.0	100.0	100.0	100.0	100.0	100.0
1979	116.7	120.6	116.8	115.1	120.6	112.8	111.7	112.7	110.1
1980	130.6	140.7	127.7	123.7	135.1	130.6	123.6	119.8	120.2
1981	139.7	161.2	139.2	132.8	135.0	129.2	126.0	134.7	120.5
1982	163.3	194.8	156.8	151.4	161.0	148.4	137.0	168.3	139.2
1983	178.3	212.0	175.2	183.5	165.7	160.9	148.3	173.5	143.2
1984	213.8	248.1	212.3	248.9	194.5	186.9	160.8	203.1	181.9
1985	251.3	262.7	263.2	301.0	232.3	245.4	191.0	228.7	233.4
1986	285.9	292.4	299.9	347.1	265.2	289.8	206.7	271.6	256.1
1987	327.0	324.3	327.9	435.4	308.2	333.1	228.4	311.2	274.5
1988	368.7	362.5	326.7	536.7	356.8	389.1	245.3	361.1	289.0
1989	376.2	355.2	340.0	578.8	330.0	419.0	251.5	377.9	313.5
1990	425.1	394.4	360.0	719.7	392.6	464.7	266.1	425.2	321.3
1991	487.4	445.5	380.8	857.7	453.9	554.0	311.5	430.3	379.4
1992	590.1	494.8	428.8	1172.6	594.7	608.7	348.7	583.7	484.4
1993	687.4	545.4	467.1	1413.5	765.5	726.0	396.5	748.7	501.3
1994	862.7	631.9	600.1	1797.4	996.6	987.1	484.4	882.2	568.3
1995	1102.4	772.4	754.8	1898.9	1302.2	1354.8	615.5	1023.7	738.4
1996	1325.8	926.1	901.4	2126.7	1633.0	1643.3	717.6	1119.8	875.7
1997	1447.8	1010.5	941.1	2179.9	1740.8	1837.2	782.2	1209.2	815.3
1998	1565.0	1098.8	1024.8	2378.3	1940.9	2055.8	835.4	1298.7	874.8
1999	1699.6	1180.6	1104.8	2597.8	2144.7	2298.4	888.0	1401.3	939.6
2000	1871.3	1285.3	1193.2	2904.3	2374.2	2576.5	965.2	1516.2	1031.7
2001	2064.0	1415.1	1311.3	3276.1	2625.9	2854.7	1068.5	1663.3	1141.0
2002	2330.3	1599.1	1456.8	3721.6	2954.1	3228.7	1196.7	1856.3	1283.6
2003	2691.5	1850.9	1653.5	4341.4	3373.6	3751.8	1383.4	2132.8	1477.5
2004	3127.4	2154.8	1894.1	5098.4	3866.8	4355.5	1616.6	2486.5	1703.1

1—11 历年地区生产总值环比发展速度

(1978—2004 年,以上年=100)

年 份	金华市	市 区	兰溪市	义乌市	东阳市	永康市	武义县	浦江县	磐安县
1979	116.7	120.6	116.8	115.1	120.6	112.8	111.7	112.7	110.1
1980	111.9	116.7	109.3	107.5	112.1	115.8	110.7	106.3	109.2
1981	107.0	114.6	109.0	107.4	99.9	98.9	101.9	112.4	100.2
1982	116.9	120.8	112.6	114.0	119.2	114.9	108.7	125.0	115.6
1983	109.2	108.8	111.7	121.2	102.9	108.4	108.3	103.1	102.8
1984	119.9	117.1	121.2	135.6	117.3	116.2	108.5	117.1	127.1
1985	117.5	105.9	124.0	120.9	119.4	131.3	118.8	112.6	128.3
1986	113.8	111.3	114.0	115.3	114.2	118.1	108.2	118.7	109.8
1987	114.4	110.9	109.3	125.4	116.2	114.9	110.5	114.6	107.2
1988	112.8	111.8	99.6	123.2	115.8	116.8	107.4	116.0	105.3
1989	102.0	98.0	104.1	107.9	92.5	107.7	102.5	104.6	108.5
1990	113.0	111.0	105.9	124.3	119.0	110.9	105.8	112.5	102.5
1991	114.7	112.9	105.8	119.2	115.6	119.2	117.0	101.2	118.1
1992	121.1	111.1	112.6	136.7	131.0	109.9	111.9	135.7	127.7
1993	116.5	110.2	108.9	120.5	128.7	119.3	113.7	128.3	103.5
1994	125.5	115.9	128.5	127.2	130.2	136.0	122.2	117.8	113.3
1995	127.8	122.2	125.8	105.6	130.7	137.2	127.1	116.1	129.9
1996	120.3	119.9	119.4	112.0	125.4	121.3	116.6	109.4	118.6
1997	109.2	109.1	104.4	102.5	106.6	111.8	109.0	108.0	93.1
1998	108.1	108.7	108.9	109.1	111.5	111.9	106.8	107.4	107.3
1999	108.6	107.4	107.8	109.2	110.5	111.8	106.3	107.9	107.4
2000	110.1	108.9	108.0	111.8	110.7	112.1	108.7	108.2	109.8
2001	110.3	110.1	109.9	112.8	110.6	110.8	110.7	109.7	110.6
2002	112.9	113.0	111.1	113.6	112.5	113.1	112.0	111.6	112.5
2003	115.5	115.7	113.5	116.7	114.2	116.2	115.6	114.9	115.1
2004	116.2	116.4	114.6	117.4	114.6	116.1	116.9	116.6	115.3

1—12 历年人均地区生产总值

（1978—2004年，当年价格）

单位：元

年 份	金华市	市 区	兰溪市	义乌市	东阳市	永康市	武义县	浦江县	磐安县
1978	262	373	287	235	222	221	279	199	159
1979	326	450	350	301	290	278	334	248	198
1980	371	505	406	336	328	323	395	281	218
1981	393	565	427	352	332	325	405	321	222
1982	466	668	483	403	414	378	466	420	271
1983	505	709	549	486	430	394	514	418	276
1984	611	841	697	657	497	452	554	486	386
1985	766	931	896	857	665	645	683	582	550
1986	914	1115	1129	1017	786	767	784	710	518
1987	1104	1304	1337	1312	958	939	897	843	657
1988	1431	1775	1620	1800	1202	1238	1077	1090	803
1989	1584	1864	1809	2165	1268	1345	1254	1211	909
1990	1761	2032	1893	2584	1435	1481	1375	1307	1029
1991	2043	2312	2026	3091	1725	1746	1690	1454	1213
1992	2570	2720	2328	4380	2213	2153	1949	2023	1643
1993	3622	3474	3065	6441	3491	3102	2629	3046	2083
1994	5495	5141	4791	9792	5481	4731	3904	4725	2862
1995	7828	6892	6722	12648	7974	7410	5502	6127	4203
1996	9715	8327	8449	14487	10099	9641	6519	6761	5122
1997	10509	9115	8752	14696	10705	10602	7329	7107	4677
1998	10968	9485	9112	15386	11700	11400	7656	7299	4860
1999	11271	9780	9361	15986	11478	12343	7917	7575	5019
2000	12271	10682	10120	17945	12794	13970	8686	8201	5521
2001	13358	11634	10978	20292	13964	15419	9566	8979	6045
2002	15169	13179	12184	23148	15572	17458	10841	10006	6795
2003	17831	15571	14115	27783	17973	20601	12933	11864	8007
2004	21703	19113	16956	33942	21645	24972	15925	14603	9804

1—13 历年人均地区生产总值环比发展速度

(1978—2004年,比上年=100)

年 份	金华市	市 区	兰溪市	义乌市	东阳市	永康市	武义县	浦江县	磐安县
1979	115.2	118.6	115.5	113.8	119.4	111.4	110.5	111.0	108.7
1980	110.7	115.1	108.3	106.3	111.1	114.6	109.8	104.8	107.9
1981	105.9	113.3	108.1	106.2	99.1	97.6	101.0	110.9	99.2
1982	115.4	119.1	111.6	112.5	117.9	113.2	107.5	123.3	114.3
1983	107.9	106.9	110.8	119.6	101.9	107.0	107.3	101.8	101.9
1984	119.0	116.0	120.5	134.4	116.6	114.9	108.0	115.9	126.2
1985	116.8	105.3	123.3	119.9	118.7	130.2	118.1	111.8	126.9
1986	112.8	110.2	113.1	114.2	113.3	117.3	107.3	118.1	108.8
1987	113.2	109.6	108.3	124.1	114.8	113.7	109.6	113.5	106.5
1988	111.4	110.5	98.5	121.6	114.1	115.2	106.5	114.7	104.6
1989	101.0	96.9	102.8	106.7	91.5	106.2	101.6	103.6	108.2
1990	112.2	110.1	105.0	123.8	118.9	109.3	104.9	111.8	102.6
1991	114.1	112.3	105.2	118.5	115.6	117.8	116.2	100.6	118.2
1992	120.4	110.6	111.8	135.6	130.5	109.2	111.3	134.9	127.3
1993	115.9	109.7	108.4	119.6	128.2	119.1	113.2	127.4	103.3
1994	124.9	115.2	128.1	126.3	129.6	135.7	121.8	117.0	113.2
1995	127.1	121.3	125.1	104.9	130.2	136.5	126.8	115.4	129.6
1996	119.6	118.8	118.8	111.3	124.9	120.6	116.4	109.0	118.3
1997	108.7	108.1	104.2	101.8	106.1	111.4	108.9	107.8	93.0
1998	107.6	107.9	108.6	108.3	111.0	111.4	106.7	107.0	107.1
1999	108.1	106.6	107.5	108.5	110.1	111.3	106.3	107.6	107.1
2000	109.7	107.9	108.1	110.9	110.4	111.6	108.9	108.0	109.5
2001	109.9	109.1	110.1	111.8	110.4	110.2	110.8	109.5	110.3
2002	112.6	112.1	111.4	113.0	112.4	112.6	112.0	111.4	112.3
2003	115.2	115.2	113.9	115.9	114.1	115.7	115.6	114.7	115.1
2004	115.9	116.3	114.7	116.4	114.3	115.3	116.8	116.5	115.6

1—14　地区生产总值

（2004 年）　　单位:万元

指　　标	全　市	市　区	兰溪市	义乌市	东阳市
地区生产总值	9783771	1762061	1110315	2322972	1713359
第一产业	650012	168148	89644	89244	90959
第二产业	5511618	825761	659173	1216333	1116417
工　业	4765566	656618	556874	1036086	980489
建筑业	746052	169143	102299	180247	135928
第三产业	3622141	768152	361498	1017395	505983
交通运输仓储及邮政业	407450	75251	57662	76594	55464
批发和零售业	982808	143906	79015	466799	113077
住宿和餐饮业	178340	44383	27206	57886	17760
金融业	532757	111781	26695	152082	79161
房地产业	213717	64994	31928	38567	39408
其他服务业	1307069	327837	138992	225467	201113
人均地区生产总值(元)	21703	19113	16956	33942	21645

1—14 续表　　(2004 年)　　单位:万元

指　　标	永康市	武义县	浦江县	磐安县
地区生产总值	**1350793**	**522154**	**556206**	**201614**
第一产业	52287	60044	43314	40675
第二产业	899293	284493	343853	107397
工　业	829636	231905	302631	89282
建筑业	69657	52588	41222	18115
第三产业	399213	177617	169039	53542
交通运输仓储及邮政业	30087	34403	29519	7345
批发和零售业	86691	33131	28750	9182
住宿和餐饮业	22840	9743	12651	2738
金融业	79654	18484	17920	5640
房地产业	25729	12869	11227	4179
其他服务业	154212	68987	68972	24458
人均地区生产总值(元)	**24972**	**15925**	**14603**	**9804**

1—15 地区生产总值发展速度

(2004 年,2003 年=100)

指　　标	全　市	市　区	兰溪市	义乌市	东阳市
地区生产总值	116.2	116.4	114.6	117.4	114.6
第一产业	104.8	104.8	105.6	105.1	104.7
第二产业	117.0	117.2	115.5	117.2	113.8
工　业	116.7	116.3	114.5	116.8	113.2
建筑业	118.7	121.6	122.0	120.2	118.9
第三产业	117.3	118.4	115.3	118.9	118.8
交通运输仓储及邮政业	115.3	115.3	114.2	114.8	116.1
批发和零售业	112.5	114.2	112.8	115.6	115.7
住宿和餐饮业	117.4	116.2	116.7	116.0	116.0
金融业	119.5	119.5	114.6	116.3	115.9
房地产业	112.5	114.5	117.8	136.8	117.7
其他服务业	122.3	122.1	116.7	128.6	123.3
人均地区生产总值	115.9	116.3	114.6	116.4	114.3

1—15续表　　　　　　（2004年，2003年＝100）

指　　标	永康市	武义县	浦江县	磐安县
地区生产总值	116.1	116.9	116.6	115.3
第一产业	103.2	105.2	106.1	102.5
第二产业	116.2	119.4	117.1	118.7
工　业	116.3	120.3	116.1	116.8
建筑业	115.3	115.3	125.6	130.1
第三产业	117.8	117.3	118.7	119.6
交通运输仓储及邮政业	116.2	116.0	115.0	113.5
批发和零售业	115.6	114.6	114.5	111.2
住宿和餐饮业	115.3	119.5	115.6	112.1
金融业	117.8	121.5	112.0	118.5
房地产业	118.6	117.1	126.3	130.1
其他服务业	119.8	117.9	123.7	125.6
人均地区生产总值	115.3	116.8	116.5	115.6

1—16 企业家信心指数和企业景气指数

(2000—2004年)

年 份	企业家信心指数	#工业	企业景气指数	#工业
2000年				
第一季度	138.5	151.4	143.3	153.2
第二季度	132.3	141.0	140.5	153.3
第三季度	140.5	158.1	145.6	159.7
第四季度	135.6	146.5	144.0	149.2
2001年				
第一季度	127.6	128.4	114.9	111.1
第二季度	118.8	116.2	124.8	128.8
第三季度	125.0	122.8	121.4	119.8
第四季度	110.9	107.6	128.6	124.5
2002年				
第一季度	133.0	138.4	136.8	144.5
第二季度	131.2	135.2	149.6	157.3
第三季度	126.0	122.8	136.8	139.8
第四季度	125.7	124.4	142.6	138.6
2003年				
第一季度	139.5	136.8	138.6	135.4
第二季度	136.2	147.0	123.2	136.6
第三季度	144.5	148.7	143.7	147.8
第四季度	150.7	154.3	153.2	154.7
2004年				
第一季度	140.1	141.3	143.7	135.3
第二季度	129.3	127.4	138.2	132.7
第三季度	125.3	127.5	130.5	125.7
第四季度	131.5	129.7	140.6	142.3

主要统计指标解释

国内(地区)生产总值(GDP) 是按市场价格计算的国内生产总值的简称,它是一个国家(地区)所有常住单位在一定时期内生产活动的最终成果。国内生产总值有三种表现形态,即价值形态、收入形态和产品形态。从价值形态看,它是所有常住单位在一定时期内所生产的全部货物和服务价值超过同期投入的全部非固定资产货物和服务价值的差额,即所有常住单位增加值之和;从收入形态看,它是所有常住单位在一定时期内所创造并分配给常住单位和非常住单位的初次分配收入之和;从产品形态看,它是最终使用的货物和服务减去进口货物和服务。在实际核算中,国内生产总值的三种表现形态表现为三种计算方法,即生产法、收入法和支出法。三种方法分别从不同的方面反映国内生产总值及其构成。

可比价格 指在不同时期的价值指标对比时,扣除了价格变动的因素,以确切反映物量的变化。按可比价格计算有两种方法:一种是直接用产品产量乘某一年的不变价格计算;另一种是用价格指数换算。

不变价格 指用同类产品的年平均价格作为固定价格,来计算各年产品价值。按不变价格计算的产品价值消除了价格变动因素,不同时期对比可以反映生产的发展速度。新中国成立后,随着工农业产品价格水平的变化,国家统计局先后五次制定了全国统一的工(农)业产品不变价格,从1949年到1957年使用1952年工(农)业产品不变价格,从1957年到1971年使用1957年不变价格,从1971年到1981年使用1970年不变价格,从1981年到1990年使用1980年不变价格,从1990年开始使用1990年不变价格。

平均每年增长速度 在我国计算平均增长速度有两种方法,一种是习惯上经常使用的"水平法",又称几何平均法,是以间隔期最后一年的水平同基期水平对比来计算平均每年增长(或下降)速度。另一种是"累计法",又称代数平均法或方程法,是以间隔期内各年水平的总和同基期水平对比来计算平均每年增长(或下降)速度。

在一般正常情况下,两种方法计算的平均每年增长速度比较接近,但在经济发展不平衡,出现大起大落时,两种方法计算的结果差别较大。

本《年鉴》内所列的平均每年增长速度,一般采用"水平法"计算。从某年到某年平均每年增长速度的年份,均不包括基期年在内。如改革开放二十四年的平均增长速度是以1978年为基期计算的,则写为1979-2002年平均增长速度,余类推。

三次产业 根据社会生产活动历史发展的顺序对产业结构的划分,产品直接取自自然界的部门称为第一产业,对初级产品进行再加工的部门称为第二产业,为生产和消费提供各种服务的部门称为第三产业。它是世界上通用的产业结构分类,但各国的划分不尽一致。我国的三次产业划分是:

第一产业:农业(包括种植业、林业、牧业、副业、渔业和农林牧渔服务业)。

第二产业:工业(包括采掘工业、制造业、自来水、电力、蒸气、热水、煤气)和建筑业。

第三产业:除第一、第二产业以外的其他各业。由于第三产业包括的行业多、范围广,根据我国的实际情况,第三产业可分为两大部分:一是流通部门,二是服务部门。具体又可分为四个层次:

第一层次:流通部门,包括交通运输业、邮电通讯业、商业、饮食业、物资供销和仓储业。

第二层次:为生产和生产服务的部门,包括金融、保险业,地质普查业,房地产、公用事业,居民服务业,咨询服务业和综合技术服务业，水利业，公路、内河(湖)航道养护业等。

第三层次：为提高科学文化水平和居民素质服务的部门，包括教育、文化、广播电视，科学研究、卫生、体育和社会福利事业等。

第四层次：为社会公共需要服务的部门，包括国家机关、政党机关、社会团体，以及军队和警察等。

景气指数 又称景气度，是对企业景气调查中定性指标的定量描述。景气指数的表示范围在0—200之间。100为景气指数的临界值，表明经济状况变化不大；100—200为景气区间，表明经济状况趋于上升或改善，越接近200越景气；0—100为不景气区间，表明经济状况趋于下降或恶化，越接近0越不景气。

企业家信心指数 是根据企业家对企业外部市场经济环境与宏观政策的认识看法、判断(通常为“乐观”、“一般”、“不乐观”的选择)而编制的指数，用以综合反映企业家对宏观经济环境的感受与信心。

企业景气指数 是根据企业对本企业综合生产经营情况的判断(通常为“好”、“一般”、“不佳”的选择)而编制的指数，用以综合反映企业的生产经营状况。

人口和从业人员

Population and Employment

Chapter 2

2—1 全市历年总户数和总人口数

（1978—2004年，年末数）

年 份	总户数（万户）	总人口（万人）	一、按性别分（万人）		二、按农业和非农业分（万人）	
			男 性	女 性	农业人口	非农业人口
1978	92.33	377.95	195.02	182.93	353.86	24.09
1979	93.47	382.34	197.18	185.16	355.93	26.41
1980	94.79	386.22	199.48	186.74	358.73	27.49
1981	98.33	390.56	201.76	188.80	359.97	30.59
1982	101.30	396.09	205.05	191.04	362.64	33.45
1983	103.08	400.17	207.46	192.71	365.46	34.71
1984	105.13	402.36	208.59	193.77	364.85	37.51
1985	109.58	405.60	209.77	195.83	361.54	44.06
1986	114.95	409.22	211.76	197.46	366.06	43.16
1987	120.57	414.11	214.29	199.82	369.68	44.43
1988	126.83	419.28	216.84	202.44	372.87	46.41
1989	130.75	423.07	219.02	204.05	375.25	47.82
1990	132.57	424.90	220.13	204.77	377.00	47.90
1991	134.16	427.52	221.57	205.95	378.24	49.28
1992	139.18	429.71	222.81	206.90	377.47	52.24
1993	141.43	431.58	223.92	207.66	377.51	54.07
1994	141.64	433.64	224.99	208.65	377.29	56.35
1995	143.36	436.24	226.21	210.03	377.23	59.01
1996	144.28	438.61	227.21	211.40	376.94	61.67
1997	146.21	440.51	227.91	212.60	375.54	64.97
1998	148.59	442.96	229.11	213.85	375.85	67.11
1999	150.99	444.33	229.78	214.55	373.44	70.89
2000	153.30	446.42	230.50	215.92	369.69	76.73
2001	155.08	447.94	231.34	216.60	364.14	83.80
2002	158.22	449.19	231.58	217.62	359.41	89.78
2003	161.38	449.91	231.78	218.13	356.94	92.97
2004	164.78	451.70	232.46	219.24	354.75	96.95

2—2 总户数、总人口及人口变动情况

（2004 年）

指　　标		金华市	市　区	兰溪市	义乌市	东阳市
年末总户数	（万户）	164.79	34.91	22.36	25.81	28.93
平均每户人口数	（人）	2.74	2.64	2.93	2.67	2.74
年末总人口	（万人）	451.70	92.21	65.54	68.83	79.32
△按性别分						
男		232.46	47.23	34.36	35.15	40.26
女		219.24	44.98	31.18	33.68	39.06
△按农业与非农业分						
非农业人口		96.95	30.99	11.69	19.73	12.69
农业人口		354.75	61.22	53.85	49.10	66.63
农业人口占总人口的比重	（%）	78.5	66.4	82.2	71.3	84.0
年平均人口	（万人）	450.80	92.19	65.48	68.44	79.16
人口增减变动情况						
出生人口	（人）	58550	10441	7215	8267	9534
死亡人口	（人）	25465	4903	2424	4303	5729
自然增长人口	（人）	33085	5538	4791	3964	3805
迁入人口	（人）	50198	16532	6116	7561	6204
迁出人口	（人）	62232	21574	9717	3343	7135
出生率	（‰）	12.99	11.33	11.02	12.08	12.04
死亡率	（‰）	5.65	5.32	3.70	6.29	7.24
自然增长率	（‰）	7.34	6.01	7.32	5.79	4.81

2—2续表　　　　　　　　(2004年)

指　　标		永康市	武义县	浦江县	磐安县
年末总户数	(万户)	19.44	12.12	13.64	7.57
平均每户人口数	(人)	2.79	2.71	2.79	2.71
年末总人口	(万人)	54.35	32.83	38.10	20.50
△按性别分					
男		27.77	17.08	19.85	10.75
女		26.59	15.75	18.26	9.75
△按农业与非农业分					
非农业人口		8.47	4.80	5.99	2.57
农业人口		45.88	28.03	32.11	17.93
农业人口占总人口的比重	(%)	84.4	85.4	84.3	87.5
年平均人口	(万人)	54.09	32.79	38.09	20.56
人口增减变动情况					
出生人口	(人)	7156	4687	8779	2471
死亡人口	(人)	2639	2646	1884	937
自然增长人口	(人)	4517	2041	6895	1534
迁入人口	(人)	4578	3780	4787	640
迁出人口	(人)	3437	4971	10313	1742
出生率	(‰)	13.23	14.29	23.05	12.02
死亡率	(‰)	4.88	8.07	4.95	4.56
自然增长率	(‰)	8.35	6.22	18.10	7.46

2—3 计划生育情况

（2004 年）

指　　标		金华市	市 区	兰溪市	义乌市	东阳市
一、计划生育率	（%）	97.77	98.42	96.32	98.48	97.57
二、当年出生人数	（人）	49673	10294	6551	7959	8138
#女		23942	5016	3172	3835	3890
1.一孩人数		36136	8221	4605	5408	6028
#计划内的		35906	8151	4549	5392	5991
2.二孩人数		13222	2042	1890	2479	2066
#计划内的		12478	1963	1740	2393	1923
3.多孩人数		315	31	56	72	44
#计划内的		182	17	21	53	26
三、计划内出生人数	（人）	48566	10131	6310	7838	7940
四、已婚育龄妇女人数	（人）	993399	181458	146860	155243	182145
五、初婚妇女人数	（人）	32417	6640	4671	4809	5658
六、节育手术例数	（人次）	57790	12521	8570	8763	10172
1.男扎		36	1	3	7	4
2.女扎		9865	1453	1251	2243	1603
3.放环		31353	6542	4195	5013	5020
4.皮埋		207	16	4	12	131

2—3 续表 (2004 年)

指标		永康市	武义县	浦江县	磐安县
一、计划生育率	(%)	97.75	97.41	98.21	97.16
二、当年出生人数	(人)	6538	3316	4197	2680
#女		3074	1620	2040	1295
1.一孩人数		4387	2471	3097	1919
#计划内的		4381	2444	3095	1903
2.二孩人数		2096	827	1079	743
#计划内的		1979	779	1012	689
3.多孩人数		55	18	21	18
#计划内的		31	7	15	12
三、计划内出生人数	(人)	6391	3230	4122	2604
四、已婚育龄妇女人数	(人)	118990	74752	85612	48339
五、初婚妇女人数	(人)	4020	2188	2805	1626
六、节育手术例数	(人次)	7513	3896	3177	3178
1.男扎		13		6	2
2.女扎		1833	543	381	558
3.放环		4685	2002	2135	1761
4.皮埋		7	8	27	2

2—4 历年全部职工人数

（1978—2004年）　　单位:万人

年　份	金华市	市　区	兰溪市	义乌市	东阳市	永康市	武义县	浦江县	磐安县
1978	20.10	7.28	3.41	2.17	2.38	1.73	1.67	1.14	0.32
1979	21.45	7.57	3.60	2.39	2.73	1.79	1.81	1.21	0.35
1980	22.72	8.28	3.71	2.38	2.88	1.93	1.84	1.34	0.36
1981	23.87	8.55	4.02	2.49	2.98	2.07	1.96	1.42	0.38
1982	24.47	8.65	4.20	2.54	3.05	2.15	2.01	1.48	0.39
1983	25.35	9.17	4.32	2.56	3.16	2.16	1.98	1.54	0.46
1984	26.75	9.49	4.42	2.70	3.49	2.21	2.07	1.64	0.73
1985	29.08	10.50	4.65	3.02	3.65	2.36	2.29	1.74	0.87
1986	31.07	11.15	4.96	3.16	4.01	2.55	2.44	1.92	0.88
1987	33.02	11.79	5.37	3.38	4.30	2.61	2.64	2.00	0.93
1988	34.51	12.40	5.58	3.45	4.45	2.74	2.78	2.08	1.03
1989	34.34	12.93	5.53	3.48	4.51	2.67	2.11	2.06	1.04
1990	34.55	12.22	5.50	3.47	4.58	2.74	2.81	2.16	1.08
1991	35.81	12.63	5.77	3.72	4.66	2.83	2.91	2.18	1.11
1992	36.47	12.79	5.89	3.83	4.78	2.93	2.97	2.20	1.11
1993	37.80	13.28	5.91	3.81	5.29	2.99	3.01	2.44	1.07
1994	38.40	13.22	5.78	4.17	5.99	2.86	2.88	2.25	1.25
1995	37.73	12.21	5.87	4.28	6.03	3.01	2.85	2.24	1.24
1996	37.53	10.72	5.90	4.38	7.66	2.02	2.71	2.09	1.17
1997	36.05	10.72	5.67	4.43	6.78	2.92	2.56	1.83	1.13
1998	31.33	8.98	4.99	3.57	6.79	2.56	2.11	1.23	1.09
1999	30.77	8.90	4.66	3.63	6.85	2.63	1.88	1.18	1.04
2000	27.73	8.46	3.99	3.58	6.48	2.09	1.27	1.10	0.76
2001	25.60	6.81	3.51	3.73	5.82	1.92	1.12	1.46	0.69
2002	27.40	7.08	3.44	4.03	6.91	2.63	1.10	1.46	0.76
2003	28.44	7.43	3.37	4.41	7.42	2.66	1.08	1.22	0.85
2004	31.99	7.20	4.21	4.40	10.23	2.74	1.33	1.35	0.53

2—5 历年在岗职工工资总额、平均人数及平均工资

（1995－2004 年）

年 份	金华市	市 区	兰溪市	义乌市	东阳市	永康市	武义县	浦江县	磐安县
工资总额(万元)									
1995	220058	86324	31973	24203	36442	18972	14745	10646	6702
1996	242135	70644	34533	29152	55461	18595	15258	11015	7478
1997	261971	80816	37883	35097	53214	20311	16283	11416	6952
1998	266939	78712	36027	35413	60108	22416	15575	10835	7853
1999	294596	86874	35395	44470	66205	25883	15033	11720	9017
2000	326975	97477	37800	54322	76754	25349	14484	12820	7969
2001	388842	111326	41870	72388	83012	31979	15986	20571	11564
2002	457327	133019	45572	80649	96799	47210	18046	22305	13727
2003	558269	162589	53331	108423	116395	56455	21101	23959	16017
2004	716003	183681	71097	127519	175550	76750	33405	33265	14738
年平均人数(人)									
1995	371423	121074	58653	41626	58485	30433	28300	21020	11832
1996	371195	106926	58289	42990	74459	29083	27184	20794	11470
1997	358342	107227	57187	43419	66124	29186	25743	18440	11016
1998	317404	91860	51631	36262	65774	26088	21866	12984	10939
1999	288843	84130	42974	35263	63240	24135	17577	11254	10270
2000	264047	79131	38480	34576	61277	19785	12540	10714	7544
2001	247608	68842	36194	35879	56434	18332	10778	13984	7145
2002	260705	66750	33193	38271	65316	24900	10812	14145	7318
2003	271590	71046	32046	42504	70661	24931	10487	11640	8275
2004	307815	70401	39885	42533	97788	26189	12994	12781	5244
平均工资(元)									
1995	5925	7130	5451	5814	6231	6234	5210	5065	5665
1996	6523	6607	5924	6781	7449	6394	5613	5297	6519
1997	7311	7537	6624	8083	8048	6959	6325	6191	6311
1998	8410	8569	6978	9766	9139	8593	7123	8345	7178
1999	10199	10326	8236	12611	10469	10724	8552	10414	8780
2000	12383	12318	9823	15711	12526	12812	11550	11965	10564
2001	15704	16171	11568	20176	14710	17444	14832	14710	16185
2002	17542	19928	13729	21073	14820	18960	16691	15769	18758
2003	20556	22885	16642	25509	16472	22644	20121	20584	19355
2004	23261	26091	17825	29981	17952	29306	25708	26027	28105

2—6 全市历年职工工资总额

（1978—2004 年）

单位：万元

年　份	全部职工	国有经济单位职工	城镇集体经济单位职工	其他经济类型单位职工
1978	9936	7157	2779	
1979	11706	8442	3264	
1980	15360	10951	4409	
1981	16324	11808	4566	
1982	17585	12819	4766	
1983	18740	13754	4986	
1984	23179	15843	7260	
1985	31432	21506	9828	98
1986	39863	27496	12242	125
1987	45895	31644	13890	161
1988	58581	41078	17326	177
1989	64133	44775	19067	291
1990	70799	50434	19987	378
1991	79569	56613	22588	368
1992	94952	68264	26301	387
1993	126222	88710	32753	4758
1994	185447	123921	50322	11174
1995	220058	139786	61406	18866
1996	242135	147053	72088	22994
1997	261971	167652	69511	24808
1998	266939	159338	51442	56159
1999	299692	180278	39811	79604
2000	332108	205078	30869	96161
2001	394095	262257	28032	103807
2002	464011	301926	40253	121832
2003	566220	370346	51636	144238
2004	724153	465695	80777	177681

2—7 全市历年职工平均工资

（1978—2004 年）

单位:元

年 份	全部职工	国有经济单位职工	城镇集体经济单位职工	其他经济类型单位职工
1978	494	561	424	
1979	546	613	495	
1980	676	737	642	
1981	684	733	653	
1982	719	755	673	
1983	743	772	704	
1984	867	938	820	772
1985	1078	1165	1024	1158
1986	1327	1396	1193	1570
1987	1425	1495	1285	1626
1988	1742	1843	1541	1708
1989	1882	1984	1718	1615
1990	2082	2202	1831	1962
1991	2282	2389	2049	2608
1992	2654	2792	2352	2627
1993	3438	3616	3005	3700
1994	4946	5263	4300	4993
1995	5925	6003	5560	6705
1996	6523	6545	6552	6301
1997	7311	7556	6970	6753
1998	8086	8756	7334	7209
1999	9862	11014	8534	8508
2000	12008	13565	10438	10037
2001	15380	18366	12348	11440
2002	17184	20912	13134	12825
2003	20126	25030	16530	14122
2004	22978	31616	17529	14591

2—8 全市城乡劳动力资源配置情况

(2004 年)

单位:万人

分　类	城乡合计
一、年末劳动力资源总数	491.9
二、经济活动人口	326.4
从业人员	315.5
△按就业身份分组	
城镇单位从业人员	32.2
私营业主	6.0
个体户主	12.1
私营企业和个体从业人员	131.5
乡镇企业从业人员	21.6
乡村农业劳动力	110.8
其他	1.3
△按登记注册类型分组	
国有单位	13.8
集体单位	102.8
股份合作单位	1.9
联营单位	0.5
有限责任公司	17.5
股份有限公司	4.8
私营企业	97.5
其他	2.9
港、澳、台商投资单位	3.2
外商投资单位	67.4
个体	3.2
△按国民经济行业分组	
农林牧渔业	98.3
采矿业	1.7
制造业	92.6
电力、燃气及水的生产和供应业	0.8
建筑业	33.2
交通运输、仓储和邮政业	10.8
信息传输、计算机服务和软件业	0.7
批发和零售业	34.3
住宿和餐饮业	16.5
金融业	2.0
房地产业	1.0
租赁和商务服务业	2.0
科学研究、技术服务和地质勘查业	0.5
水利、环境和公共设施管理业	0.8
居民服务和其它服务业	5.9
教育	5.8
卫生、社会保障和社会福利业	2.3
文化、教育和娱乐业	0.4
公共管理和社会组织	5.9
国际组织	
城镇失业人员	2.2
城镇登记失业人员	1.9
三、非经济活动人口	58.7
#16 岁以上在校学生	17.2
家务劳动者	38.0

2—9 市区城乡劳动力资源配置情况

（2004 年）　　单位:万人

分　　类	城乡合计
一、年末劳动力资源总数	93.0
二、经济活动人口	60.0
从业人员	58.6
△按就业身份分组	
城镇单位从业人员	11.9
私营业主	1.1
个体户主	2.2
私营企业和个体从业人员	17.7
乡镇企业从业人员	1.2
乡村农业劳动力	24.4
其他	0.1
△按登记注册类型分组	
国有单位	4.1
集体单位	28.2
股份合作单位	0.9
联营单位	0.1
有限责任公司	2.1
股份有限公司	1.5
私营企业	12.5
其他	0.2
港、澳、台商投资单位	0.4
外商投资单位	0.5
个体	8.1
△按国民经济行业分组	
农林牧渔业	24.0
采矿业	0.1
制造业	12.6
电力、燃气及水的生产和供应业	0.4
建筑业	4.4
交通运输、仓储和邮政业	2.6
信息传输、计算机服务和软件业	0.1
批发和零售业	2.6
住宿和餐饮业	2.2
金融业	0.5
房地产业	0.4
租赁和商务服务业	1.6
科学研究、技术服务和地质勘查业	0.2
水利、环境和公共设施管理业	0.1
居民服务和其它服务业	2.8
教育	1.7
卫生、社会保障和社会福利业	0.7
文化、教育和娱乐业	0.2
公共管理和社会组织	1.4
国际组织	
城镇失业人员	0.9
城镇登记失业人员	0.7
三、非经济活动人口	11.5
#16 岁以上在校学生	5.9
家务劳动者	5.5

2—10 全市职工年末人数

(2004 年)

单位:人

分 类	合 计	国 有	城镇集体	其 他
总 计	319891	149009	47804	123078
一、按隶属关系分组				
1.中央	24470	19379		
2.省、自治区、直辖市	12071	9525		
3.地区	38998	17194		
4.县及县以下	244352	102911		
二、按企业、事业、机关分组				
1.企业	197766	35394	39576	122796
#地方	175130	17849		
2.事业	87115	78605	8228	282
#地方	86575	78065		
3.机关	35010	35010		
#地方	33716	33716		
三、按国民经济行业分组				
1.农、林、牧、渔业	1980	1753	65	162
2.采矿业	96			96
3.制造业	65714	3319	22077	40318
4.电力、燃气及水的生产和供应业	6614	5178	393	1043
5.建筑业	66724	684	7645	58395
6.交通运输、仓储和邮政业	16927	10095	399	6433
7.信息传输、计算机服务和软件业	4242	1800	25	2417
8.批发和零售业	11511	3307	2902	5302
9.住宿和餐饮业	3395	1043	464	1888
10.金融业	14332	7735	3563	3034
11.房地产业	2333	1151	84	1098
12.租赁和商务服务业	6606	2962	1691	1953
13.科学研究、技术服务和地质勘查业	4574	3843	235	496
14.水利、环境和公共设施管理业	6008	3940	2030	38
15.居民服务和其它服务业	273	246		27
16.教育	48040	47203	611	226
17.卫生、社会保障和社会福利业	21525	15912	5587	26
18.文化、体育和娱乐业	2859	2837		22
19.公共管理和社会组织	36138	36001	33	104

2—11 市区职工年末人数

（2004 年）　　　　　　单位：人

分　类	合　计	国　有	城镇集体	其　他
总　计	71963	43663	4233	24067
一、按隶属关系分组				
1. 中央	12097	8387		
2. 省、自治区、直辖市	7363	7212		
3. 地区	36612	16449		
4. 县及县以下	15891	11615		
二、按企业、事业、机关分组				
1. 企业	39098	12217	2878	24003
#地方	27737	4566		
2. 事业	23860	22441	1355	64
#地方	23542	22123		
3. 机关	9005	9005		
#地方	8587	8587		
三、按国民经济行业分组				
1. 农、林、牧、渔业	563	457	46	60
2. 采矿业				
3. 制造业	9050	915	357	7778
4. 电力、燃气及水的生产和供应业	2604	2111		493
5. 建筑业	10559	89	1147	9323
6. 交通运输、仓储和邮政业	6322	5264	31	1027
7. 信息传输、计算机服务和软件业	2143	70		2073
8. 批发和零售业	2461	815	614	1032
9. 住宿和餐饮业				
10. 金融业	4675	2223	521	1931
11. 房地产业	560	398	79	83
12. 租赁和商务服务业	768	568	120	80
13. 科学研究、技术服务和地质勘查业	2032	1811	57	164
14. 水利、环境和公共设施管理业	967	920	24	23
15. 居民服务和其它服务业	50	50		
16. 教育	12598	12598		
17. 卫生、社会保障和社会福利业	6276	5039	1237	
18. 文化、体育和娱乐业	1094	1094		
19. 公共管理和社会组织	9241	9241		

2—12 全市职工年平均人数

（2004年） 单位:人

分 类	合 计	国 有	城镇集体	其 他
总 计	315151	147297	46082	121772
一、按隶属关系分组				
1.中央	24451	19438		
2.省、自治区、直辖市	11837	9315		
3.地区	40238	16892		
4.县及县以下	238625	101652		
二、按企业、事业、机关分组				
1.企业	194965	35347	38136	121482
#地方	172386	17781		
2.事业	85576	77340	7946	290
#地方	85029	76793		
3.机关	34610	34610		
#地方	33285	33285		
三、按国民经济行业分组				
1.农、林、牧、渔业	2006	1779	65	162
2.采矿业	96			96
3.制造业	65236	3424	20851	40961
4.电力、燃气及水的生产和供应业	6471	5107	395	969
5.建筑业	64748	672	7392	56684
6.交通运输、仓储和邮政业	16599	9909	396	6294
7.信息传输、计算机服务和软件业	4209	1810	25	2374
8.批发和零售业	11700	3333	2956	5411
9.住宿和餐饮业	3379	1003	455	1921
10.金融业	14393	7859	3567	2967
11.房地产业	2297	1152	91	1054
12.租赁和商务服务业	6561	2927	1687	1947
13.科学研究、技术服务和地质勘查业	4590	3858	234	498
14.水利、环境和公共设施管理业	5813	3911	1864	38
15.居民服务和其它服务业	275	248		27
16.教育	47129	46306	613	210
17.卫生、社会保障和社会福利业	21064	15579	5459	26
18.文化、体育和娱乐业	2869	2840		29
19.公共管理和社会组织	35716	35580	32	104

2—13 市区职工年平均人数

（2004 年）　　单位：人

分　类	合　计	国　有	城镇集体	其　他
总　　计	72798	43213	4047	25538
一、按隶属关系分组				
1. 中央	12197	8436		
2. 省、自治区、直辖市	7153	7007		
3. 地区	37637	16198		
4. 县及县以下	15811	11572		
二、按企业、事业、机关分组				
1. 企业	40463	12278	2711	25474
#地方	29005	4581		
2. 事业	23501	22101	1336	64
#地方	23178	21778		
3. 机关	8834	8834		
#地方	8418	8418		
三、按国民经济行业分组				
1. 农、林、牧、渔业	570	464	46	60
2. 采矿业				
3. 制造业	9296	984	213	8099
4. 电力、燃气及水的生产和供应业	2576	2081		495
5. 建筑业	11630	89	1124	10417
6. 交通运输、仓储和邮政业	6242	5164	28	1050
7. 信息传输、计算机服务和软件业	2106	71		2035
8. 批发和零售业	2484	810	615	1059
9. 住宿和餐饮业				
10. 金融业	4864	2370	527	1967
11. 房地产业	567	401	81	85
12. 租赁和商务服务业	746	546	114	86
13. 科学研究、技术服务和地质勘查业	2030	1811	57	162
14. 水利、环境和公共设施管理业	957	910	24	23
15. 居民服务和其它服务业	50	50		
16. 教育	12349	12349		
17. 卫生、社会保障和社会福利业	6173	4955	1218	
18. 文化、体育和娱乐业	1088	1088		
19. 公共管理和社会组织	9070	9070		

2—14 全市职工工资总额

(2004年)　　　　单位:万元

分　类	合　计	国　有	城镇集体	其　他
总　计	724153	465695	80777	177681
一、按隶属关系分组				
1.中央	82341	68112		
2.省、自治区、直辖市	38993	34303		
3.地区	84045	52713		
4.县及县以下	518774	310567		
二、按企业、事业、机关分组				
1.企业	342328	99487	65775	177066
#地方	266143	37531		
2.事业	260752	245135	15002	615
#地方	259417	243801		
3.机关	121073	121073		
#地方	116252	116252		
三、按国民经济行业分组				
1.农、林、牧、渔业	4039	3695	89	255
2.采矿业	108			108
3.制造业	84595	6457	28034	50104
4.电力、燃气及水的生产和供应业	21918	18460	755	2703
5.建筑业	93783	644	13160	79979
6.交通运输、仓储和邮政业	35175	24604	620	9951
7.信息传输、计算机服务和软件业	15191	7524	43	7624
8.批发和零售业	20992	9977	3186	7829
9.住宿和餐饮业	4022	1382	460	2180
10.金融业	49695	27562	13770	8363
11.房地产业	5697	3248	338	2111
12.租赁和商务服务业	15450	6573	4888	3989
13.科学研究、技术服务和地质勘查业	12937	10572	722	1643
14.水利、环境和公共设施管理业	10531	7978	2502	51
15.居民服务和其它服务业	748	722		26
16.教育	151797	149782	1503	512
17.卫生、社会保障和社会福利业	64314	53645	10625	44
18.文化、体育和娱乐业	8804	8721		83
19.公共管理和社会组织	124357	124149	82	126

2—15 市区职工工资总额

(2004年)　　单位:万元

分　类	合　计	国　有	城镇集体	其　他
总　计	187171	138791	7713	40667
一、按隶属关系分组				
1.中央	40157	28656		
2.省、自治区、直辖市	27793	27545		
3.地区	78312	49285		
4.县及县以下	40909	33306		
二、按企业、事业、机关分组				
1.企业	80806	34812	5503	40491
#地方	42778	8286		
2.事业	72771	70385	2210	176
#地方	71912	69526		
3.机关	33594	33594		
#地方	32324	32324		
三、按国民经济行业分组				
1.农、林、牧、渔业	1115	939	62	114
2.采矿业				
3.制造业	13637	1448	372	11817
4.电力、燃气及水的生产和供应业	9804	8602		1202
5.建筑业	12565	136	2128	10301
6.交通运输、仓储和邮政业	13541	11921	37	1583
7.信息传输、计算机服务和软件业	6945	348		6597
8.批发和零售业	4736	2483	528	1725
9.住宿和餐饮业				
10.金融业	16949	8988	1876	6085
11.房地产业	1386	806	300	280
12.租赁和商务服务业	1636	1161	274	201
13.科学研究、技术服务和地质勘查业	4654	3795	129	730
14.水利、环境和公共设施管理业	1734	1655	47	32
15.居民服务和其它服务业	144	144		
16.教育	41252	41252		
17.卫生、社会保障和社会福利业	19347	17387	1960	
18.文化、体育和娱乐业	3258	3258		
19.公共管理和社会组织	34468	34468		

2—16 全市职工平均工资

(2004年)

单位:元

分类	合计	国有	城镇集体	其他
总计	22978	31616	17529	14591
一、按隶属关系分组				
1.中央	33676	35041		
2.省、自治区、直辖市	32942	36826		
3.地区	20887	31206		
4.县及县以下	21740	30552		
二、按企业、事业、机关分组				
1.企业	17558	28146	17247	14575
#地方	15439	21107		
2.事业	30470	31696	18880	21207
#地方	30509	31748		
3.机关	34982	34982		
#地方	34926	34926		
三、按国民经济行业分组				
1.农、林、牧、渔业	20135	20770	13692	15741
2.采矿业	11250			11250
3.制造业	12968	18858	13445	12232
4.电力、燃气及水的生产和供应业	33871	36146	19114	27895
5.建筑业	14484	9583	17803	14110
6.交通运输、仓储和邮政业	21191	24830	15657	15810
7.信息传输、计算机服务和软件业	36092	41569	17200	32115
8.批发和零售业	17942	29934	10778	14469
9.住宿和餐饮业	11903	13779	10110	11348
10.金融业	34527	35071	38604	28187
11.房地产业	24802	28194	37143	20028
12.租赁和商务服务业	23548	22456	28975	20488
13.科学研究、技术服务和地质勘查业	28185	27403	30855	32992
14.水利、环境和公共设施管理业	18116	20399	13423	13421
15.居民服务和其它服务业	27200	29113		9630
16.教育	32209	32346	24519	24381
17.卫生、社会保障和社会福利业	30533	34434	19463	16923
18.文化、体育和娱乐业	30687	30708		28621
19.公共管理和社会组织	34818	34893	25625	12115

2—17 市区职工平均工资

(2004年)

单位:元

分类	合计	国有	城镇集体	其他
总计	25711	32118	19059	15924
一、按隶属关系分组				
1.中央	32924	33969		
2.省、自治区、直辖市	38855	39311		
3.地区	20807	30427		
4.县及县以下	25874	28782		
二、按企业、事业、机关分组				
1.企业	19970	28353	20299	15895
#地方	14748	18088		
2.事业	30965	31847	16542	27500
#地方	31026	31925		
3.机关	38028	38028		
#地方	38399	38399		
三、按国民经济行业分组				
1.农、林、牧、渔业	19561	20237	13478	19000
2.采矿业				
3.制造业	14670	14715	17465	14591
4.电力、燃气及水的生产和供应业	38059	41336		24283
5.建筑业	10804	15281	18932	9889
6.交通运输、仓储和邮政业	21693	23085	13214	15076
7.信息传输、计算机服务和软件业	32977	49014		32418
8.批发和零售业	19066	30654	8585	16289
9.住宿和餐饮业				
10.金融业	34846	37924	35598	30935
11.房地产业	24444	20100	37037	32941
12.租赁和商务服务业	21930	21264	24035	23372
13.科学研究、技术服务和地质勘查业	22926	20955	22632	45062
14.水利、环境和公共设施管理业	18119	18187	19583	13913
15.居民服务和其它服务业	28800	28800		
16.教育	33405	33405		
17.卫生、社会保障和社会福利业	31341	35090	16092	
18.文化、体育和娱乐业	29945	29945		
19.公共管理和社会组织	38002	38002		

2—18 从业人员年末人数

(2004 年)　　单位:人

指　　标	金华市	市　区	兰溪市	义乌市	东阳市
一、年末人数合计	321901	73136	40601	43437	105196
#使用的农村劳动力	90781	13487	10330	7256	51694
(一)在岗职工	312711	69671	40395	43197	101592
#女性	43145	12965	4408	7607	7195
△按用工期限分组					
1.长期职工	244614	53350	35243	37504	69061
2.临时职工	68097	16321	5152	5693	32531
(二)其他从业人员	9190	3465	206	240	3604
二、按国民经济行业分组					
1.农、林、牧、渔业	1914	546	284	124	448
2.采矿业	97			40	57
3.制造业	64275	9006	17526	3628	27702
4.电力、燃气及水的生产和供应业	6430	2504	779	1017	426
5.建筑业	70420	11424	3522	746	52921
6.交通运输、仓储和邮政业	16291	6156	1318	4159	2126
7.信息传输、计算机服务和软件业	4319	2254	483	608	407
8.批发和零售业	10629	2386	1698	2096	2047
9.住宿和餐饮业	3411		152	1232	768
10.金融业	14871	5602	679	3059	1511
11.房地产业	2425	565	334	1002	119
12.租赁和商务服务业	6417	777	393	2982	733
13.科学研究、技术服务和地质勘查业	4360	1761	306	955	262
14.水利、环境和公共设施管理业	5924	951	689	1885	538
15.居民服务和其它服务业	302	57	67	84	45
16.教育	48406	12506	6218	8642	6931
17.卫生、社会保障和社会福利业	22045	6337	2239	3719	3733
18.文化、体育和娱乐业	3001	1200	341	384	286
19.公共管理和社会组织	36364	9104	3573	7075	4136

2—18 续表 （2004 年） 单位:人

指标	永康市	武义县	浦江县	磐安县
一、年末人数合计	26806	13958	13424	5343
#使用的农村劳动力	3672	3021	1281	40
(一)在岗职工	26488	12986	13151	5231
#女性	4867	2483	2385	1235
△按用工期限分组				
1.长期职工	19936	12254	12132	5134
2.临时职工	6552	732	1019	97
(二)其他从业人员	318	972	273	112
二、按国民经济行业分组				
1.农、林、牧、渔业	214	132	91	75
2.采矿业				
3.制造业	3780	2300	300	33
4.电力、燃气及水的生产和供应业	547	600	262	295
5.建筑业	628	79	1100	
6.交通运输、仓储和邮政业	880	578	698	376
7.信息传输、计算机服务和软件业	200	124	133	110
8.批发和零售业	1449	417	334	202
9.住宿和餐饮业	806	453		
10.金融业	1749	619	1294	358
11.房地产业	304	37	55	9
12.租赁和商务服务业	861	130	523	18
13.科学研究、技术服务和地质勘查业	354	214	438	70
14.水利、环境和公共设施管理业	1155	390	192	124
15.居民服务和其它服务业	24		25	
16.教育	5553	3370	3429	1757
17.卫生、社会保障和社会福利业	2704	1329	1330	654
18.文化、体育和娱乐业	352	79	303	56
19.公共管理和社会组织	5246	3107	2917	1206

2—19 从业人员年平均人数

（2004 年）　　　　单位：人

指　　标	金华市	市　区	兰溪市	义乌市	东阳市
一、年平均人数合计	316497	73808	40091	42769	100969
（一）在岗职工	307815	70401	39885	42533	97788
（二）其他从业人员	8682	3407	206	236	3181
二、按国民经济行业分组					
1.农、林、牧、渔业	1934	547	290	125	449
2.采矿业	97			38	59
3.制造业	63707	9189	17575	3856	26607
4.电力、燃气及水的生产和供应业	6289	2478	663	1013	426
5.建筑业	68008	12482	3344	692	49935
6.交通运输、仓储和邮政业	15926	6061	1283	4063	1992
7.信息传输、计算机服务和软件业	4285	2207	484	609	418
8.批发和零售业	10790	2387	1808	2035	2157
9.住宿和餐饮业	3394		152	1281	742
10.金融业	14908	5756	694	3012	1526
11.房地产业	2388	570	326	968	118
12.租赁和商务服务业	6360	753	396	2981	718
13.科学研究、技术服务和地质勘查业	4372	1760	307	950	258
14.水利、环境和公共设施管理业	5718	932	689	1789	540
15.居民服务和其它服务业	303	57	68	84	45
16.教育	47490	12249	5869	8423	6919
17.卫生、社会保障和社会福利业	21573	6240	2248	3534	3641
18.文化、体育和娱乐业	3000	1189	342	381	287
19.公共管理和社会组织	35955	8951	3553	6935	4132

2—19续表　　　　　　　　　　（2004年）　　　　　　　　　　单位：人

指　　标	永康市	武义县	浦江县	磐安县
一、年平均人数合计	26501	13948	13054	5357
(一)在岗职工	26189	12994	12781	5244
(二)其他从业人员	312	954	273	113
二、按国民经济行业分组				
1.农、林、牧、渔业	223	133	91	76
2.采矿业				
3.制造业	3859	2288	300	33
4.电力、燃气及水的生产和供应业	545	607	262	295
5.建筑业	602	72	881	
6.交通运输、仓储和邮政业	891	571	689	376
7.信息传输、计算机服务和软件业	200	124	133	110
8.批发和零售业	1441	419	339	204
9.住宿和餐饮业	776	443		
10.金融业	1742	626	1194	358
11.房地产业	303	39	55	9
12.租赁和商务服务业	845	125	524	18
13.科学研究、技术服务和地质勘查业	354	227	445	71
14.水利、环境和公共设施管理业	1064	388	192	124
15.居民服务和其它服务业	24	25		
16.教育	5498	3375	3391	1766
17.卫生、社会保障和社会福利业	2604	1332	1321	653
18.文化、体育和娱乐业	353	83	302	63
19.公共管理和社会组织	5177	3096	2910	1201

2—20 从业人员劳动报酬

（2004年） 单位：万元

指　　标	金华市	市　区	兰溪市	义乌市	东阳市
一、从业人员劳动报酬合计	730572	189328	71371	128075	181039
（一）在岗职工工资总额	716003	183679	71097	127519	175550
（二）其他从业人员劳动报酬	14569	5649	274	556	5489
二、按国民经济行业分组					
1.农、林、牧、渔业	4012	1101	298	512	821
2.采矿业	109			41	68
3.制造业	84348	13753	19531	5715	35102
4.电力、燃气及水的生产和供应业	21592	9579	2819	1980	1867
5.建筑业	99076	13525	3645	1402	78211
6.交通运输、仓储和邮政业	34349	13178	3382	9052	3569
7.信息传输、计算机服务和软件业	15193	7042	1685	2437	1863
8.批发和零售业	20875	4784	2634	4318	3443
9.住宿和餐饮业	4044		146	1613	757
10.金融业	51364	19329	2177	13143	4883
11.房地产业	5828	1354	646	2155	342
12.租赁和商务服务业	15575	1627	789	6480	2490
13.科学研究、技术服务和地质勘查业	12854	4477	736	3699	691
14.水利、环境和公共设施管理业	10368	1699	1038	3248	1252
15.居民服务和其它服务业	827	151	132	243	153
16.教育	151863	40880	15393	31447	21579
17.卫生、社会保障和社会福利业	65400	19530	5345	11758	10574
18.文化、体育和娱乐业	8892	3345	678	1742	616
19.公共管理和社会组织	124003	33974	10297	27090	12758

2—20续表　　　　　　　　　　（2004年）　　　　　　　　　　单位：万元

指　　标	永康市	武义县	浦江县	磐安县
一、从业人员劳动报酬合计	77317	34840	33704	14898
(一)在岗职工工资总额	76750	33405	33265	14738
(二)其他从业人员劳动报酬	567	1435	439	160
二、按国民经济行业分组				
1.农、林、牧、渔业	677	279	237	87
2.采矿业				
3.制造业	7182	2744	278	43
4.电力、燃气及水的生产和供应业	1997	1312	1064	974
5.建筑业	1109	142	1042	
6.交通运输、仓储和邮政业	1796	1098	1537	737
7.信息传输、计算机服务和软件业	960	529	429	248
8.批发和零售业	2934	1170	1017	575
9.住宿和餐饮业	1109	419		
10.金融业	5872	2048	2904	1008
11.房地产业	873	170	253	35
12.租赁和商务服务业	2497	418	1213	61
13.科学研究、技术服务和地质勘查业	1410	615	1039	187
14.水利、环境和公共设施管理业	1821	750	322	238
15.居民服务和其它服务业	107		41	
16.教育	18306	10367	8551	5340
17.卫生、社会保障和社会福利业	9340	3056	4172	1625
18.文化、体育和娱乐业	1312	203	816	180
19.公共管理和社会组织	18015	9520	8789	3560

2—21 职工年平均工资

（2004 年）　　单位:元

指　　标	金华市	市　区	兰溪市	义乌市	东阳市
一、职工年平均工资	22978	25711	17354	29539	17904
二、按国民经济行业分组					
1.农、林、牧、渔业	20136	19561	9818	39091	17871
2.采矿业	11271		10838	11542	
3.制造业	12967	14670	10730	14705	13164
4.电力、燃气及水的生产和供应业	33871	38059	42364	19457	43319
5.建筑业	14484	10804	10891	20145	15551
6.交通运输、仓储和邮政业	21191	21693	25455	21828	17784
7.信息传输、计算机服务和软件业	36092	32978	34016	39686	44812
8.批发和零售业	17942	19064	13130	17656	15551
9.住宿和餐饮业	11904		9599	12587	10192
10.金融业	34528	34846	30243	43232	31076
11.房地产业	24803	24448	19864	22238	28739
12.租赁和商务服务业	23548	21930	19704	21700	33347
13.科学研究、技术服务和地质勘查业	28186	22926	23900	39026	27324
14.水利、环境和公共设施管理业	18116	18115	15143	18166	22873
15.居民服务和其它服务业	27196	28880	19657	27768	35630
16.教育	32209	33405	26382	37366	31318
17.卫生、社会保障和社会福利业	30532	31342	23939	33359	29669
18.文化、体育和娱乐业	30688	29945	19912	44746	22043
19.公共管理和社会组织	34818	38002	29005	39117	31122

2—21 续表　　　　　　　　（2004 年）　　　　　　　　单位：元

指　　标	永康市	武义县	浦江县	磐安县
一、职工年平均工资	28551	25557	25926	27937
二、按国民经济行业分组				
1.农、林、牧、渔业	27685	21594	26011	12473
2.采矿业				
3.制造业	17708	11067	9273	13030
4.电力、燃气及水的生产和供应业	36361	21190	40100	31178
5.建筑业	17908	20057	11633	
6.交通运输、仓储和邮政业	18266	19383	20314	21240
7.信息传输、计算机服务和软件业	46132	45991	32149	24815
8.批发和零售业	19937	27806	29690	27565
9.住宿和餐饮业	14285	9455		
10.金融业	33589	31244	24020	28184
11.房地产业	32662	43667	45982	38556
12.租赁和商务服务业	23372	37198	23230	34000
13.科学研究、技术服务和地质勘查业	39803	29390	23377	26338
14.水利、环境和公共设施管理业	16990	19514	16654	20239
15.居民服务和其它服务业	44708		16240	
16.教育	33340	32936	25591	30236
17.卫生、社会保障和社会福利业	35546	23160	32903	24802
18.文化、体育和娱乐业	40102	26158	27784	24160
19.公共管理和社会组织	35217	32688	30327	30052

主要统计指标解释

人口数 指一定时点、一定地区范围内的有生命的个人的总和。

年度统计的年末人口数是指每年 12 月 31 日 24 时的人口数。

出生率(又称粗出生率) 指一定时期内(通常为一年)平均每千人所出生的人数的比率,一般用千分率表示。计算公式:

$$出生率=\frac{年出生人数}{年平均人数}\times1000‰$$

出生人数是指活产婴儿,即胎儿脱离母体时(不管怀孕月数),有过呼吸或其他生命现象。

年平均人数是年初、年底人口数的平均数,也可用年中人口数代替。

死亡率(又称粗死亡率) 指一定时期内(通常为一年)一定地区的死亡人数与同期平均人数(或期中人数)之比,一般用千分率表示。计算公式:

$$死亡率=\frac{年死亡人数}{年平均人数}\times1000‰$$

人口自然增长率 指一定时期内(通常为一年)人口自然增加数(出生人数减死亡人数)与该时期内平均人数(或期中人数)之比,一般用千分率表示。计算公式:

$$人口自然增长率=\frac{本年出生人数-本年死亡人数}{年平均人数}\times1000‰$$

人口自然增长率=人口出生率-人口死亡率

劳动工资统计范围 城镇集体以上的行政机关、企事业单位,不包括私营单位和个体工商户。

职工 指在国有经济、城镇集体经济、联营经济、股份制经济、外商和港、澳、台投资经济、其他经济单位及其附属机构工作,并由其支付工资的各类人员。

单位从业人员 指在城镇各单位的从业人员,具体是指在各级国家机关、政党机关、社会团体及企业、事业单位中工作,并取得劳动报酬的全部人员。包括:在岗职工、再就业的离退休人员、民办教师以及在各单位中工作的外方人民和港澳台方人员、兼职人员、借用的外单位人员和第二职业者。不包括离开本单位仍保留劳动关系的职工。

单位从业人员劳动报酬 指各单位在一定时期内直接支付给本单位全部从业人员的劳动报酬总额。包括在岗职工工资总额和本单位其他从业人员劳动报酬两部分。

职工工资总额 指各单位在一定时期内直接支付给本单位全部职工的劳动报酬总额。包括在岗职工工资总额(包括计时工资、计件工资、计件标准工资、计件超额工资、奖金、津贴和补贴、加班加点工资、其他工资)、内部退养职工、下岗职工生活费。

其他从业人员劳动报酬 指各单位在一定时期内直接支付给本单位其他从业人员的全部劳动报酬。包括支付给再就业离退人员的劳动报酬和外籍、港、澳、台人员的劳动报酬等其他从业人员的劳动报酬总额。

农　业
Agriculture

Chapter 3

3—1　农村基本情况

（2004年末）

指　　标		金华市	市　区	兰溪市	义乌市	东阳市
一、农村住户数	（万户）	139.73	23.82	17.88	25.71	27.82
二、农村人口	（万人）	403.33	63.66	54.94	80.03	72.48
三、农村劳动力资源总数	（万人）	263.95	41.79	34.58	59.23	45.47
四、农村实有劳动力	（万人）	254.57	40.42	33.27	57.45	44.18
△按性别分						
1.男劳动力		132.95	21.54	18.11	28.71	22.37
2.女劳动力		121.62	18.88	15.16	28.74	21.81
△按行业分						
1.农林牧渔业		110.11	24.6	16.97	17.59	18.93
#农业		101.1	22.46	14.46	17.01	18.48
林业		1.52	0.55	0.24	0.12	0.06
牧业		6.01	1.35	1.61	0.32	0.27
渔业		1.48	0.24	0.66	0.14	0.12
2.工业		72.2	4.31	5.16	25.27	10.34
3.建筑业		17.46	1.78	1.89	2.97	7.04
4.交通运输、仓储业及邮电通讯业		7.72	1.50	0.90	1.70	0.96
5.批发、零售贸易业		13.43	1.68	1.09	4.53	2.95
6.住宿和餐饮业		5.83	1.00	0.90	1.11	1.05
7.其他非农行业		27.82	5.55	6.36	4.28	2.91
#外出合同工、临时工		12.15	3.62	3.02	0.95	1.21

3—1续表　　　　　　　　(2004年末)

指　　标		永康市	武义县	浦江县	磐安县
一、农村住户数	(万户)	17.16	9.14	11.92	6.28
二、农村人口	(万人)	50.87	26.26	37.07	18.02
三、农村劳动力资源总数	(万人)	29.85	17.59	23.48	11.96
四、农村实有劳动力	(万人)	28.91	16.88	21.87	11.59
△按性别分					
1.男劳动力		14.92	9.15	11.92	6.23
2.女劳动力		13.99	7.73	9.95	5.36
△按行业分					
1.农林牧渔业		8.04	6.75	9.95	7.28
#农业		7.52	5.12	8.88	7.17
林业		0.19	0.25	0.07	0.04
牧业		0.20	1.28	0.91	0.07
渔业		0.13	0.10	0.09	
2.工业		13.28	5.45	7.06	1.33
3.建筑业		0.99	0.78	1.23	0.78
4.交通运输、仓储业及邮电通讯业		1.00	0.51	0.77	0.38
5.批发、零售贸易业		1.48	0.85	0.59	0.26
6.住宿和餐饮业		0.47	0.27	0.43	0.60
7.其他非农行业		3.65	2.27	1.84	0.96
#外出合同工、临时工		0.73	1.72	0.51	0.39

3—2 历年农林牧渔业总产值

（1978—2004年，按当年价格计算） 单位：万元

年 份	金华市	市 区	兰溪市	义乌市	东阳市	永康市	武义县	浦江县	磐安县
1978	73355	20412	10389	10091	12094	7033	5695	4711	2930
1979	97577	24233	14749	13933	17143	9565	7771	6323	3860
1980	102657	22036	16017	15069	18456	11086	8887	7167	3939
1981	104072	22802	16267	14516	17352	11101	9399	8497	4138
1982	126622	28133	19956	17875	21079	13234	10735	10678	4932
1983	133280	28560	20888	21126	21197	13201	12903	10413	4992
1984	153034	34359	26936	22011	23229	13911	14084	12036	6468
1985	174955	33961	31667	27004	28445	16718	15038	13651	8471
1986	197745	38833	38894	31197	32330	17353	16868	14788	7482
1987	223166	43025	43806	34140	37340	21593	18073	16530	8659
1988	278778	62814	51440	40057	45804	27612	20416	19988	10647
1989	304959	66489	52144	46758	55052	28201	22373	21967	11975
1990	329605	73206	56154	53405	55572	29992	27129	21206	12941
1991	361126	81793	58180	57786	62053	31894	30592	23225	15603
1992	403614	90367	64253	60015	75663	33563	32690	26076	20987
1993	496845	109313	72996	78404	100535	40273	39314	31490	24520
1994	710233	170919	108534	96073	139683	62716	55291	45439	31578
1995	847652	204418	135291	128172	157943	68311	62322	52146	39049
1996	929100	222663	149514	134693	169606	76559	69211	58293	48561
1997	788931	218969	118361	93058	128696	62668	71863	49510	45806
1998	806204	230313	120592	102636	118900	61678	72155	52938	46992
1999	791439	221128	113770	103551	115729	60862	73176	55533	47690
2000	811317	231515	117776	102690	116371	60342	76713	56683	49227
2001	834248	234369	117895	107369	118359	65022	80017	59748	51469
2002	836611	243455	125177	104855	110422	60744	79793	58424	53741
2003	891153	256781	140363	113124	115595	61664	82840	61182	59604
2004	993821	272224	164828	131752	130847	66962	94665	67602	64941

3—3 农林牧渔业总产值指数

（1978—2004年，1978年＝100）

年 份	金华市	市 区	兰溪市	义乌市	东阳市	永康市	武义县	浦江县	磐安县
1978	100.0	100.0	100.0	100.0	100.0	100.0	100.0	100.0	100.0
1979	116.6	120.0	125.3	114.1	117.1	110.1	113.2	110.7	109.7
1980	121.7	120.7	127.4	119.5	126.1	125.4	123.2	113.9	111.8
1981	120.3	121.4	129.8	116.7	115.3	120.9	114.8	125.9	113.9
1982	142.5	154.5	151.1	141.5	130.1	137.9	132.5	149.4	127.3
1983	145.8	154.1	151.4	164.5	128.3	138.2	140.1	147.8	124.4
1984	163.2	176.2	187.3	168.6	140.3	148.4	151.1	169.3	140.8
1985	171.7	164.7	214.7	186.1	148.7	153.7	159.8	178.4	158.3
1986	182.5	171.9	228.2	208.9	160.8	158.1	167.8	185.0	164.2
1987	182.6	171.9	222.7	218.6	161.5	154.0	163.5	191.1	163.0
1988	183.8	187.4	202.5	227.8	165.2	156.8	163.4	187.5	145.6
1989	185.0	192.7	199.2	224.5	168.1	155.9	166.2	187.6	152.6
1990	199.3	208.2	214.9	246.2	187.6	168.2	173.3	189.6	159.7
1991	214.8	225.4	226.1	262.2	204.2	185.5	184.1	198.5	192.8
1992	226.3	239.6	217.6	273.1	240.6	193.0	189.6	201.0	208.8
1993	346.7	274.4	227.5	285.2	299.8	199.2	197.8	206.4	233.0
1994	269.6	312.1	247.2	309.0	315.9	211.6	203.5	217.4	237.8
1995	296.1	372.0	262.4	339.8	332.8	229.2	210.7	231.1	253.9
1996	319.0	404.5	295.3	274.5	350.8	240.5	221.2	229.2	278.2
1997	241.7	349.0	230.0	235.2	174.1	186.0	222.1	191.8	295.7
1998	243.2	343.9	228.9	259.5	178.5	178.3	222.4	195.7	280.8
1999	264.8	388.5	250.7	274.8	193.8	187.9	230.2	202.6	317.0
2000	273.9	394.7	258.6	281.5	214.1	189.1	240.9	207.5	333.0
2001	299.8	433.4	292.6	335.3	229.7	203.9	246.1	217.2	326.9
2002	328.0	474.5	325.3	382.5	233.1	229.2	253.4	217.7	377.3
2003	327.7	484.6	368.4	388.6	235.7	220.7	250.4	228.7	349.4
2004	351.7	519.5	406.8	254.7	423.2	242.5	274.9	247.1	330.1

3—4　农林牧渔业总产值

（2004年，按当年价格计算）　　单位：万元

指　标	金华市	市 区	兰溪市	义乌市	东阳市
合　计	993821	272224	164828	131752	130847
一、农业产值	558373	140626	76110	69636	89486
1.种植业产值	544306	138489	75287	69490	80988
#副产品产值	11522	2079	2086	1567	2434
(1)粮食作物	156155	29543	25331	17089	31143
①谷物	131083	25429	21731	13100	25879
②豆类	14767	2702	2484	2372	3081
③蕃薯	10305	1412	1116	1617	2183
(2)油料	9769	2066	3512	919	951
(3)棉花	5887	2372	3152	61	126
(4)麻类	181				
(5)甘蔗	14397	4433	2872	1885	2683
(6)烟叶	3				
(7)药材类	25357	124	84	246	7901
(8)蔬菜	138531	25385	17733	26771	20605
(9)食用菌	17897	617	6	2	331
(10)花卉园艺	71238	47235	4909	12500	3346
①花卉苗木	69181	46038	4721	12042	3196
②盆栽类园艺	2057	1197	188	458	150
(11)茶、桑、果	97939	25912	17507	9960	9010
①茶叶	36033	7114	2307	2180	4290
②桑叶(包括桑枝)	2232	42	1250	49	94
③水果	59674	18756	13950	7731	4626
#果用瓜	15803	3186	2581	2722	1853
(12)其他农作物	6952	802	181	57	4892
2.采集野生植物	14067	2137	823	146	8498
二、林业产值	34872	7239	1608	2422	4131
1.人造林木生长	7405	1474	559	1063	1437
2.林产品	9113	1167	209	794	1321
3.村及村以下竹木采伐	18354	4598	840	565	1373
三、牧业产值	298110	97219	51089	46800	28457
1.牲畜	177009	51093	24780	34344	19700
(1)牛	3548	2349	450	71	116
(2)猪	171952	48402	24018	34151	19344
(3)羊	1509	342	312	122	240
2.家禽饲养	39401	12439	5997	9267	2094
3.活的畜禽产品	51260	28407	12555	2398	2337
4.捕猎野兽野禽	5200	122	25	20	798
5.其他动物饲养	25240	5158	7732	771	3528
#蚕茧	5061	92	2826	106	213
四、渔业产值	79154	20818	29623	11794	5423
五、农林牧渔服务业	23312	6322	6398	1100	3350

3—4 续表　　　　　　　　　(2004年,按当年价格计算)　　　　　　　　　单位:万元

指　　标	永康市	武义县	浦江县	磐安县
合　　计	66962	94665	67602	64941
一、农业产值	34225	56279	41604	50407
1.种植业产值	34154	54915	40989	49994
#副产品产值	908	738	1155	555
(1)粮食作物	14551	16362	14639	7497
①谷物	12451	13988	13115	5390
②豆类	683	1187	1102	1156
③蕃薯	1417	1187	422	951
(2)油料	146	996	786	393
(3)棉花	8	17	151	
(4)麻类		179	2	
(5)甘蔗	235	243	2045	1
(6)烟叶		2		1
(7)药材类	1046	339	77	15540
(8)蔬菜	11809	14727	14732	6769
(9)食用菌	26	5954	23	10938
(10)花卉园艺	593	931	1428	296
①花卉苗木	559	910	1419	296
②盆栽类园艺	34	21	9	
(11)茶、桑、果	5513	15044	6521	8472
①茶叶	456	10748	2030	6908
②桑叶(包括桑枝)	99	448	96	154
③水果	4958	3848	4395	1410
#果用瓜	1253	1618	1606	984
(12)其他农作物	227	121	585	87
2.采集野生植物	71	1364	615	413
二、林业产值	3811	5877	1973	7811
1.人造林木生长	244	896	672	1060
2.林产品	2882	1544	302	894
3.村及村以下竹木采伐	685	3437	999	5857
三、牧业产值	22956	28047	17052	6490
1.牲畜	7368	21058	13728	4938
(1)牛	36	297	137	92
(2)猪	7227	20577	13507	4726
(3)羊	105	184	84	120
2.家禽饲养	3604	4621	948	431
3.活的畜禽产品	2637	1164	1397	365
4.捕猎野兽野禽	3990	15	190	40
5.其他动物饲养	5357	1189	789	716
#蚕茧	232	1018	213	361
四、渔业产值	4060	2952	4401	83
五、农林牧渔服务业	1910	1510	2572	150

3—5 历年耕地面积

（2004 年）

单位:公顷

年　份	金华市	市　区	兰溪市	义乌市	东阳市	永康市	武义县	浦江县	磐安县
1949	208840	49020	35230	30890	29190	24380	20030	12290	7810
1978	188010	44300	30570	29230	25450	20430	17790	12910	7330
1980	186790	44110	30330	29030	25190	20210	17750	12870	7300
1985	183630	43120	30210	28390	25050	19670	17380	12640	7170
1990	178620	41770	29880	27460	24410	19030	16770	12430	6870
1991	177430	41540	29650	27290	24170	18900	16640	12370	6870
1992	174840	41020	29340	26840	23740	18660	16140	12280	6820
1993	170300	39510	28630	26040	23260	18400	15550	12140	6770
1994	167080	38690	28120	25400	22870	18120	15120	12050	6710
1995	166110	38400	28110	24870	22610	17920	15620	11910	6670
1996	166860	38460	28270	25070	22620	17960	15830	11960	6690
1997	167973	38813	28454	25197	22731	18132	15869	12065	6712
1998	168387	38909	28496	25364	22809	18135	15871	12065	6738
1999	168084	38972	28538	22912	25004	17956	15880	12069	6753
2000	168268	39006	28683	23250	24602	18010	15876	12072	6769
2001	167352	38615	28859	23019	24383	17756	15892	12047	6781
2002	166341	38531	28974	22399	24066	17654	15900	12047	6771
2003	165884	38317	29096	21845	24067	17664	16006	12057	6833
2004	165668	38226	29097	21711	24073	17665	16006	12057	6833

3—6 耕地面积

（2004 年）　　　　单位：公顷

指　标	金华市	市 区	兰溪市	义乌市	东阳市
一、上年年末数	165883.6	38316.6	29096.4	21845.1	24066.5
二、本年内增加数合计	810.5	526.6	5.6	22.1	51.5
1. 开荒	217.9	198.8			10.6
2. 土地整理	561.9	306.4	5.6	22.1	40.9
3. 其他	30.7	21.4			
#园地及鱼塘还耕	0.7	0.7			
历年灾毁地复耕					
三、本年内减少数合计	1026	617.7	4.7	155.9	45.5
1. 国家基建占地	779.6	436.4		153.8	22.5
(1)县以上兴修水利	15.3	1.3			
(2)铁路	46	46			
(3)公路	253	118.1		27.9	16.8
(4)其他	465.3	271		125.9	5.7
2. 乡村基建占地	128.5	95.9		2.1	23
(1)乡、村兴修水利	17.7	17.7			
(2)农户建房	9.9	3.2		0.8	5.9
(3)农村道路	48.8	47.5		1.3	
(4)乡镇企业	40	17.2			17.1
(5)其他	12.1	10.3			
3. 退耕还林面积	42.6	42.6			
4. 改桑、茶、果园面积	27.3	27.3			
5. 挖鱼塘占地	14.7	14.7			
6. 其他占地	33.3	0.8	4.7		
四、本年年末数合计	165668.1	38225.5	29097.3	21711.3	24072.5
1. 水田	142583.2	33673.8	26380	18141.7	19638.3
2. 旱地	23084.9	4551.7	2717.3	3569.6	4434.2
附：当年灾害毁耕地面积	10.2	0.9			

3—6 续表　　(2004 年)　　单位:公顷

指　　标	永康市	武义县	浦江县	磐安县
一、上年年末数	17663.6	16006	12056.6	6832.8
二、本年内增加数合计	44.1		63.9	96.7
1.开荒				8.5
2.土地整理	44.1		63.9	78.9
3.其他				9.3
#园地及鱼塘还耕				
历年灾毁地复耕				
三、本年内减少数合计	42.3		63.8	96.1
1.国家基建占地	12.7		58.1	96.1
(1)县以上兴修水利			13.8	0.2
(2)铁路				
(3)公路				90.2
(4)其他	12.7		44.3	5.7
2.乡村基建占地	1.8		5.7	
(1)乡、村兴修水利				
(2)农户建房				
(3)农村道路				
(4)乡镇企业			5.7	
(5)其他	1.8			
3.退耕还林面积				
4.改桑、茶、果园面积				
5.挖鱼塘占地				
6.其他占地	27.8			
四、本年年末数合计	17665.4	16006	12056.7	6833.4
1.水田	15178.4	14756.1	10239.7	4575.2
2.旱地	2487	1249.9	1817	2258.2
附:当年灾害毁耕地面积				9.3

3—7　主要农作物播种面积

（2004 年）

单位:公顷

指　　标	金华市	市　区	兰溪市	义乌市	东阳市
农作物播种面积总计	257668	50612	42787	27557	45970
一、粮食作物合计	149442	26327	23738	16733	30140
＃春粮	5012	592	1334	588	1376
秋粮	124237	19774	19988	15353	26320
1. 谷物	124864	23464	20383	13541	24093
(1)稻谷	111029	22338	19071	11876	18745
＃籼稻	99428	20597	16530	7810	17769
粳稻	5586	1389	1906	479	430
①早稻	20193	5961	2416	792	2444
②晚稻及单季稻	90836	16377	16655	11084	16301
按组合方式分:单季稻	70644	9993	14691	10139	13677
连作晚稻	20192	6384	1964	945	2624
(2)小麦	2669	261	704	173	1051
(3)大麦	92	11	7	6	28
(4)玉米	9203	742	320	807	4050
(5)其他谷物	1871	112	281	679	219
2. 豆类	17030	1998	2728	2327	4464
3. 蕃薯	7548	865	627	865	1583
二、油料	19431	4110	7253	1240	1740
1. 油菜籽	17275	3636	6984	821	1372
2. 花生	1717	395	173	322	280
3. 芝麻	439	79	96	97	88
三、棉花(皮棉)	3770	1382	2148	36	84
四、麻类合计	85				
五、甘蔗	2276	724	428	508	290
六、烟叶	3				
七、药材类	6226	26	60	24	1452
八、蔬菜	45488	8404	5260	6760	6618
九、果用瓜	7844	1602	1590	1306	607
1. 西瓜	6696	1100	1493	1179	535
2. 甜瓜	404	109	42	92	31
3. 草莓	387	294	28	8	10
4. 其他	357	99	27	27	31
十、花卉园艺	10069	6343	690	845	601
十一、其他作物	13231	1718	1620	155	4443
1. 绿肥	7113	669	1201	66	1130
2. 席草	736		3		701
3. 饲料草	780	655	45		43

3—7 续表 (2004 年) 单位:公顷

指　　标	永康市	武义县	浦江县	磐安县
农作物播种面积总计	18901	28095	25577	18169
一、粮食作物合计	11778	17179	14917	8630
#春粮	124	394	521	83
秋粮	11273	12856	10520	8153
1.谷物	10486	14759	12529	5609
(1)稻谷	10048	14099	11103	3749
#籼稻	9946	13323	10164	3289
粳稻	82	304	939	57
①早稻	381	3929	3876	394
②晚稻及单季稻	9667	10170	7227	3355
按组合方式分:单季稻	9213	5833	4018	3080
连作晚稻	454	4337	3209	275
(2)小麦	44	174	205	57
(3)大麦		2	33	5
(4)玉米	371	484	708	1721
(5)其他谷物	23		480	77
2.豆类	798	1631	1611	1473
3.蕃薯	494	789	777	1548
二、油料	278	2160	2091	559
1.油菜籽	251	1985	2012	214
2.花生	18	160	27	342
3.芝麻	9	15	52	3
三、棉花(皮棉)	5	10	105	
四、麻类合计		83	2	
五、甘蔗	33	58	235	
六、烟叶		3		
七、药材类	156	216	37	4255
八、蔬菜	4967	5642	4313	3524
九、果用瓜	563	891	626	659
1.西瓜	460	844	444	641
2.甜瓜	58	17	52	3
3.草莓	8	17	22	
4.其他	37	13	108	15
十、花卉园艺	208	770	546	66
十一、其他作物	1021	1087	2711	476
1.绿肥	884	695	2049	419
2.席草	28		1	3
3.饲料草	8	17	11	1

3—8 主要农作物产品产量

（2004年）

单位：吨

指　　标	金华市	市区	兰溪市	义乌市	东阳市
一、粮食作物合计	853288	155227	132219	111655	169833
#春粮	11822	1318	3008	1435	3522
秋粮	730072	121332	116223	105457	152780
1.谷物	777340	144429	122609	97633	155497
(1)稻谷	719278	139700	118584	89723	131682
#籼稻	663139	128672	102003	80827	125594
粳稻	37093	8960	12561	4133	2756
①早稻	111394	32577	12988	4763	13531
②晚稻及单季稻	607884	107123	105596	84960	118151
按组合方式分:单季稻	484694	68750	93940	78490	100552
连作晚稻	123190	38373	11656	6470	17599
(2)小麦	7160	668	1771	517	2950
(3)大麦	251	31	15	17	79
(4)玉米	43298	3512	1310	3795	20180
(5)其他谷物	7353	518	929	3581	606
2.豆类	38946	6453	6518	7554	8273
3.蕃薯	37002	4345	3092	6468	6063
二、油料	32990	6831	12556	2617	3005
1.油菜籽	28445	5626	12023	1669	2441
2.花生	3946	1088	408	805	452
3.芝麻	599	117	125	143	112
三、棉花(皮棉)	5070	1993	2777	51	106
四、麻类合计	195				
五、甘蔗	129731	29751	27341	37705	18000
六、烟叶	4				
七、药材类	12408	124	86	279	
八、蔬菜	933068	190744	109456	152804	127495
九、食用菌	5210	371	17	8	519
十、果用瓜	185586	39650	32263	34029	18527
1.西瓜	165101	29480	31394	31120	17157
2.甜瓜	8199	2395	504	2229	547
3.草莓	6937	5973	232	133	181
4.其他	5349	1802	133	547	642
十一、其他作物					
1.盆栽类园艺(万盆)	222.88	86	3.2	111.08	12.6
2.席草	8122		24		7856

3—8 续表 (2004 年) 单位:吨

指　　标	永康市	武义县	浦江县	磐安县
一、粮食作物合计	76384	87792	81265	38913
＃春粮	248	771	1316	204
秋粮	74112	64959	58457	36752
1.谷物	70785	81664	74509	30214
(1)稻谷	68678	80411	68864	21636
＃籼稻	67968	76441	62867	18767
粳稻	592	1775	5997	319
①早稻	2024	22062	21492	1957
②晚稻及单季稻	66654	58349	47372	19679
按组合方式分:单季稻	63441	34209	26925	18387
连作晚稻	3213	24140	20447	1292
(2)小麦	106	421	571	156
(3)大麦		5	94	10
(4)玉米	1898	827	3633	8143
(5)其他谷物	103		1347	269
2.豆类	1642	2830	2915	2761
3.蕃薯	3957	3298	3841	5938
二、油料	458	3503	2945	1075
1.油菜籽	380	3168	2826	312
2.花生	58	317	57	761
3.芝麻	20	18	62	2
三、棉花(皮棉)	7	14	122	
四、麻类合计		193	2	
五、甘蔗	1577	1629	13724	4
六、烟叶		3		1
七、药材类	555	712	35	10617
八、蔬菜	98411	122722	92078	39358
九、食用菌	215	1382		2698
十、果用瓜	12529	20222	16061	12305
1.西瓜	11124	19613	13180	12033
2.甜瓜	849	210	1431	34
3.草莓	38	236	138	6
4.其他	518	163	1312	232
十一、其他作物				
1.盆栽类园艺(万盆)		10		
2.席草	224	2		16

3—9　桑、茧、茶叶、水果生产情况

(2004 年)

指　　标		金华市	市　区	兰溪市	义乌市	东阳市
一、桑园总面积	(公顷)	3872	61	1849	211	161
二、饲养蚕种张数	(张)	75175	1284	43727	1458	2501
1. 春蚕		31676	612	18381	717	1079
2. 夏蚕		11660	109	7457	292	310
3. 秋蚕		31839	563	17889	449	1112
三、蚕茧总产量	(吨)	3160	58	1765	66	132
四、茶叶生产						
(一)茶园总面积	(公顷)	16230	2549	1220	952	2272
(二)茶叶总产量	(吨)	16700	3648	1183	1118	2197
1. 春茶		9476	1752	523	684	1352
2. 夏茶		4141	1071	302	224	646
3. 秋茶		3083	825	358	210	199
五、水果生产						
(一)果园面积合计	(公顷)	31054	7443	9189	2700	2482
1. 柑桔园		12817	4910	3246	1340	578
2. 梨园		2697	181	247	404	521
3. 桃园		2474	723	712	254	141
4. 杨梅园		2653	33	1752	76	162
5. 枇杷园		872	89	671	16	10
6. 柿子园		1795	19	1313	8	28
7. 葡萄园		1955	1213	90	160	30
8. 猕猴桃园		694	1		44	33
9. 其他果园		5097	274	1158	398	979
(二)水果总产量	(吨)	474855	155523	97527	66001	37263
1. 柑桔		161157	75797	37929	17304	7159
2. 梨头		25272	1823	1195	7345	4552
3. 桃子		23236	8599	5875	2631	1704
4. 杨梅		8084	200	6695	126	15
5. 枇杷		3007	453	2115	100	78
6. 柿子		5367	165	4514	6	121
7. 葡萄		35394	24854	1786	2417	510
8. 猕猴桃		1140	25	3	85	53
9. 果用瓜		185586	39650	32263	34029	18527
10. 其他水果		26612	3957	5152	1958	4544

3—9 续表　　　　　　　　　　(2004 年)

指　　标		永康市	武义县	浦江县	磐安县
一、桑园总面积	(公顷)	255	856	255	224
二、饲养蚕种张数	(张)	3603	13628	3309	5665
1.春蚕		1605	5814	1613	1855
2.夏蚕		465	1421	329	1277
3.秋蚕		1533	6393	1367	2533
三、蚕茧总产量	(吨)	145	636	133	225
四、茶叶生产					
(一)茶园总面积	(公顷)	215	3756	2073	3193
(二)茶叶总产量	(吨)	240	5512	1269	1533
1.春茶		159	3314	874	818
2.夏茶		59	1151	272	416
3.秋茶		22	1047	123	299
五、水果生产					
(一)果园面积合计	(公顷)	2852	2386	2198	1804
1.柑桔园		1364	913	438	28
2.梨园		297	456	512	79
3.桃园		263	267	62	52
4.杨梅园		267	188	22	153
5.枇杷园		27	40	19	
6.柿子园		338	21		68
7.葡萄园		95	15	336	16
8.猕猴桃园		15	336	47	218
9.其他果园		186	150	762	1190
(二)水果总产量	(吨)	33589	34703	36202	14047
1.柑桔		11125	7075	4338	430
2.梨头		1886	4823	3484	164
3.桃子		3242	789	246	150
4.杨梅		621	166	59	202
5.枇杷		169	46	46	
6.柿子		366	58		137
7.葡萄		1451	141	4222	13
8.猕猴桃		306	476	87	105
9.果用瓜		12529	20222	16061	12305
10.其他水果		1894	907	7659	541

3—10 畜牧业生产情况

(2004 年)

指　　标		金华市	市　区	兰溪市	义乌市	东阳市
一、生猪						
1.年末存栏头数	(万头)	139.13	42.68	18.51	23.26	14.09
#能繁殖的母猪		8.87	3.3	1.15	1.51	0.38
2.年内生猪出栏头数	(万头)	186.35	51.42	29.09	43.56	17.02
3.全年饲养量	(万头)	325.48	94.1	47.6	66.82	31.11
二、牛						
1.年末存栏头数	(头)	66869	44323	8605	1093	2566
#良种及改良种乳牛		35433	33368	1072	307	119
2.年内牛出栏头数	(头)	19581	12076	2816	442	724
三、羊						
1.年末存栏只数	(万只)	11.28	2.58	2.08	0.91	2.1
2.年内羊出栏只数	(万只)	10.58	2.45	2.23	0.87	1.7
四、家禽						
1.年末存栏只数	(万只)	1236.54	304.76	354.06	209.82	87.79
#肉禽		729.61	186.72	129.89	165.5	50.07
蛋禽		506.93	118.04	224.17	44.32	37.72
2.年内出栏只数	(万只)	2242.81	657.29	370.11	591.22	112.85
(1)鸡		1601.22	500.01	149.4	511.79	58.78
(2)鸭		622.15	155.2	217.85	79.22	52.91
(3)鹅		19.44	2.08	2.86	0.21	1.16
五、兔						
1.年末存栏只数	(万只)	7.35	1.61	1.39	0.91	0.72
(1)肉用兔		5.71	1.02	0.90	0.91	0.57
(2)长毛兔		1.64	0.59	0.49		0.15
2.年内出栏只数	(万只)	18.52	0.86	2.8	1.08	0.6
六、蜂						
年末箱数	(箱)	145094	39936	77372	3548	7129
七、畜禽产品产量						
1.肉类产量	(吨)	178063	53638	27029	38477	15567
(1)猪肉		141157	42822	21935	29828	12765
(2)牛肉		3027	1373	455	75	139
(3)羊肉		1618	347	303	125	281
(4)兔肉		678	11	23	17	12
(5)禽肉		31520	9075	4289	8432	2370
(6)其它		63	10	24		
2.禽蛋产量	(吨)	45948	8443	20508	4623	3885
3.蜂蜜产量	(吨)	8698	3132	4327	171	262
4.蜂皇浆产量	(公斤)	202933	56095	105609	11196	17826
5.牛奶产量	(吨)	107163	101736	2769	774	357
6.兔毛产量	(吨)	9		5		2

3—10续表 (2004年)

指标		永康市	武义县	浦江县	磐安县
一、生猪					
1.年末存栏头数	(万头)	5.13	14.02	17.29	4.15
#能繁殖的母猪		0.19	1.11	1.12	0.11
2.年内生猪出栏头数	(万头)	6.57	18.21	15.89	4.59
3.全年饲养量	(万头)	11.7	32.23	33.18	8.74
二、牛					
1.年末存栏头数	(头)	720	5395	1345	2822
#良种及改良种乳牛		68	478	21	
2.年内牛出栏头数	(头)	225	1859	859	580
三、羊					
1.年末存栏只数	(万只)	0.77	1.58	0.45	0.81
2.年内羊出栏只数	(万只)	0.55	1.31	0.6	0.87
四、家禽					
1.年末存栏只数	(万只)	83.89	126.6	48.36	21.26
#肉禽		47.23	108.09	26.71	15.4
蛋禽		36.66	18.51	21.65	5.86
2.年内出栏只数	(万只)	167.94	266.58	51.58	25.24
(1)鸡		80.34	247.87	29.04	23.99
(2)鸭		78.04	15.45	22.29	1.19
(3)鹅		9.56	3.26	0.25	0.06
五、兔					
1.年末存栏只数	(万只)	0.23	0.2	1.42	0.87
(1)肉用兔		0.13	0.17	1.28	0.73
(2)长毛兔		0.1	0.03	0.14	0.14
2.年内出栏只数	(万只)	0.42	0.47	2.47	9.82
六、蜂					
年末箱数	(箱)	4354	3404	6646	2705
七、畜禽产品产量					
1.肉类产量	(吨)	7931	15990	13484	5947
(1)猪肉		4932	12383	11718	4774
(2)牛肉		35	186	618	146
(3)羊肉		82	197	124	159
(4)兔肉		10	2	42	561
(5)禽肉		2872	3218	970	294
(6)其它			4	12	13
2.禽蛋产量	(吨)	4020	1464	2379	626
3.蜂蜜产量	(吨)	299	111	334	62
4.蜂皇浆产量	(公斤)	2947	2735	6017	508
5.牛奶产量	(吨)	105	1356	66	
6.兔毛产量	(吨)			1	1

3—11 林业、渔业生产情况

(2004年)

指　　标		金华市	市　区	兰溪市	义乌市	东阳市
一、林业						
(一)当年造林面积	(公顷)	1645	259	57	164	162
1.用材林		176	81		27	
2.经济林		379	33	43	103	82
3.防护林		1090	145	14	34	80
(二)迹地更新面积	(公顷)	263	22	20	14	73
(三)封山育林面积	(公顷)	114360	12858	5222	34815	35050
(四)零星(四旁)植树	(万株)	320	32	51	52	80
(五)育苗面积	(公顷)	9916	7235	577	1133	311
(六)幼林抚育实际面积	(公顷)	4724	825	873		1438
(七)主要林产品产量	(吨)					
1.板栗		3138	157	242	103	350
2.油茶籽		1295	70	10		15
二、渔业						
(一)淡水养殖面积	(公顷)	19914	4741	3696	2600	3323
#池塘养殖		10924	2026	2431	1617	2221
水库养殖		8278	2332	1262	983	1102
稻田养殖		5790		4333	533	20
(二)淡水产品产量	(吨)	49354	12035	13416	5110	7980
1.鱼类		42198	9382	12426	4020	7695
2.甲壳类		525	132	148	40	45
3.贝类		1999	250	192		183
4.其他		4632	2271	650	1050	57

3—11续表　　　　　　　　　　（2004年）

指　　标		永康市	武义县	浦江县	磐安县
一、林业					
（一）当年造林面积	（公顷）	203	320	227	253
1.用材林			68		
2.经济林		48	28		42
3.防护林		155	224	227	211
（二）迹地更新面积	（公顷）	34	100		
（三）封山育林面积	（公顷）	2172	15044	466	8733
（四）零星（四旁）植树	（万株）	34	26	35	10
（五）育苗面积	（公顷）	166	13	466	15
（六）幼林抚育实际面积	（公顷）	203	533	227	625
（七）主要林产品产量	（吨）				
1.板栗		55	1135	300	796
2.油茶籽		1	1056		143
二、渔业					
（一）淡水养殖面积	（公顷）	2332	1623	1366	233
#池塘养殖		1206	543	815	65
水库养殖		1126	754	551	168
稻田养殖		650	68	120	66
（二）淡水产品产量	（吨）	5512	2060	3029	212
1.鱼类		4050	1485	2934	206
2.甲壳类		86	8	63	3
3.贝类		1330	41		3
4.其他		46	526	32	

3—12 农机拥有量、农村用电量及农业物资使用量

（2004 年）

指标		金华市	市区	兰溪市	义乌市	东阳市
一、年末农业机械总动力	（千瓦）	1799908	341421	209961	247360	362094
#柴油发动机动力		1466156	288860	149241	182981	296808
汽油发动机动力		19476	1009	466	4026	4888
电动机动力		314276	51552	60254	60353	60398
（一）耕作机械动力	（千瓦）	240399	40798	21303	29932	63849
#大中型拖拉机	（台）	648	201	26	112	267
小型拖拉机	（台）	27254	3903	2937	3046	6676
（二）收获机械动力	（千瓦）	263913	46686	24849	50094	58625
#联合收割机	（台）	1061	206	38	198	285
自走式机动割晒机	（台）	950	197	29	165	231
机动脱粒机	（台）	113597	19711	10738	22150	25460
（三）植保机械动力	（千瓦）	5732	830	195	904	781
（四）排灌机械动力	（千瓦）	226799	38300	63807	41063	37600
#农用水泵	（台）	62541	7713	15360	13989	8576
喷灌机械	（套）	5337	1266	576	625	709
（五）农副产品加工机械动力	（千瓦）	187230	35892	22039	23504	45298
#粮食加工机械	（台）	17794	3369	2443	1768	3433
（六）运输机械动力	（千瓦）	788022	159499	73555	91173	129328
#农用运输车	（辆）	4300	753	1162	468	1434
（七）其他农业机械动力	（千瓦）	87813	19416	4213	10690	26613
二、农村用电量（不包括县办工业和城镇生活用电）	（万千瓦时）	228990	26563	80571	37600	35577
三、农用化肥施用量						
1.按标准量计算合计	（吨）	480267	101236	110851	60971	49432
氮肥		261056	48818	51383	30900	30027
磷肥		87194	17452	18130	9305	7852
钾肥		40972	10663	11002	4146	5279
复合肥		91045	24303	30336	16620	6274
2.按折纯法计算合计	（吨）	99540	21290	22871	12525	10294
氮肥		54822	10253	10790	6489	6305
磷肥		15694	3140	3263	1675	1414
钾肥		10245	2666	2751	1037	1320
复合肥		18779	5231	6067	3324	1255
四、农用塑料薄膜使用量	（吨）	3163	950	558	280	228
#地膜使用量	（吨）	1731	417	401	180	140
地膜覆盖面积	（公顷）	12121	2612	3796	2100	828
五、农用柴油使用量	（吨）	31147	5860	7032	3500	6994
六、农药使用量	（吨）	7498	1671	2047	770	771

3—12续表　　　　　　　　　　(2004年)

指　　标		永康市	武义县	浦江县	磐安县
一、年末农业机械总动力	(千瓦)	344897	119128	113148	61899
#柴油发动机动力		310793	93436	95965	48072
汽油发动机动力		5151	604	1885	1447
电动机动力		28953	25088	15298	12380
(一)耕作机械动力	(千瓦)	34095	21134	20985	8303
#大中型拖拉机	(台)	18	23	1	
小型拖拉机	(台)	4338	2599	2435	1320
(二)收获机械动力	(千瓦)	63752	9555	9632	720
#联合收割机	(台)	165	107	55	7
自走式机动割晒机	(台)	161	107	55	5
机动脱粒机	(台)	27677	3787	3936	138
(三)植保机械动力	(千瓦)	765	297	1917	43
(四)排灌机械动力	(千瓦)	20003	10574	6204	9248
#农用水泵	(台)	10514	2195	1733	2461
喷灌机械	(套)	397		11	1753
(五)农副产品加工机械动力	(千瓦)	14894	16744	13449	15410
#粮食加工机械	(台)	1992	2484	1439	866
(六)运输机械动力	(千瓦)	194281	56512	59978	23696
#农用运输车	(辆)	450		33	
(七)其他农业机械动力	(千瓦)	17107	4312	983	4479
二、农村用电量(不包括县办工业和城镇生活用电)	(万千瓦时)	20142	14620	11345	2572
三、农用化肥施用量					
1.按标准量计算合计	(吨)	46017	65082	25126	21552
氮肥		32383	39458	14179	13908
磷肥		11225	14601	3461	5168
钾肥		1365	5840	2319	358
复合肥		1044	5183	5167	2118
2.按折纯法计算合计	(吨)	9392	13416	5345	4407
氮肥		6800	8286	2978	2921
磷肥		2021	2628	623	930
钾肥		341	1460	580	90
复合肥		230	1042	1164	466
四、农用塑料薄膜使用量	(吨)	283	402	244	218
#地膜使用量	(吨)	213	111	198	71
地膜覆盖面积	(公顷)	1244	708	817	16
五、农用柴油使用量	(吨)	1923	2820	1537	1481
六、农药使用量	(吨)	970	710	357	202

3—13 农村水利建设情况

(2004 年)

指　标		金华市	市　区	兰溪市	义乌市	东阳市
已建成水库	(座)	783	151	129	103	87
总库容	(万立方米)	175994	40757	15473	21575	45660
#大型	(座)	2				2
中型	(座)	24	4	5	5	1
万亩以上灌区	(处)	43	10	8	10	5
堤防长度	(公里)	1023.47	205.90	192.31	77.00	180.00
水利工程年供水量	(亿立方米)	16.6288	5.45	1.98	1.86	1.46
#为农业供水		10.0563	3.61	1.64	0.90	0.67
为工业供水		3.8234	0.92	0.27	0.35	0.55
为城乡生活供水		2.50	0.91	0.07	0.62	0.25
有效灌溉面积(农田面积)	(千公顷)	157.19	37.55	28.17	20.95	23.00
旱涝保收面积	(千公顷)	115.01	30.79	15.00	15.20	18.50
机电排灌面积	(千公顷)	88.1	14.34	25.92	11.01	10.30
除涝面积	(千公顷)	11.04	3.47	3.83	0.36	1.78
水土流失治理面积	(千公顷)	257.82	30.04	23.28	40.45	72.00
机电井	(眼)	415	96		98	
#已配套机电井	(眼)	386	96		69	
装机	(千千瓦)	3.68	0.58		0.45	

3—13 续表 (2004 年)

指 标		永康市	武义县	浦江县	磐安县
已建成水库	(座)	102	115	59	37
总库容	(万立方米)	17956	14956	13750	5867
#大型	(座)				
中型	(座)	3	3	2	1
万亩以上灌区	(处)	5	2	2	1
堤防长度	(公里)	68.40	194.00	47.00	58.86
水利工程年供水量	(亿立方米)	1.99	1.65	1.44	0.77
#为农业供水		1.04	0.75	0.97	0.48
为工业供水		0.57	0.60	0.32	0.25
为城乡生活供水		0.38	0.07	0.15	0.05
有效灌溉面积(农田面积)	(千公顷)	16.85	14.82	10.92	4.93
旱涝保收面积	(千公顷)	13.41	10.46	9.10	2.55
机电排灌面积	(千公顷)	9.43	9.93	5.05	2.12
除涝面积	(千公顷)	0.47	0.00	0.67	0.46
水土流失治理面积	(千公顷)	16.98	15.02	14.13	45.92
机电井	(眼)	49	170		2
#已配套机电井	(眼)	49	170		2
装机	(千千瓦)	0.23	2.40		0.02

3—14 农村经济收益分配

（2004 年）　　　　单位：万元

指　　标	金华市	市　区	兰溪市	义乌市	东阳市
一、农村经济总收入	15362501	1470546	774837	3178229	4370570
△出售产品收入	12171161	882066	616054	2640409	3113236
△1.乡镇办企业收入	4310890	1047146	40034		2520328
2.村组集体经营收入	361401	9458	137976	9776	174704
＃村办企业收入	237104	1441	127591		106750
3.农民家庭经营收入	8971061	305267	528024	2440361	1312386
4.其他经营收入	1719149	108675	68803	728092	363152
△1.农业收入	515126	122200	61800	82511	86423
(1)种植业收入	448392	112917	55166	67064	70336
＃出售种植业产品收入	230800	60853	33192	41970	31017
(2)其他农业收入	66734	9283	6634	15447	16086
2.林业收入	24080	6573	1777	2051	3564
3.牧业收入	220427	56205	52961	35230	24851
4.渔业收入	54025	11815	19603	11690	4679
5.工业收入	13550588	1183834	540495	2819274	3900526
6.建筑业收入	200738	14345	25212	31732	102203
7.运输业收入	149029	20704	21518	35125	27443
8.商饮业收入	305771	17071	15898	92514	122284
9.服务业收入	124911	10714	12890	31366	41431
10.其他收入	217806	27085	22683	36737	57166
二、总费用	13180242	1206128	598878	2787378	3684622
1.生产费用	11166961	1111207	544073	2352632	2826871
2.管理费用	1145170	59925	19037	208314	469822
3.其他费用	868111	34996	35768	226432	387929
三、净收入	2182258	264418	175959	390851	685949
四、投资收益	31362	345	6934	14795	7108
五、农民外出劳务收入	281443	47159	43139	41638	67277
六、可分配净收入总额	2495064	311922	226032	447283	760333
1.国家税收	298944	21808	22825	44783	61980
2.上交国家有关部门	7938	1365	877	2547	1609
3.外来投资分利	40386	1548	2203	8130	25927
4.外来人员带下劳务收入	188745	24030	2221	49490	74408
5.企业各项留利	323019	17949	18018	35374	197161
6.乡镇集体所得	32565	3264	2498	3402	4425
7.农民经营所得	1603467	241958	177390	303557	394823
七、农民从集体再分配收入	29893	7302	3237	6422	8821
八、农民所得总额	1633360	249260	180627	309980	403643
农民人均所得(元)	4497	4041	3331	5860	5954

3—14 续表　　　　　　　　　　　（2004 年）　　　　　　　　　　　单位:万元

指　　标	永康市	武义县	浦江县	磐安县
一、农村经济总收入	3323638	434806	1434038	375836
△出售产品收入	3173640	289212	1168884	287661
△1.乡镇办企业收入		48435	344652	310295
2.村组集体经营收入	12863	4272	9929	2423
#村办企业收入		1297		25
3.农民家庭经营收入	3233738	382099	706067	63118
4.其他经营收入	77037		373390	
△1.农业收入	39751	42811	42819	36811
(1)种植业收入	35154	37768	37140	32847
#出售种植业产品收入	13539	20316	12966	16948
(2)其他农业收入	4597	5043	5679	3964
2.林业收入	1716	4163	2045	2191
3.牧业收入	8082	19751	17614	5733
4.渔业收入	2395	1443	2327	73
5.工业收入	3150268	321361	1317758	317072
6.建筑业收入	10674	5109	9864	1598
7.运输业收入	20120	10611	11186	2322
8.商饮业收入	36575	9173	9846	2410
9.服务业收入	12831	7054	6208	2418
10.其他收入	41226	13330	14371	5208
二、总费用	3016021	334263	1245055	307898
1.生产费用	2799719	303786	952066	276607
2.管理费用	94416	7143	278266	8247
3.其他费用	121886	23334	14723	23043
三、净收入	307617	100543	188983	67939
四、投资收益		52		2129
五、农民外出劳务收入	25941	22695	22411	11184
六、可分配净收入总额	333558	123290	211394	81251
1.国家税收	99188	7890	30297	10172
2.上交国家有关部门	326	950	113	151
3.外来投资分利	10	2523		45
4.外来人员带下劳务收入	3617	14709	17986	2284
5.企业各项留利	126	2773	36621	14997
6.乡镇集体所得	14605	3514	149	708
7.农民经营所得	215686	90931	126228	52894
七、农民从集体再分配收入	2009	1781	168	153
八、农民所得总额	217695	92712	126396	53047
农民人均所得(元)	4625	3319	3798	2902

主要统计指标解释

农作物播种面积　指实际播种或移植有农作物的面积。凡是实际种植有农作物的面积，不论种植在耕地上还是种植在非耕地上，均包括在农作物播种面积中。在播种季节基本结束后，因遭灾害而重新改种和补种的农作物面积，也包括在内。

有效灌溉面积　指具有一定的水源，地块比较平整，灌溉工程或设备已经配套，在一般年景下当年能够进行正常灌溉的耕地面积。在一般情况下，有效灌溉面积应等于灌溉工程或设备已经配备，能够进行正常灌溉的水田和水浇地面积之和。

农用化肥施用量　指本年内实际用于农业生产的化肥数量，包括氮肥、磷肥、钾肥和复合肥。化肥施用量要求按折纯量计算数量。折纯量是指把氮肥、磷肥、钾肥分别按含氮、含五氧化二磷、含氧化钾的百分之一百成份进行折算后的数量。复合肥按其所含主要成分折算。

农业机械总动力　指主要用于农、林、牧、渔业的各种动力机械的动力总和。包括耕作机械、排灌机械、收获机械、农用运输机械、植物保护机械、牧业机械、林业机械、渔业机械和其他农业机械[内燃机按引擎马力折成瓦(特)计算、电动机按功率折成瓦(特)计算]。不包括专门用于乡、镇、村、组办工业、基本建设、非农业运输、科学试验和教学等非农业生产方面用的动力机械与作业机械。

农林牧渔业劳动力　指全社会直接参加农林牧渔业生产活动的劳动力。

农林牧渔业总产值　是以货币表现的农、林、牧、渔业全部产品的总量，它反映一定时期内农业生产总规模和总成果。

农、林、牧、渔业的统计范围包括国有经济的各种专业农(农、林、牧、渔)场以及国家各级机关、团体、学校、部队所办农场；集体所有制的乡、镇、村各级办农场；工矿企业经营的农、林、牧、渔业；农村各种经济组织和农户经营的农林牧渔业和为农、林、牧、渔业服务的农林牧渔服务业。但不包括农业科学试验机关中专用为试验研究的非生产部分和军事部门的军马。

粮食产量　指全社会的产量。包括国有经济经营的、集体统一经营的和农民家庭经营的粮食产量，还包括工矿企业办的农场和其它生产单位的产量。粮食除包括稻、小麦、玉米、高粱、谷子及其他杂粮外，还包括蕃薯和豆类。其产量计算方法，豆类按去豆荚后的干豆计算；蕃薯 1963 年以前按每 4 公斤鲜薯折 1 公斤粮食计算，从 1964 年开始及以后改为按 5 公斤鲜薯折 1 公斤粮食计算。马铃薯按鲜品计算，并且不做为粮食统计，其他粮食一律按脱粒后的原粮计算。

油料产量　指全部油料作物的生产量。包括花生、油菜籽、芝麻、向日葵籽、胡麻籽(亚麻籽)和其他油料。不包括大豆，也不包括木本油料和野生油料。花生以带壳干花生计算。

水产品产量　指人工养殖的水产品和天然生长的水产品的捕捞量。包括海水的鱼类、虾蟹类、贝类和藻类以及内陆水域的鱼类、虾蟹类和贝类，不包括淡水生植物。

猪、牛、羊肉产量　指当年出栏并已屠宰后除去头蹄下水后带骨肉(即胴体重)的重量。

耕地面积　指年初可以用来种植农作物、经常进行耕锄的田地，除包括熟地、当年新开荒地、连续撂荒未满三年的耕地和当年的休闲地(轮歇地)外，还包括以种植农作物为主并附带种植桑树、茶树、果树和其他林木的土地，以及沿海、沿湖地区已围垦利用的“海涂”、“湖田”等面积。但不包括属于专业性的桑园、茶园、果园、果木苗圃、林地、芦苇地、天然或人工草地面积。

谷物　指籽实主要供作粮食的作物。这类作物包括稻谷、小麦、玉米、谷子、高粱和其他谷物，不包括豆类和薯类作物。

工 业
Industry

Chapter 4

4—1 历年国有及年销售收入500万元以上工业主要指标

指　　标	金华市	市　区	兰溪市	义乌市	东阳市	永康市	武义县	浦江县	磐安县
工业企业数　　(个)									
1997	833	202	102	143	128	108	57	59	34
1998	781	165	87	143	127	111	57	55	36
1999	770	165	87	143	127	102	56	55	35
2000	813	166	89	168	122	109	69	53	37
2001	891	177	111	162	134	130	82	57	38
2002	1727	296	148	475	205	252	161	114	76
2003	2082	319	175	567	305	303	178	163	72
2004	2805	436	236	642	325	510	291	261	104
工业总产值(现价)(万元)									
1997	2060535	443164	398309	239424	388974	315182	103539	115251	56693
1998	2141978	430823	366806	262053	413716	374144	93966	148613	51857
1999	2277592	431056	381180	262693	422413	494692	99698	136194	49667
2000	2883034	560402	450817	340409	521104	683933	117551	152459	56360
2001	3311891	630300	490492	399944	648677	731467	165715	182401	62896
2002	4948974	936437	586111	822282	793542	1098636	284976	315346	111646
2003	7290446	1327300	849159	1324161	1136447	1603844	402225	509329	137981
2004	10060719	1634748	1108702	1866102	1319747	2421816	704234	799711	205659
工业销售产值　　(万元)									
1997	1947583	425141	382373	221087	354772	297874	98974	113176	54185
1998	2014774	408711	354151	244003	381169	347405	91479	139583	48274
1999	2174860	421626	361111	245318	405105	474792	97431	122939	46537
2000	2759700	539268	433610	327251	483826	656462	107749	157307	54227
2001	3173364	598776	470464	389124	612343	707195	157885	174912	62664
2002	4774326	901528	574200	793140	756565	1064014	273685	303466	107729
2003	7067891	1275202	836250	1289037	1079330	1569506	391362	494640	132563
2004	9749675	1582222	1084918	1807633	1271462	2372432	673774	773436	183799
工业增加值　　(万元)									
1997									
1998	439601	106802	68364	56715	89258	61473	19624	29602	7763
1999	524094	99299	88454	55543	110263	108940	21374	26425	13796
2000	675065	149887	101215	77166	138494	141975	21884	33482	10963
2001	747738	175888	108203	89524	156582	134501	29105	37600	16335
2002	1189712	273055	134374	188871	215450	231943	51984	69064	24971
2003	1738874	368793	196861	324539	296743	325548	79230	119101	28059
2004	2418110	421600	263041	461763	347867	526505	141206	208883	47245
产品销售收入　　(万元)									
1997	1933219	422743	380360	217066	356792	296090	94882	112373	52912
1998	2014812	403026	352303	239280	388098	349317	94422	141591	46776
1999	2184140	418450	359492	242918	411428	480758	100090	128844	42160
2000	2841685	550983	431784	369631	504856	669353	110315	153199	51564
2001	3253492	609756	473054	446309	595766	725520	163365	179074	60649
2002	4875332	893669	585851	871432	766947	1065056	268812	319057	104508
2003	7269909	1258889	885961	1380652	1104358	1600747	407832	502618	128852
2004	9972810	1606566	1151307	1850422	1301504	2406493	669368	805374	181775
利税总额　　(万元)									
1997	132920	38105	19772	16613	27427	19634	4174	5538	1657
1998	146338	41876	13691	16012	37017	26130	587	10394	630
1999	186706	45816	24327	19815	49703	33513	2860	7468	3205
2000	258169	59740	41179	25682	65073	46468	5488	10439	4101
2001	304913	70721	54257	31754	68420	48346	8926	16470	6018
2002	475018	109444	56623	67245	95463	87322	20705	30633	7584
2003	722295	157081	86349	119820	132608	133733	32444	50729	9531
2004	879254	142297	93211	170491	139166	194305	51216	75777	12793

4—1续表

指　　标	金华市	市　区	兰溪市	义乌市	东阳市	永康市	武义县	浦江县	磐安县
利润总额　　（万元）									
1997	34328	10666	315	6065	12193	8199	-1705	-782	-623
1998	44171	14564	-8313	6282	19958	13462	-5415	5367	-1735
1999	73058	15773	3485	7742	30061	16044	-3030	2276	707
2000	116168	25027	16473	11002	35398	23259	118	3923	968
2001	152850	32909	24328	15534	41587	24778	2022	9221	2470
2002	250689	57282	23422	37466	60250	46682	6453	16472	2661
2003	395045	85225	39089	63462	86987	75152	13327	27961	3842
2004	478514	76304	38653	87678	92110	109466	22034	47331	4938
资产总计　　（万元）									
1997	2871512	767316	631915	298241	445859	317430	161624	141426	107701
1998	3095925	840761	621524	342603	497342	374428	168885	152478	97904
1999	3205613	884285	634842	323441	552009	422540	159948	152050	76498
2000	3558297	1027900	546582	458644	643930	521355	146297	157988	55602
2001	4078635	1177938	562480	528228	765699	631069	184340	172664	56217
2002	5601555	1533823	633798	944660	902719	983278	245116	262411	95749
2003	7872961	2053807	812179	1413014	1268157	1476475	337191	405642	106497
2004	10047600	2056370	1030260	2041854	1532505	2069691	539285	614792	162845
负债总计　　（万元）									
1997	1755046	432103	412909	152799	304010	178502	108218	89983	76522
1998	1818060	447391	407943	178801	309679	207585	117016	81473	68173
1999	1874096	453438	410459	168170	347487	237019	114137	89546	53840
2000	2224766	764088	307197	250937	411475	276525	95951	81535	37059
2001	2532173	872791	314754	279450	478925	341643	121087	89412	34112
2002	3341299	1078958	367399	493536	525238	523792	150605	145616	56156
2003	4796097	1468484	451825	762371	760142	857346	212797	217969	65163
2004	6078198	1293484	612712	1292563	899027	1226647	329838	323621	100306
所有者权益　　（万元）									
1997	1116466	335213	219006	145441	141849	138928	53406	51444	31179
1998	1277865	393369	213580	163803	187663	166843	51869	71005	29731
1999	1331516	430846	224383	155271	204522	185521	45811	62504	22658
2000	1333531	263812	239384	207708	232455	244830	50346	76453	18542
2001	1546462	305147	247727	248778	286774	289426	63253	83252	22105
2002	2225170	424296	261974	451124	377482	459486	94510	116794	39504
2003	3067321	585269	360354	650643	508014	619129	124394	178184	41334
2004	3969402	762886	417548	749291	633478	843044	209447	291171	62539
职工年均人数　　（人）									
1997									
1998	203425	44423	36300	25081	40964	23230	14528	14507	4392
1999	197196	41942	33130	24735	40759	25854	12672	14409	3695
2000	203239	42059	30102	30155	43079	30709	10753	12358	4024
2001	215841	42290	29844	36521	43283	33585	11987	13671	4660
2002	312805	52981	31163	73439	56537	48049	19568	23575	7493
2003	381535	61976	35630	96251	70902	58441	22271	28404	7660
2004	451106	72388	39589	106765	73955	79261	32226	35855	11067
职工工资总额　　（万元）									
1997									
1998	148882	33199	28165	19718	27373	17981	9025	10410	3012
1999	152864								
2000	185176								
2001	206758								
2002	317212	61875	33316	61920	59091	52622	19237	21798	7354
2003	420334	76921	42801	92817	74614	70890	23887	29838	8566
2004	517393	89571	45710	110071	85212	96229	38228	39015	13357

4—2 历年国有工业产值

年份	金华市	市区	兰溪市	义乌市	东阳市	永康市	武义县	浦江县	磐安县
1980价计算									
1978	55300	24518	13027	3830	3562	3480	4267	2545	71
1979	66645	29608	15900	4786	4356	4084	5013	2797	101
1980	80755	33476	20493	5600	5055	5891	6547	3576	117
1981	95022	41806	23843	5782	5348	6264	7839	4017	123
1982	102216	44380	26141	6690	6409	6694	7255	4503	144
1983	118168	50348	29240	8738	8091	7738	8822	5031	160
1984	131819	57061	32715	10112	8641	9470	8650	4872	298
1985	152226	64516	38650	13445	9757	9877	10412	5257	312
1986	170683	72640	46267	11881	11526	11100	11279	5606	384
1987	186760	71750	53024	14467	14542	13416	12988	6169	404
1988	211176	81399	58800	15421	16493	16244	15047	7291	481
1989	196225								
1990	215267	80395	65413	13719	15618	16534	15267	7135	1186
1990价计算									
1990	371067	127731	127131	23144	24183	26622	26332	13900	2016
1991	429373	145109	144690	28747	30446	32145	28711	16356	3169
1992	500051	164817	169914	33363	34528	43834	30295	19007	4293
1993	511004	176430	162891	35379	36143	47396	30056	17361	5348
1994	501549	171662	185784	26001	38353	25257	31833	16708	5951
1995(老)	491636	186103	120905	32445	58193	23538	42167	19995	8290
1995(新)	479701	179481	118914	31790	56716	23487	40941	20082	8290
1996	482968	164614	147002	29675	64671	18483	37486	16905	4132
1997	511236	163772	179256	25220	60800	22449	39248	14006	6485
1998	190202	30405	55178	3194	22948	44989	27880	1994	3614
1999	337421	91789	111994	5137	49262	52670	21539	1623	3407
2000	270987	101142	40828	30834	35231	40679	15020	1031	6223
当年价计算									
2000	295172	120058	41186	14703	40167	50923	18656	1416	8062
2001	319676	134380	56139	13360	43469	45996	14759	2119	9455
2002	353256	135135	61713	18773	52734	42242	16446	15033	11180
2003	485827	237299	70873	24004	60052	55831	18514	7347	11907
2004	544185	172027	77473	126040	35902	71282	35673	6967	18821

注:当年价产值统计口径调整为国有及国有控股工业企业

4—3　年销售收入500万元以上工业企业单位数

（2004年）

单位：个

指　　标	金华市	市　区	兰溪市	义乌市	东阳市
工业企业数	2805	436	236	642	325
采掘业	12	3		1	2
非金属矿采选业	11	3		1	1
其他矿采选业	1				1
制造业	2758	422	232	639	319
农副食品加工业	40	11	2	6	4
食品制造业	41	22	4	11	
饮料制造业	17	3	2	4	1
纺织业	333	30	55	172	30
纺织服装、鞋、帽制造业	271	23	9	120	53
皮革、毛皮、羽毛(绒)及其制品业	55	7	3	12	28
木材加工及木、竹、藤、棕、草制品业	15	1		5	1
家具制造业	35	4		4	4
造纸及纸制品业	69	28	5	14	3
印刷业和记录媒介的复制	67	9	11	37	
文教体育用品制造业	108	2	1	29	9
化学原料及化学制品制造业	108	21	16	24	18
医药制造业	44	10	8	1	12
化学纤维制造业	14	1	1	5	1
橡胶制品业	12		5	3	
塑料制品业	122	23	15	33	17
非金属矿物制品业	79	21	19	6	8
黑色金属冶炼及压延加工业	12	3		1	
有色金属冶炼及压延加工业	71	11	10	3	3
金属制品业	380	72	9	39	25
通用设备制造业	287	35	14	7	31
专用设备制造业	68	5	4	8	17
交通运输设备制造业	124	33	10	5	5
电气机械及器材制造业	94	16	13	4	12
通信设备、计算机及其他电子设备制造业	36	11	4	1	6
仪器仪表及文化、办公用机械制造业	24	11		8	2
工艺品及其他制造业	231	8	12	77	29
废弃资源和废旧材料回收加工业	1	1			
电力、燃气及水的生产和供应业	35	11	4	2	4
电力、热力的生产和供应业	25	9	3	1	2
水的生产和供应业	10	2	1	1	2

4—3 续表　　　　　　　　　　(2004 年)　　　　　　　　　　单位:个

指　　标	永康市	武义县	浦江县	磐安县
工业企业数	510	291	261	104
采掘业		5		1
非金属矿采选业		5		1
其他矿采选业				
制造业	508	281	259	98
农副食品加工业	3	3	1	10
食品制造业	1	2		1
饮料制造业	1	6		
纺织业	1	6	35	4
纺织服装、鞋、帽制造业	2	14	43	7
皮革、毛皮、羽毛(绒)及其制品业			3	2
木材加工及木、竹、藤、棕、草制品业		2	2	4
家具制造业	12	10		1
造纸及纸制品业	3	7	8	1
印刷业和记录媒介的复制	6	2	1	1
文教体育用品制造业	30	34	1	2
化学原料及化学制品制造业	9	11	4	5
医药制造业		1	6	6
化学纤维制造业			6	
橡胶制品业	3			1
塑料制品业	11	14	3	6
非金属矿物制品业	11	6	6	2
黑色金属冶炼及压延加工业	5	1	1	1
有色金属冶炼及压延加工业	34	9	1	
金属制品业	132	49	46	8
通用设备制造业	125	65	8	2
专用设备制造业	24	7	2	1
交通运输设备制造业	52	12	4	3
电气机械及器材制造业	31	5	10	3
通信设备、计算机及其他电子设备制造业	2		9	3
仪器仪表及文化、办公用机械制造业	3			
工艺品及其他制造业	7	15	59	24
废弃资源和废旧材料回收加工业				
电力、燃气及水的生产和供应业	2	5	2	5
电力、热力的生产和供应业	1	4	1	4
水的生产和供应业	1	1	1	1

4—4 年销售收入500万元以上工业企业主要产品产量

（2004年）

指　　标		金华市	市　区	兰溪市	义乌市	东阳市
纱	（吨）	73597	20351	21129	10513	4212
布	（万米）	17620	1525	11598	2141	49
印染布	（万米）	7619	4879		2740	
丝织品	（万米）	82		82		
服装	（万件）	18763	749	477	9617	4863
乳制品	（吨）	195666	188866	6800		
味精	（吨）	40971		6635	34336	
机制纸	（万吨）	26.93	4.38	0.48	19.87	
机制纸板	（万吨）	23.34	8.98	0.31		1.23
塑料制品	（万吨）	8.22	1.11	0.34	3.81	1.99
染料	（吨）	8166	998			7168
肥皂	（吨）	29845		29845		
原电池	（万只）	922				922
化学原料药	（吨）	17930	401		576	16953
中成药	（吨）	2566		2331		235
发电量	（万千瓦时）	120754	76173	12534	21868	3453
硫酸	（吨）	12367	12367			
化肥	（吨）	40411	14536	12362		13513
化学农药	（吨）	6196		2692		3504
油漆	（吨）	34571	20934			9132
水泥	（万吨）	1176	322	786	6	3
铝	（吨）	86486		77636		
成品钢材	（吨）	12416		1796	1100	9520
铜加工材	（吨）	171804		44324		2963
金属切削机床	（台）	5821		3471		
小型拖拉机	（台）	58178				

注:从2003年报开始乳制品包括了液体乳。

4—4 续表 (2004 年)

指标		永康市	武义县	浦江县	磐安县
纱	(吨)		10011	7381	
布	(万米)			2307	
印染布	(万米)				
丝织品	(万米)				
服装	(万件)	180	630	2071	176
乳制品	(吨)				
味精	(吨)				
机制纸	(万吨)		2.20		
机制纸板	(万吨)			12.82	
塑料制品	(万吨)	0.27		0.08	0.62
染料	(吨)				
肥皂	(吨)				
原电池	(万只)				
化学原料药	(吨)				
中成药	(吨)				
发电量	(万千瓦时)	262	5252		1212
硫酸	(吨)				
化肥	(吨)				
化学农药	(吨)				
油漆	(吨)	4153	352		
水泥	(万吨)	11	19	29	
铝	(吨)	6187	2663		
成品钢材	(吨)				
铜加工材	(吨)	124517			
金属切削机床	(台)	81	2269		
小型拖拉机	(台)	53671	4507		

4—5 年销售收入500万元以上分行业工业总产值

（2004年，按当年价格计算） 单位：万元

指标	金华市	市区	兰溪市	义乌市	东阳市
工业总产值	**10060719**	**1634748**	**1108702**	**1866102**	**1319747**
采掘业	**29913**	**14149**		**941**	**3275**
非金属矿采选业	28444	14149		941	1806
其他矿采选业	1469				1469
制造业	**9757418**	**1562355**	**1093600**	**1747477**	**1297737**
农副食品加工业	102590	37631	4871	26984	15370
食品制造业	165438	107742	7690	44813	
饮料制造业	26207	12047	3281	1813	3261
纺织业	962008	79398	142506	565618	33714
纺织服装、鞋、帽制造业	715273	48994	17942	259322	240252
皮革、毛皮、羽毛(绒)及其制品业	102298	26553	5602	12371	51218
木材加工及木、竹、藤、棕、草制品业	59191	943		40868	3321
家具制造业	84441	9506		6990	2380
造纸及纸制品业	263347	65567	8435	94606	3915
印刷业和记录媒介的复制	113638	13279	14882	71589	
文教体育用品制造业	186564	1957	1077	50751	12463
化学原料及化学制品制造业	506512	59541	83601	56740	128507
医药制造业	407967	83944	74943	3735	202418
化学纤维制造业	44114	9302	685	6759	3181
橡胶制品业	41570		13505	11957	
塑料制品业	260362	56767	12931	79663	34218
非金属矿物制品业	453163	144763	238922	11607	15724
黑色金属冶炼及压延加工业	121594	2688		9233	
有色金属冶炼及压延加工业	906596	60371	324562	7061	3883
金属制品业	1149200	170999	9017	78426	70938
通用设备制造业	1158011	158726	29201	25273	284971
专用设备制造业	219225	12294	11289	13752	27554
交通运输设备制造业	690452	271526	24787	12128	13746
电气机械及器材制造业	277323	49832	42387	18963	63150
通信设备、计算机及其他电子设备制造业	88550	25923	4684	634	23469
仪器仪表及文化、办公用机械制造业	76249	32164		12454	21518
工艺品及其他制造业	572933	17292	16801	223364	38566
废弃资源和废旧材料回收加工业	2604	2604			
电力、燃气及水的生产和供应业	**273388**	**58244**	**15101**	**117684**	**18736**
电力、热力的生产和供应业	252024	51840	13414	112899	14488
水的生产和供应业	21364	6405	1688	4785	4248

4—5 续表　　　　　　　　　　（2004 年，按当年价格计算）　　　　　　　　　　单位：万元

指　标	永康市	武义县	浦江县	磐安县
工业总产值	2421816	704234	799711	205659
采掘业		8741		2807
非金属矿采选业		8741		2807
其他矿采选业				
制造业	2399499	664672	796487	195593
农副食品加工业	3113	1960	2455	10206
食品制造业	1674	2834		684
饮料制造业	1108	4697		
纺织业	1071	24103	105332	10265
纺织服装、鞋、帽制造业	4518	11918	120356	11971
皮革、毛皮、羽毛(绒)及其制品业			4809	1745
木材加工及木、竹、藤、棕、草制品业		4165	2199	7695
家具制造业	19630	45472		463
造纸及纸制品业	9173	22130	58649	872
印刷业和记录媒介的复制	11838	1137	508	405
文教体育用品制造业	00730	55866	562	3158
化学原料及化学制品制造业	92627	59721	18761	7014
医药制造业		1505	28247	13175
化学纤维制造业			24187	
橡胶制品业	12578			3531
塑料制品业	13108	19429	6508	37739
非金属矿物制品业	18909	9372	12135	1733
黑色金属冶炼及压延加工业	75563	9528	22997	1585
有色金属冶炼及压延加工业	466041	43519	1160	
金属制品业	624405	101669	83016	10730
通用设备制造业	440182	163376	29924	26357
专用设备制造业	135504	17438	1065	328
交通运输设备制造业	297789	25211	41790	3475
电气机械及器材制造业	82809	3929	13866	2386
通信设备、计算机及其他电子设备制造业	2386		21669	9786
仪器仪表及文化、办公用机械制造业	10113			
工艺品及其他制造业	14631	35695	196294	30289
废弃资源和废旧材料回收加工业				
电力、燃气及水的生产和供应业	22318	30821	3225	7259
电力、热力的生产和供应业	20531	30046	1909	6899
水的生产和供应业	1787	776	1316	361

4—6 年销售收入500万元以上分行业工业销售产值

(2004年,按当年价格计算)　　单位:万元

指　　标	金华市	市　区	兰溪市	义乌市	东阳市
工业销售产值	9749675	1582222	1084918	1807633	1271462
采掘业	28053	12058		954	3331
非金属矿采选业	26528	12058		954	1806
其他矿采选业	1525				1525
制造业	9449470	1513043	1069816	1688995	1249428
农副食品加工业	100651	36574	4848	27071	14656
食品制造业	161484	104927	7502	43809	
饮料制造业	25734	11882	2530	1830	3507
纺织业	924801	79006	138647	540812	33826
纺织服装、鞋、帽制造业	701612	47453	17853	254278	236398
皮革、毛皮、羽毛(绒)及其制品业	99969	25809	5344	11901	50539
木材加工及木、竹、藤、棕、草制品业	53829	820		36229	3333
家具制造业	80910	9592		6461	2134
造纸及纸制品业	256159	63343	8407	92791	3543
印刷业和记录媒介的复制	111369	12861	14610	70391	
文教体育用品制造业	181502	1966	1023	50050	12702
化学原料及化学制品制造业	488543	59880	73736	54392	127230
医药制造业	387301	79251	71071	3189	192946
化学纤维制造业	40603	8066	821	6459	3181
橡胶制品业	41782		14067	11715	
塑料制品业	238663	52935	12965	77096	33808
非金属矿物制品业	445075	146439	232270	11171	14300
黑色金属冶炼及压延加工业	118182	1668		9233	
有色金属冶炼及压延加工业	907666	59994	328434	6990	4008
金属制品业	1109185	172370	8748	75885	66735
通用设备制造业	1106608	151283	28839	23350	267194
专用设备制造业	229314	11807	10905	13938	26291
交通运输设备制造业	654857	249663	23832	12297	13375
电气机械及器材制造业	268440	48441	42445	18313	57943
通信设备、计算机及其他电子设备制造业	84184	25581	4535	663	23200
仪器仪表及文化、办公用机械制造业	75023	31723		12292	20956
工艺品及其他制造业	553423	17108	16386	216390	37626
废弃资源和废旧材料回收加工业	2604	2604			
电力、燃气及水的生产和供应业	272153	57121	15101	117684	18703
电力、热力的生产和供应业	250792	50716	13414	112899	14455
水的生产和供应业	21360	6405	1688	4785	4248

4—6 续表　　(2004 年,按当年价格计算)　　单位:万元

指　　标	永康市	武义县	浦江县	磐安县
工业销售产值	2372432	673774	773436	183799
采掘业		8903		2807
非金属矿采选业		8903		2807
其他矿采选业				
制造业	2350115	634066	770211	173795
农副食品加工业	2972	1821	2455	10256
食品制造业	1612	2695		939
饮料制造业	1097	4889		
纺织业	1082	21264	100880	9284
纺织服装、鞋、帽制造业	4518	11732	118216	11164
皮革、毛皮、羽毛(绒)及其制品业			4631	1745
木材加工及木、竹、藤、棕、草制品业		4156	2076	7214
家具制造业	19666	42594		463
造纸及纸制品业	9173	21114	56885	904
印刷业和记录媒介的复制	11562	1032	508	405
文教体育用品制造业	59878	52222	562	3100
化学原料及化学制品制造业	91555	57139	18360	0252
医药制造业		1468	27516	11860
化学纤维制造业			22076	
橡胶制品业	12503			3498
塑料制品业	12397	18771	6051	24639
非金属矿物制品业	18247	9052	11906	1690
黑色金属冶炼及压延加工业	73172	9528	22997	1585
有色金属冶炼及压延加工业	464780	42351	1110	
金属制品业	600435	93436	81985	9592
通用设备制造业	422497	158847	28241	26357
专用设备制造业	147617	17360	1040	357
交通运输设备制造业	287317	24190	40679	3506
电气机械及器材制造业	81141	4078	13688	2391
通信设备、计算机及其他电子设备制造业	2216		20388	7601
仪器仪表及文化、办公用机械制造业	10052			
工艺品及其他制造业	14626	34331	187963	28994
废弃资源和废旧材料回收加工业				
电力、燃气及水的生产和供应业	22318	30805	3225	7197
电力、热力的生产和供应业	20531	30029	1909	6840
水的生产和供应业	1787	776	1316	357

4—7 年销售收入500万元以上分行业出口交货值

（2004年，按当年价格计算） 单位：万元

指　　标	金华市	市　区	兰溪市	义乌市	东阳市
出口交货值	3333541	451888	99759	501673	524668
采掘业	6584	6584			
非金属矿采选业	6584	6584			
其他矿采选业					
制造业	3326955	445305	99759	501673	524668
农副食品加工业	20066	3234		442	6267
食品制造业	28872	25132	505	1192	
饮料制造业	3412			370	
纺织业	308579	41081	28729	178523	12467
纺织服装、鞋、帽制造业	373895	39266	11259	138652	102730
皮革、毛皮、羽毛(绒)及其制品业	71336	25509	3300	3177	38379
木材加工及木、竹、藤、棕、草制品业	26164			17258	3298
家具制造业	43021	465		130	1733
造纸及纸制品业	10181	8236		1933	11
印刷业和记录媒介的复制	17978		622	12095	
文教体育用品制造业	107180		1023	14326	5198
化学原料及化学制品制造业	120245	3783	11170	20923	28614
医药制造业	102746	7375	3783		80182
化学纤维制造业	2968			693	2275
橡胶制品业	3913		1150		
塑料制品业	53464	17758	2671	8040	3231
非金属矿物制品业	18370	8794	740	23	1151
黑色金属冶炼及压延加工业	3178				
有色金属冶炼及压延加工业	36081	3497			
金属制品业	546834	100116	2267	14365	10975
通用设备制造业	655545	92624	5311	864	124360
专用设备制造业	82213	4148	1917	1386	4483
交通运输设备制造业	203325	24283	7160		10043
电气机械及器材制造业	95720	1309	9578		45906
通信设备、计算机及其他电子设备制造业	33536	16776	852		12879
仪器仪表及文化、办公用机械制造业	17254	7627		5312	3735
工艺品及其他制造业	340879	14290	7722	81968	26753

4—7续表　　(2004年,按当年价格计算)　　单位:万元

指　　标	永康市	武义县	浦江县	磐安县
出口交货值	964185	333898	363308	94162
采掘业				
非金属矿采选业				
其他矿采选业				
制造业	964185	333898	363308	94162
农副食品加工业	65	1003		9057
食品制造业	1423	206		414
饮料制造业	330	2712		
纺织业	1082	3029	35927	7741
纺织服装、鞋、帽制造业	4372	10323	58753	8539
皮革、毛皮、羽毛(绒)及其制品业			159	813
木材加工及木、竹、藤、棕、草制品业				5609
家具制造业	11528	29165		
造纸及纸制品业				
印刷业和记录媒介的复制	5260			
文教体育用品制造业	48312	35296		3026
化学原料及化学制品制造业	46355	8602	798	
医药制造业			10357	1049
化学纤维制造业				
橡胶制品业	1951			812
塑料制品业	1644	12512	309	7298
非金属矿物制品业	6868	195	600	
黑色金属冶炼及压延加工业	3178			
有色金属冶炼及压延加工业	25975	6609		
金属制品业	311927	50181	52116	4888
通用设备制造业	278270	123332	4478	26305
专用设备制造业	64263	6017		
交通运输设备制造业	107422	16326	37851	240
电气机械及器材制造业	34271	1439	3217	
通信设备、计算机及其他电子设备制造业			3030	
仪器仪表及文化、办公用机械制造业	580			
工艺品及其他制造业	9111	26949	155713	18372

4—8 年销售收入500万元以上工业企业主要经济指标

（2004年）　　单位：万元

指　　标	金华市	市　区	兰溪市	义乌市	东阳市
企业单位数（个）	2805	436	236	642	325
＃亏损企业	433	144	71	36	68
工业总产值（按当年价格计算）	10060719	1634748	1108702	1866102	1319747
＃国家、省级新产品产值	562389	138735	23875	64755	230489
工业销售产值（按当年价格计算）	9749675	1582222	1084918	1807633	1271462
＃出口交货值	3333541	451888	99759	501673	524668
工业中间投入合计	7984770	1271725	894073	1470433	1009229
年末资产总计	10047600	2056370	1030260	2041854	1532505
＃应收帐款净额	1360378	315687	85474	190332	221510
产成品存货	702912	148072	61384	128954	108098
流动资产年平均余额	5096011	953844	467070	955120	790171
固定资产净值年平均余额	2926975	601550	365826	675208	474428
年末负债合计	6078198	1293484	612712	1292563	899027
年末所有者权益合计	3969402	762886	417548	749291	633478
产品销售收入	9972810	1606566	1151307	1850422	1301504
产品销售成本	8617639	1365629	1013627	1594322	1065299
产品销售费用	297820	68805	45598	44303	40254
产品销售税金及附加	58579	7416	6145	16718	9708
产品销售利润	998772	164716	85937	195079	186244
管理费用	433725	91654	49821	77348	70860
本年折旧	244928	52528	39780	54126	33895
财务费用	169697	29611	20050	33538	29649
＃利息支出	150978	27493	18606	27033	28545
利润总额	478514	76304	38653	87678	92110
＃亏损企业亏损额	37091	14857	5368	2046	4665
利税总额	879254	142297	93211	170491	139166
本年应交增值税	342161	58577	48412	66095	37349
全部职工年平均人数（人）	451106	72388	39589	106765	73955
工业增加值（按当年价格计算）	2418110	421600	263041	461763	347867

4—8 续表　　　　　　　　　　　　　(2004 年)　　　　　　　　　　　　　单位:万元

指　　标	永康市	武义县	浦江县	磐安县
企业单位数(个)	510	291	261	104
#亏损企业	27	46	15	26
工业总产值(按当年价格计算)	2421816	704234	799711	205659
#国家、省级新产品产值	57071	35	46170	1258
工业销售产值(按当年价格计算)	2372432	673774	773436	183799
#出口交货值	964185	333898	363308	94162
工业中间投入合计	1971062	589782	613017	165450
年末资产总计	2069691	539285	614792	162845
#应收帐款净额	326747	91982	92225	36421
产成品存货	152342	40380	52840	10842
流动资产年平均余额	1268539	267619	305084	88564
固定资产净值年平均余额	427042	128638	207826	46458
年末负债合计	1226647	329838	323621	100306
年末所有者权益合计	843044	209447	291171	62539
产品销售收入	2406493	669368	805374	181775
产品销售成本	2128095	595977	697918	156773
产品销售费用	58822	15496	17369	7173
产品销售税金及附加	9088	2428	6258	819
产品销售利润	210488	55467	83830	17011
管理费用	75508	31270	27150	10115
本年折旧	35072	10798	15296	3435
财务费用	35320	7037	12029	2464
#利息支出	33414	5080	8390	2418
利润总额	109466	22034	47331	4938
#亏损企业亏损额	2961	1737	2598	2858
利税总额	194305	51216	75777	12793
本年应交增值税	75751	26754	22188	7035
全部职工年平均人数(人)	79261	32226	35855	11067
工业增加值(按当年价格计算)	526505	141206	208883	47245

4—9 年销售收入500万元以上轻工业企业主要经济指标

（2004年）　　单位：万元

指　　标	金华市	市 区	兰溪市	义乌市	东阳市
企业单位数(个)	1689	203	144	552	203
#亏损企业	258	76	44	30	46
工业总产值(按当年价格计算)	4936102	709131	367903	1476991	741559
#国家、省级新产品产值	193583	24415	20916	49223	65537
工业销售产值(按当年价格计算)	4766657	686762	352774	1429945	723079
#出口交货值	1939317	208432	74470	467059	310474
工业中间投入合计	3839933	540673	292508	1149696	558714
年末资产总计	5090716	843863	367440	1648647	822975
#应收帐款净额	632259	128684	41172	150623	108272
产成品存货	369232	50672	29462	103093	71154
流动资产年平均余额	2529228	417013	175187	756063	408871
固定资产净值年平均余额	1529083	216104	122584	554205	265683
年末负债合计	3050664	534264	209117	1045635	470214
年末所有者权益合计	2040052	309600	158323	603013	352762
产品销售收入	4815194	682136	376860	1460529	717369
产品销售成本	4113647	579076	306423	1261389	605653
产品销售费用	171834	35193	34919	39003	17746
产品销售税金及附加	35066	4127	2357	13093	6455
产品销售利润	494646	63739	33161	147044	87515
管理费用	196854	38116	22187	50923	33372
本年折旧	115799	18354	11532	41491	17323
财务费用	84125	11503	5480	28294	13375
#利息支出	73076	10803	5266	23006	12702
利润总额	244248	30783	10682	69909	43804
#亏损企业亏损额	19364	6595	2629	1618	3232
利税总额	441205	56478	28337	135457	70511
本年应交增值税	161890	21568	15299	52455	20252
全部职工年平均人数(人)	268789	36003	19788	95628	40144
工业增加值(按当年价格计算)	1258059	190026	90694	369751	203098

4—9 续表　　　　　　　　　　(2004 年)　　　　　　　　　　单位:万元

指　　标	永康市	武义县	浦江县	磐安县
企业单位数(个)	190	144	182	71
#亏损企业	6	26	11	19
工业总产值(按当年价格计算)	620491	306943	616778	96306
#国家、省级新产品产值	2694		30797	
工业销售产值(按当年价格计算)	599824	287130	595752	91391
#出口交货值	355953	166066	305132	51731
工业中间投入合计	501064	254912	466052	76314
年末资产总计	626514	226877	480914	73486
#应收帐款净额	86542	32651	69043	15272
产成品存货	45293	20466	43104	5988
流动资产年平均余额	377220	113920	242599	38355
固定资产净值年平均余额	137077	53445	153965	26020
年末负债合计	355714	142894	249527	43300
年末所有者权益合计	270800	83983	231388	30186
产品销售收入	594559	290824	598693	94224
产品销售成本	499340	262408	516240	83117
产品销售费用	19309	7165	14341	4158
产品销售税金及附加	3011	871	4766	387
产品销售利润	72900	20379	63346	6562
管理费用	21398	10118	16533	4207
本年折旧	10594	4049	10782	1674
财务费用	10953	3227	9724	1568
#利息支出	10313	2365	7076	1545
利润总额	39730	9542	38512	1287
#亏损企业亏损额	426	632	2214	2018
利税总额	63477	22331	59944	4670
本年应交增值税	20737	11917	16666	2996
全部职工年平均人数(人)	28654	16879	25208	6485
工业增加值(按当年价格计算)	150163	63949	167392	22988

4—10　年销售收入500万元以上重工业企业主要经济指标

(2004年)　　　　单位:万元

指　　标	金华市	市　区	兰溪市	义乌市	东阳市
企业单位数(个)	1116	233	92	90	122
＃亏损企业	175	68	27	6	22
工业总产值(按当年价格计算)	5124617	925617	740798	389111	578188
＃国家、省级新产品产值	368806	114319	2959	15533	164952
工业销售产值(按当年价格计算)	4983019	895460	732144	377688	548382
＃出口交货值	1394224	243456	25289	34614	214195
工业中间投入合计	4144837	731052	601565	310737	450515
年末资产总计	4956884	1212507	662820	393206	709530
＃应收帐款净额	728119	187003	44302	39709	113238
产成品存货	333680	97400	31922	25861	36944
流动资产年平均余额	2566783	536831	291883	199057	381300
固定资产净值年平均余额	1397892	385445	243242	121004	208745
年末负债合计	3027534	759221	403596	246928	428813
年末所有者权益合计	1929350	453286	259225	146278	280717
产品销售收入	5157616	924431	774447	389893	584135
产品销售成本	4503992	786553	707204	332933	459646
产品销售费用	125985	33612	10679	5299	22508
产品销售税金及附加	23513	3289	3789	3625	3253
产品销售利润	504125	100977	52776	48035	98728
管理费用	236872	53538	27633	26425	37488
本年折旧	129129	34174	28248	12635	16571
财务费用	85573	18108	14569	5245	16274
＃利息支出	77902	16690	13340	4027	15843
利润总额	234266	45521	27971	17769	48306
＃亏损企业亏损额	17727	8263	2739	428	1433
利税总额	438049	85819	64874	35034	68655
本年应交增值税	180271	37010	33114	13639	17097
全部职工年平均人数(人)	182317	36385	19801	11137	33811
工业增加值(按当年价格计算)	1160051	231574	172347	92013	144769

4—10 续表 (2004 年) 单位:万元

指　　标	永康市	武义县	浦江县	磐安县
企业单位数(个)	320	147	79	33
#亏损企业	21	20	4	7
工业总产值(按当年价格计算)	1801325	397291	182934	109353
#国家、省级新产品产值	54377	35	15373	1258
工业销售产值(按当年价格计算)	1772608	386644	177684	92408
#出口交货值	608232	167832	58176	42430
工业中间投入合计	1479998	334870	146965	89135
年末资产总计	1443177	312408	133878	89359
#应收帐款净额	240205	59331	23182	21149
产成品存货	107049	19913	9736	4853
流动资产年平均余额	891319	153699	62485	50209
固定资产净值年平均余额	289965	75193	53861	20437
年末负债合计	870932	186944	74095	57006
年末所有者权益合计	572244	125465	59783	32353
产品销售收入	1811934	378544	206681	87551
产品销售成本	1628754	333568	181678	73656
产品销售费用	39513	8331	3028	3015
产品销售税金及附加	6077	1557	1491	432
产品销售利润	137588	35088	20484	10449
管理费用	54110	21152	10617	5908
本年折旧	24478	6749	4514	1760
财务费用	24366	3810	2304	896
#利息支出	23101	2715	1314	872
利润总额	69737	12492	8819	3651
#亏损企业亏损额	2535	1106	384	841
利税总额	130829	28885	15833	8122
本年应交增值税	55014	14836	5522	4039
全部职工年平均人数(人)	50607	15347	10647	4582
工业增加值(按当年价格计算)	376342	77258	41491	24257

4—11 独立核算国有控股工业企业主要经济指标

(2004 年)　　单位:万元

指　　标	金华市	市　区	兰溪市	义乌市	东阳市
企业单位数(个)	75	32	10	5	5
#亏损企业	26	14	3		1
工业总产值(按当年价格计算)	544185	172027	77473	126040	35902
#国家、省级新产品产值	14720	5670	2959		
工业销售产值(按当年价格计算)	553018	172468	74510	125911	35677
#出口交货值	73800	10700	8859	2379	5204
工业中间投入合计	438993	139026	63606	99101	28210
年末资产总计	980135	508135	95101	120968	81713
#应收帐款净额	65010	35749	6875	3862	4437
产成品存货	32942	15759	6368	1991	1373
流动资产年平均余额	364659	140087	42858	60309	41552
固定资产净值年平均余额	415377	238933	37822	47320	29085
年末负债合计	538883	299633	53769	62426	40646
年末所有者权益合计	441252	208502	41332	58542	41067
产品销售收入	735941	215609	126692	125132	71909
产品销售成本	627593	172322	115794	106054	62350
产品销售费用	20958	13223	2825	415	475
产品销售税金及附加	4424	2733	450	418	213
产品销售利润	82966	27331	7624	18246	8871
管理费用	68701	19119	5858	15412	7780
本年折旧	35775	17412	4310	6088	1466
财务费用	10611	7065	964	876	668
#利息支出	9845	6990	948	629	646
利润总额	12746	5773	1850	3327	886
#亏损企业亏损额	8475	5813	1253		350
利税总额	43932	19790	6781	7937	2853
本年应交增值税	26762	11285	4481	4193	1754
全部职工年平均人数(人)	17625	7620	3212	924	1069
工业增加值(按当年价格计算)	131954	44286	18348	31132	9446

4—11续表　　　　　　　　　(2004年)　　　　　　　　　单位:万元

指　　标	永康市	武义县	浦江县	磐安县
企业单位数(个)	3	5	3	12
#亏损企业	1	1		6
工业总产值(按当年价格计算)	71282	35673	6967	18821
#国家、省级新产品产值	4833			1258
工业销售产值(按当年价格计算)	82206	35721	7881	18644
#出口交货值	35904	1690	2854	6211
工业中间投入合计	57748	30582	5338	15383
年末资产总计	87414	40199	21867	24737
#应收帐款净额	6284	1164	2503	4137
产成品存货	4828	519	1562	544
流动资产年平均余额	40935	22431	7405	9081
固定资产净值年平均余额	27533	12496	12907	9281
年末负债合计	39272	17217	13819	12102
年末所有者权益合计	48143	22983	8048	12636
产品销售收入	108248	33090	37218	18043
产品销售成本	101003	24311	30780	14979
产品销售费用	2371	446	429	774
产品销售税金及附加	177	231	115	88
产品销售利润	4696	8102	5894	2203
管理费用	4890	7585	5377	2680
本年折旧	3028	1139	1690	642
财务费用	371	243	278	146
#利息支出	309	69	110	145
利润总额	1036	99	406	(630)
#亏损企业亏损额	25	73		962
利税总额	3149	2378	708	336
本年应交增值税	1935	2049	187	878
全部职工年平均人数(人)	2263	777	545	1215
工业增加值(按当年价格计算)	15469	7140	1817	4316

4—12 年销售收入500万元以上非国有工业企业主要经济指标

(2004年)

单位:万元

指 标	金华市	市 区	兰溪市	义乌市	东阳市
企业单位数(个)	2730	404	226	637	320
#亏损企业	407	130	68	36	67
工业总产值(按当年价格计算)	9516534	1462720	1031228	1740062	1283846
#国家、省级新产品产值	547669	133065	20916	64755	230489
工业销售产值(按当年价格计算)	9196657	1409754	1010408	1681722	1235784
#出口交货值	3259741	441188	90900	499295	519464
工业中间投入合计	7545777	1132699	830467	1371332	981019
年末资产总计	9067466	1548235	935159	1920886	1450792
#应收帐款净额	1295368	279939	78599	186470	217074
产成品存货	669969	132313	55016	126963	106726
流动资产年平均余额	4731352	813757	424211	894811	748619
固定资产净值年平均余额	2511599	362617	328003	627889	445343
年末负债合计	5539315	993851	558943	1230137	858381
年末所有者权益合计	3528150	554384	376215	690749	592411
产品销售收入	9236869	1390958	1024615	1725289	1229594
产品销售成本	7990047	1193308	897834	1488268	1002948
产品销售费用	276862	55582	42773	43888	39779
产品销售税金及附加	54155	4683	5696	16301	9495
产品销售利润	915806	137385	78313	176833	177372
管理费用	365024	72534	43962	61936	63080
本年折旧	209153	35116	35470	48039	32429
财务费用	159087	22546	19086	32663	28980
#利息支出	141133	20504	17658	26405	27899
利润总额	465768	70531	36803	84351	91223
#亏损企业亏损额	28616	9045	4115	2046	4315
利税总额	835322	122507	86430	162553	136313
本年应交增值税	315399	47293	43931	61901	35595
全部职工年平均人数(人)	433481	64768	36377	105841	72886
工业增加值(按当年价格计算)	2286156	377314	244693	430631	338421

4—12 续表　　(2004 年)　　单位:万元

指　　标	永康市	武义县	浦江县	磐安县
企业单位数(个)	507	286	258	92
#亏损企业	26	45	15	20
工业总产值(按当年价格计算)	2350534	668561	792744	186838
#国家、省级新产品产值	52239	35	46170	
工业销售产值(按当年价格计算)	2290227	638053	765555	165155
#出口交货值	928281	332208	360454	87951
工业中间投入合计	1913314	559200	607679	150066
年末资产总计	1982277	499085	592926	138107
#应收帐款净额	320463	90818	89723	32284
产成品存货	147514	39861	51278	10298
流动资产年平均余额	1227604	245188	297679	79483
固定资产净值年平均余额	399509	116142	194919	37177
年末负债合计	1187375	312621	309802	88205
年末所有者权益合计	794901	186464	283123	49903
产品销售收入	2298245	636278	768157	163732
产品销售成本	2027092	571666	667138	141794
产品销售费用	56451	15050	16940	6399
产品销售税金及附加	8911	2198	6142	731
产品销售利润	205793	47365	77937	14808
管理费用	70618	23685	21773	7435
本年折旧	32044	9659	13606	2793
财务费用	34949	6793	11751	2318
#利息支出	33105	5011	8280	2273
利润总额	108430	21935	46925	5568
#亏损企业亏损额	2936	1665	2598	1896
利税总额	191156	48838	75069	12456
本年应交增值税	73815	24705	22001	6157
全部职工年平均人数(人)	76998	31449	35310	9852
工业增加值(按当年价格计算)	511036	134066	207066	42929

4—13　年销售收入500万元以上集体工业企业主要经济指标

（2004年）　　　　　　　　　　　　单位：万元

指　　标	金华市	市　区	兰溪市	义乌市	东阳市
企业单位数（个）	84	8	14	4	16
＃亏损企业	23	4	5	1	4
工业总产值（按当年价格计算）	507050	36206	65795	10674	299144
＃国家、省级新产品产值	151095				151095
工业销售产值（按当年价格计算）	484833	34459	64017	10227	284518
＃出口交货值	192464	1442	2315		140670
工业中间投入合计	403087	29349	48143	7589	241438
年末资产总计	623162	11183	84510	8281	447213
＃应收帐款净额	101159	2120	4529	4230	72000
产成品存货	28660	2280	877	519	16096
流动资产年平均余额	325343	7736	29039	6173	237444
固定资产净值年平均余额	173640	1978	19598	412	132203
年末负债合计	383466	8699	45089	6373	288739
年末所有者权益合计	239696	2483	39421	1909	158474
产品销售收入	485048	35636	62979	9957	284537
产品销售成本	370242	35353	48110	8673	198453
产品销售费用	25657	320	6634	4	16541
产品销售税金及附加	2728	102	492	73	1690
产品销售利润	86421	-139	7744	1207	67853
管理费用	27580	609	3291	293	20087
本年折旧	17227	311	3076	52	12084
财务费用	15396	185	2845	41	11267
＃利息支出	14314	185	2369	44	11088
利润总额	50373	-187	4901	1158	37384
＃亏损企业亏损额	1896	578	188	54	911
利税总额	70402	1361	10308	1548	45888
本年应交增值税	17301	1446	4916	317	6814
全部职工年平均人数（人）	29170	482	2879	186	21845
工业增加值（按当年价格计算）	121263	8303	22568	3402	64520

4—13续表　　(2004年)　　单位:万元

指　标	永康市	武义县	浦江县	磐安县
企业单位数(个)	23	6	12	1
#亏损企业	4	3	2	
工业总产值(按当年价格计算)	25772	17025	50624	1809
#国家、省级新产品产值				
工业销售产值(按当年价格计算)	24821	15439	50504	849
#出口交货值	10470	7325	30241	
工业中间投入合计	20989	13620	40404	1555
年末资产总计	25929	10498	34869	678
#应收帐款净额	6068	1195	10538	479
产成品存货	2417	670	5801	
流动资产年平均余额	17745	3278	23382	545
固定资产净值年平均余额	4598	5200	9538	113
年末负债合计	13356	6367	14588	255
年末所有者权益合计	12574	4131	20281	424
产品销售收入	24711	15464	50915	849
产品销售成本	21060	14240	43690	665
产品销售费用	827	271	1012	46
产品销售税金及附加	141	43	184	3
产品销售利润	2683	911	6029	135
管理费用	1214	871	1187	27
本年折旧	396	320	981	6
财务费用	364	186	509	1
#利息支出	361	25	242	1
利润总额	1681	130	5195	112
#亏损企业亏损额	96	45	25	
利税总额	2853	944	7334	166
本年应交增值税	1030	772	1956	51
全部职工年平均人数(人)	1342	807	1613	16
工业增加值(按当年价格计算)	5814	4176	12176	306

4—14 年销售收入500万元以上私营工业企业主要经济指标

（2004年）

单位:万元

指标	金华市	市区	兰溪市	义乌市	东阳市
企业单位数(个)	2162	290	123	504	239
#亏损企业	277	93	38	19	43
工业总产值(按当年价格计算)	6010845	756549	270511	1075613	508299
#国家、省级新产品产值	129159	17756		8578	15393
工业销售产值(按当年价格计算)	5832398	739991	266306	1040078	486020
#出口交货值	2219349	267892	34702	290776	236726
工业中间投入合计	4800091	587114	214999	849566	392701
年末资产总计	5311948	733631	215601	1152486	473265
#应收帐款净额	804655	125587	23323	113225	84809
产成品存货	395172	48187	20830	79587	42071
流动资产年平均余额	2872559	381384	109804	528750	259526
固定资产净值年平均余额	1448489	197921	77260	396892	145308
年末负债合计	3269910	501978	139332	732411	269900
年末所有者权益合计	2042038	231653	76268	420074	203366
产品销售收入	5879992	739926	262084	1073350	490102
产品销售成本	5190864	657894	243388	920897	429450
产品销售费用	138002	23760	4109	25429	11214
产品销售税金及附加	36004	2079	1290	12149	3927
产品销售利润	515123	56193	13296	114875	45512
管理费用	203532	32840	9926	36264	20711
本年折旧	115049	20508	8190	27202	10560
财务费用	87668	10980	4662	17710	8644
#利息支出	76295	10446	4069	14103	8051
利润总额	248238	19599	2356	58288	18489
#亏损企业亏损额	15538	4912	1715	787	1571
利税总额	477977	45387	11665	107860	39446
本年应交增值税	193735	23709	8019	37423	17030
全部职工年平均人数(人)	284585	38027	14408	70299	29815
工业增加值(按当年价格计算)	1404489	193143	63531	263471	132628

4—14 续表　　　　　　　　(2004 年)　　　　　　　　单位:万元

指　　标	永康市	武义县	浦江县	磐安县
企业单位数(个)	454	246	226	80
#亏损企业	20	36	11	17
工业总产值(按当年价格计算)	2058914	560861	638867	141230
#国家、省级新产品产值	41898	35	45499	
工业销售产值(按当年价格计算)	2008632	539070	618609	133691
#出口交货值	769642	275871	274907	68832
工业中间投入合计	1681851	468933	490727	114201
年末资产总计	1712335	429994	482119	112518
#应收帐款净额	279410	83231	68709	26361
产成品存货	127354	30660	37945	8537
流动资产年平均余额	1080906	213208	235371	63611
固定资产净值年平均余额	348320	98061	155196	29531
年末负债合计	1028385	268078	263469	66358
年末所有者权益合计	683950	161916	218650	46161
产品销售收入	2020137	539158	621284	133952
产品销售成本	1799033	483773	540137	116293
产品销售费用	42293	12038	14253	4906
产品销售税金及附加	8474	1942	5433	710
产品销售利润	170338	41405	61461	12042
管理费用	59822	20350	17982	5637
本年折旧	27844	8298	10616	1831
财务费用	28646	5814	9817	1396
#利息支出	27036	4244	6991	1354
利润总额	88662	19938	35338	5568
#亏损企业亏损额	2303	1474	2209	568
利税总额	163163	41275	57816	11364
本年应交增值税	66027	19395	17045	5087
全部职工年平均人数(人)	67677	27030	28918	8411
工业增加值(按当年价格计算)	443090	111323	165186	32116

4—15 年销售收入500万元以上外商及港澳台投资工业企业主要经济指标

（2004年）

单位：万元

指　　标	金华市	市　区	兰溪市	义乌市	东阳市
企业单位数（个）	169	32	21	50	27
#亏损企业	46	13	8	9	10
工业总产值（按当年价格计算）	905622	161473	56882	348828	78375
#国家、省级新产品产值	49990	1621		43411	1269
工业销售产值（按当年价格计算）	865121	152908	57646	335114	81932
#出口交货值	457464	82229	15870	159229	32595
工业中间投入合计	670779	122744	43580	235751	61763
年末资产总计	882197	154948	54756	428831	76387
#应收帐款净额	113022	22796	12104	31408	17102
产成品存货	57969	9899	3908	18988	11940
流动资产年平均余额	447625	76567	30847	202849	52208
固定资产净值年平均余额	261346	54349	18309	128772	15722
年末负债合计	569345	89581	31778	298825	54607
年末所有者权益合计	312852	65367	22978	130006	21780
产品销售收入	856814	149763	56080	331525	83905
产品销售成本	731419	127322	52243	285045	69500
产品销售费用	32316	5107	1657	10233	4351
产品销售税金及附加	3743	1979	193	1271	77
产品销售利润	89336	15356	1987	34975	9978
管理费用	38202	8513	2820	14101	4420
本年折旧	24275	4626	1716	12589	1647
财务费用	17357	2982	663	10220	1223
#利息支出	14843	2809	627	8411	1035
利润总额	38846	5302	-739	11736	5044
#亏损企业亏损额	6163	2319	1930	864	422
利税总额	67338	11030	272	25213	7780
本年应交增值税	24749	3750	818	12207	2659
全部职工年平均人数（人）	44140	8331	3535	19332	5093
工业增加值（按当年价格计算）	259591	42479	14119	125284	19271

4—15 续表　　　　　　　　　　（2004 年）　　　　　　　　　　单位：万元

指　标	永康市	武义县	浦江县	磐安县
企业单位数（个）	15	10	8	6
#亏损企业	1	2	1	2
工业总产值（按当年价格计算）	143111	20837	60771	35346
#国家、省级新产品产值	3689			
工业销售产值（按当年价格计算）	137724	19532	57673	22591
#出口交货值	103556	12447	35787	15752
工业中间投入合计	116638	17079	46608	26617
年末资产总计	105324	13858	34696	13398
#应收帐款净额	17737	1522	6489	3864
产成品存货	7377	1304	3471	1081
流动资产年平均余额	51879	7504	16860	8910
固定资产净值年平均余额	20973	3946	15177	4098
年末负债合计	64420	7437	14183	8514
年末所有者权益合计	40904	6422	20512	4884
产品销售收入	137958	19135	57091	21358
产品销售成本	111550	17522	49482	18755
产品销售费用	8432	442	1295	800
产品销售税金及附加	31	40	152	
产品销售利润	17945	1131	6162	1803
管理费用	5435	642	1504	768
本年折旧	1741	342	1203	411
财务费用	1462	201	435	172
#利息支出	1314	185	291	172
利润总额	12170	220	4264	850
#亏损企业亏损额	43	88	329	169
利税总额	14366	717	6266	1694
本年应交增值税	2165	456	1850	844
全部职工年平均人数（人）	2827	1218	2621	1183
工业增加值（按当年价格计算）	28638	4214	16013	9573

4—16 年销售收入500万元以上股份制工业企业主要经济指标

（2004 年）　　　　　　　　　　　　　　　　　单位:万元

指　　标	金华市	市　区	兰溪市	义乌市	东阳市
企业单位数(个)	1811	273	138	510	173
#亏损企业	256	88	41	22	38
工业总产值(按当年价格计算)	6867512	1223684	794011	1252366	711638
#国家、省级新产品产值	310545	135375	16377	21344	65027
工业销售产值(按当年价格计算)	6661335	1187978	779563	1215165	682974
#出口交货值	2183219	326203	64086	302349	252273
工业中间投入合计	5480655	959582	641860	993812	545664
年末资产总计	6877962	1603189	685095	1385204	789729
#应收帐款净额	903903	251993	54142	135576	100153
产成品存货	508430	115852	46034	98898	67424
流动资产年平均余额	3457650	744680	308131	630088	386123
固定资产净值年平均余额	1951030	434136	247881	467196	257348
年末负债合计	4140645	1015872	403681	864220	439335
年末所有者权益合计	2737317	587316	281414	520984	350394
产品销售收入	6728843	1213315	800618	1246675	674523
产品销售成本	5831468	1019443	702250	1075280	573062
产品销售费用	203230	55961	33780	31660	13816
产品销售税金及附加	41524	4722	4328	12718	6226
产品销售利润	652621	133189	60260	127018	81419
管理费用	268913	68905	33622	44274	30619
本年折旧	157313	40071	26481	32550	14780
财务费用	110477	22397	12035	20495	13816
#利息支出	97978	20614	11253	16542	13266
利润总额	330200	67538	28094	64541	41055
#亏损企业亏损额	19956	7041	2465	1012	2573
利税总额	609957	119555	66148	124485	66395
本年应交增值税	238233	47295	33727	47227	19114
全部职工年平均人数(人)	297320	50947	25542	77259	34054
工业增加值(按当年价格计算)	1625091	311397	185879	305781	185087

4—16续表 （2004年） 单位:万元

指　标	永康市	武义县	浦江县	磐安县
企业单位数(个)	261	231	181	44
#亏损企业	16	32	8	11
工业总产值(按当年价格计算)	1670688	530766	593285	91073
#国家、省级新产品产值	26217	35	46170	
工业销售产值(按当年价格计算)	1631264	505698	572408	86286
#出口交货值	676990	261008	256226	44085
工业中间投入合计	1364412	445531	456618	73176
年末资产总计	1475391	381610	468824	88921
#应收帐款净额	212019	69189	64438	16394
产成品存货	105411	30944	38623	5242
流动资产年平均余额	922390	192998	228777	44465
固定资产净值年平均余额	287498	81983	151800	23188
年末负债合计	868744	236542	253509	58742
年末所有者权益合计	606647	145069	215315	30179
产品销售收入	1634022	507164	569240	83287
产品销售成本	1443713	455539	490562	71619
产品销售费用	38666	11976	13654	3717
产品销售税金及附加	6402	1637	5053	439
产品销售利润	145240	38011	59972	7512
管理费用	51578	17857	17381	4677
本年折旧	23912	7327	10530	1663
财务费用	24847	5178	10066	1644
#利息支出	23436	4004	7253	1611
利润总额	74186	19118	34165	1504
#亏损企业亏损额	2336	749	2179	1603
利税总额	132698	40531	55457	4689
本年应交增值税	52110	19776	16240	2746
全部职工年平均人数(人)	53846	24809	26204	4659
工业增加值(按当年价格计算)	358386	105011	152907	20644

4—17 年销售收入500万元以上股份合作制工业企业主要经济指标

(2004年)

单位:万元

指 标	金华市	市 区	兰溪市	义乌市	东阳市
企业单位数(个)	32	9	4	10	2
#亏损企业	3	1	1		
工业总产值(按当年价格计算)	213725	57759	65180	27030	16858
#国家、省级新产品产值	13636		6984		
工业销售产值(按当年价格计算)	200556	53728	60812	25495	16875
#出口交货值	33864	9501	5	6676	6182
工业中间投入合计	162465	47632	49678	18972	13757
年末资产总计	258063	82126	92678	23400	11671
#应收帐款净额	31803	15687	4268	6373	2529
产成品存货	15938	7566	2254	2340	855
流动资产年平均余额	136471	44524	42231	13950	5576
固定资产净值年平均余额	65846	8575	36573	7245	4860
年末负债合计	168027	53645	65694	13432	5930
年末所有者权益合计	90037	28481	26984	9968	5740
产品销售收入	199397	54825	59675	28619	16256
产品销售成本	165543	46509	46496	26947	13563
产品销售费用	6578	1765	2112	230	178
产品销售税金及附加	1006	163	460	179	56
产品销售利润	26271	6388	10607	1264	2459
管理费用	13012	4096	6449	577	695
本年折旧	6748	911	4028	640	452
财务费用	5951	304	2815	392	395
#利息支出	5584	292	2815	99	393
利润总额	14924	5731	5293	624	1295
#亏损企业亏损额	30	16	4		
利税总额	24122	7218	10724	1299	1500
本年应交增值税	8193	1324	4971	496	149
全部职工年平均人数(人)	8128	1954	1501	1875	900
工业增加值(按当年价格计算)	59453	11452	20473	8554	3250

4—17 续表　　　　　　　　　　(2004 年)　　　　　　　　　　单位:万元

指　　标	永康市	武义县	浦江县	磐安县
企业单位数(个)	2	2	1	2
#亏损企业		1		
工业总产值(按当年价格计算)	29094	14289	717	2797
#国家、省级新产品产值	6652			
工业销售产值(按当年价格计算)	27704	12406	707	2828
#出口交货值	9316		293	1890
工业中间投入合计	18082	11575	570	2200
年末资产总计	31063	14657	688	1782
#应收帐款净额	2378	36	13	519
产成品存货	1269	1489	121	42
流动资产年平均余额	22112	6626	375	1077
固定资产净值年平均余额	3964	3743	313	573
年末负债合计	16017	11851	236	1222
年末所有者权益合计	15046	2806	452	560
产品销售收入	24619	11872	795	2737
产品销售成本	19278	9803	759	2188
产品销售费用	1024	1080	7	183
产品销售税金及附加	55	80	7	6
产品销售利润	4262	909	22	360
管理费用	390	521	8	278
本年折旧	384	256	3	72
财务费用	1835	139	0	72
#利息支出	1775	139	0	72
利润总额	1628	303	14	36
#亏损企业亏损额		10		
利税总额	2229	992	31	130
本年应交增值税	546	609	9	89
全部职工年平均人数(人)	970	715	35	178
工业增加值(按当年价格计算)	11558	3323	156	687

4—18 年销售收入500万元以上农村工业企业主要经济指标

(2004年)　　单位:万元

指　　　标	金华市	市　区	兰溪市	义乌市	东阳市
企业单位数(个)	2347	259	141	614	315
#亏损企业	290	85	31	30	65
工业总产值(按当年价格计算)	7697530	773091	452173	1646370	1288240
#国家、省级新产品产值	432964	44838		59193	230489
工业销售产值(按当年价格计算)	7441060	757437	433795	1590766	1240977
#出口交货值	2850004	310863	43793	484884	523425
工业中间投入合计	6076822	596673	365071	1290356	978805
年末资产总计	7320186	743047	477422	1826805	1455126
#应收帐款净额	1026032	128964	32140	175767	217990
产成品存货	508347	46103	25633	114625	106832
流动资产年平均余额	3835962	388641	194494	850372	752171
固定资产净值年平均余额	2091857	207832	177155	597788	446021
年末负债合计	4477381	507018	299489	1170942	859885
年末所有者权益合计	2842805	236029	177934	655863	595242
产品销售收入	7477383	758106	425127	1634867	1231560
产品销售成本	6491850	674823	369534	1414960	1004845
产品销售费用	190601	21244	13500	38730	40046
产品销售税金及附加	46545	1952	2720	15788	9482
产品销售利润	748387	60086	39373	165389	177188
管理费用	274379	32689	18667	53803	63097
本年折旧	169364	20357	20551	44975	32532
财务费用	132557	10819	11770	31537	28955
#利息支出	117743	10394	10656	25578	27857
利润总额	382469	24169	21339	80859	91259
#亏损企业亏损额	16611	4340	987	1493	4302
利税总额	682611	52144	45883	154280	136082
本年应交增值税	253598	26023	21824	57633	35341
全部职工年平均人数(人)	370806	38295	20650	101491	72817
工业增加值(按当年价格计算)	1874306	202441	108926	413646	344776

4—18续表　　　　　　　　(2004年)　　　　　　　　单位:万元

指　　标	永康市	武义县	浦江县	磐安县
企业单位数(个)	499	220	251	48
#亏损企业	23	31	14	11
工业总产值(按当年价格计算)	2277448	484322	695245	80640
#国家、省级新产品产值	52239	35	46170	
工业销售产值(按当年价格计算)	2218185	466482	668549	64869
#出口交货值	886533	248376	323366	28764
工业中间投入合计	1847978	402824	530469	64646
年末资产总计	1923711	334135	515965	43974
#应收帐款净额	312019	73410	71868	13874
产成品存货	145269	27092	38164	4630
流动资产年平均余额	1203872	165626	250493	30294
固定资产净值年平均余额	389972	86603	175416	11070
年末负债合计	1149806	209324	253943	26975
年末所有者权益合计	773905	124811	262022	17000
产品销售收入	2225053	464511	671987	66173
产品销售成本	1971522	417305	580962	57900
产品销售费用	50135	9885	15203	1859
产品销售税金及附加	8901	1752	5723	227
产品销售利润	194496	35569	70100	6187
管理费用	67376	17117	19213	2418
本年折旧	31385	7241	11534	789
财务费用	34277	4631	10024	544
#利息支出	32487	3574	6662	535
利润总额	100029	18111	43125	3577
#亏损企业亏损额	2876	1395	834	385
利税总额	182181	36968	68457	6618
本年应交增值税	73251	17104	19608	2815
全部职工年平均人数(人)	75657	23706	33044	5146
工业增加值(按当年价格计算)	502721	98603	184385	18809

4—19 大中型工业企业主要经济指标

（2004年）　　单位:万元

指　　标	金华市	市　区	兰溪市	义乌市	东阳市
企业单位数(个)	242	51	33	47	30
#亏损企业	21	6	6	1	2
工业总产值(按当年价格计算)	4711775	809779	646576	810178	787138
#国家、省级新产品产值	461094	113942	20713	43021	224850
工业销售产值(按当年价格计算)	4559903	780360	631129	785071	759216
#出口交货值	1700604	211371	37529	294403	350663
工业中间投入合计	3732559	627326	524799	590316	630069
年末资产总计	5300037	1197552	701282	938545	913975
#应收帐款净额	612494	179352	37153	73092	134403
产成品存货	341323	88354	31778	47666	66059
流动资产年平均余额	2703249	545393	301041	460203	482590
固定资产净值年平均余额	1446253	321511	259824	270511	261596
年末负债合计	3219889	740607	397419	617041	522314
年末所有者权益合计	2080148	456946	303863	321503	391661
产品销售收入	4700380	801843	694673	816421	760735
产品销售成本	3976151	662736	596795	705628	601900
产品销售费用	164989	39462	31824	19957	27207
产品销售税金及附加	25002	4856	3640	4992	5672
产品销售利润	534238	94789	62415	85844	125956
管理费用	224909	50563	33830	40257	38529
本年折旧	129821	26088	29970	26780	18648
财务费用	91857	16841	13903	16332	17987
#利息支出	83573	15627	13154	13541	17603
利润总额	269791	52649	28157	33755	73625
#亏损企业亏损额	8188	3008	1832	194	652
利税总额	451254	90108	64581	62581	98395
本年应交增值税	156461	32602	32785	23835	19098
全部职工年平均人数(人)	196611	34484	19001	43463	41835
工业增加值(按当年价格计算)	1135678	215056	154563	243696	176167

4—19续表　　（2004年）　　单位：万元

指　　标	永康市	武义县	浦江县	磐安县
企业单位数（个）	48	13	18	2
＃亏损企业	3	2	1	
工业总产值（按当年价格计算）	1111827	200144	295232	50902
＃国家、省级新产品产值	42796		15774	
工业销售产值（按当年价格计算）	1094035	184991	286322	38779
＃出口交货值	522724	111352	140331	32232
工业中间投入合计	931116	162675	233730	32530
年末资产总计	1087847	175028	257342	28465
＃应收帐款净额	132293	21649	28436	6116
产成品存货	72403	10806	23428	829
流动资产年平均余额	677275	88862	130192	17694
固定资产净值年平均余额	199816	41107	87410	4479
年末负债合计	666197	109422	144704	22185
年末所有者权益合计	421051	65607	112638	6280
产品销售收入	1126487	185033	284464	30725
产品销售成本	975106	161028	246174	26786
产品销售费用	34901	4656	5945	1039
产品销售税金及附加	3428	557	1835	22
产品销售利润	113053	18792	30511	2879
管理费用	39007	12721	8862	1140
本年折旧	17266	3327	7248	494
财务费用	18476	1944	5979	397
＃利息支出	17416	1269	4580	383
利润总额	57053	5570	17663	1320
＃亏损企业亏损额	644	94	1765	
利税总额	89422	14956	28541	2672
本年应交增值税	28942	8829	9042	1330
全部职工年平均人数（人）	36517	7838	12093	1380
工业增加值（按当年价格计算）	209653	46298	70544	19702

4—20 年销售收入亿元以上工业企业主要经济指标

（2004 年）　　单位：万元

指标	金华市	市区	兰溪市	义乌市	东阳市
企业单位数（个）	202	37	23	32	23
#亏损企业	18	4	5	1	
工业总产值（按当年价格计算）	5097231	806350	660048	755520	790952
#国家、省级新产品产值	476636	121725	18099	40943	220045
工业销售产值（按当年价格计算）	4954724	782429	650050	731034	755961
#出口交货值	1592519	179046	30101	240399	314906
工业中间投入合计	4093946	624721	546222	563380	634680
年末资产总计	5081857	1097588	632693	819372	956336
#应收帐款净额	585765	164384	28993	53502	130682
产成品存货	315114	78340	28565	40981	58583
流动资产年平均余额	2555621	461363	275238	399575	482962
固定资产净值年平均余额	1380188	301274	219385	234577	301467
年末负债合计	3060448	671543	361008	546266	530806
年末所有者权益合计	2021408	426045	271686	273106	425530
产品销售收入	5180665	804747	723663	775837	785691
产品销售成本	4456751	675394	636725	674568	617992
产品销售费用	157958	34987	27289	17657	27743
产品销售税金及附加	26223	4903	3625	4280	5664
产品销售利润	539733	89463	56024	79333	134291
管理费用	218010	42455	27657	36556	42856
本年折旧	123779	27230	25076	23734	19460
财务费用	88204	14810	12187	14737	18081
#利息支出	81542	13782	11979	12530	17752
利润总额	291356	53970	31868	31231	77901
#亏损企业亏损额	5963	1980	724	194	
利税总额	491625	92578	68810	58079	104706
本年应交增值税	174045	33705	33318	22569	21140
全部职工年平均人数（人）	156559	23668	12786	31791	36359
工业增加值（按当年价格计算）	1177331	215334	147144	214709	177413

4—20 续表　　　　　　　　　　　　(2004 年)　　　　　　　　　　　　单位:万元

指　　标	永康市	武义县	浦江县	磐安县
企业单位数(个)	53	13	19	2
#亏损企业	6	1	1	
工业总产值(按当年价格计算)	1443099	240476	349884	50902
#国家、省级新产品产值	51561		24265	
工业销售产值(按当年价格计算)	1430255	226713	339503	38779
#出口交货值	529456	108904	157476	32232
工业中间投入合计	1221918	193074	277422	32530
年末资产总计	1067052	196031	284320	28465
#应收帐款净额	143665	25198	33225	6116
产成品存货	68785	11859	27174	829
流动资产年平均余额	684720	94197	139873	17694
固定资产净值年平均余额	185573	42981	90453	4479
年末负债合计	654379	119468	154793	22185
年末所有者权益合计	412673	76562	129527	6280
产品销售收入	1467286	224005	368712	30725
产品销售成本	1314935	193262	317088	26786
产品销售费用	35411	6195	7637	1039
产品销售税金及附加	4680	648	2402	22
产品销售利润	112260	23899	41585	2879
管理费用	39771	13224	14352	1140
本年折旧	15906	3666	8213	494
财务费用	19834	2210	5948	397
#利息支出	18758	1516	4841	383
利润总额	61255	10378	23433	1320
#亏损企业亏损额	1228	73	1765	
利税总额	108613	21686	34481	2672
本年应交增值税	42678	10660	8646	1330
全部职工年平均人数(人)	33104	7713	9758	1380
工业增加值(按当年价格计算)	263859	58062	81108	19702

4—21 年销售收入500万元以上工业企业主要效益指标

(2004年)

指标		金华市	市区	兰溪市	义乌市	东阳市
产销率	(%)	97.02	97.47	97.85	96.87	96.34
资产负债率	(%)	60.49	62.9	59.47	63.3	58.66
成本费用利润率	(%)	5.03	4.9	3.42	5.01	7.64
每百元资金实现利税	(元)	10.96	9.15	11.19	10.46	11.00
每百元销售收入实现利税	(元)	8.82	8.86	8.10	9.21	10.69
流动资金周转次数	(次)	1.96	1.68	2.46	1.94	1.65
全员劳动生产率	(元/人)	53604	58242	66443	43250	47038
工业增加值率(不含税)	(%)	24.04	25.79	23.73	24.74	26.36
企业亏损面	(%)	15.44	33.03	30.08	5.61	20.92
亏损率	(%)	7.19	16.3	12.19	2.28	4.82
出口交货值占工业销售产值比重	(%)	34.19	28.56	9.20	27.75	41.26
利润总额占利税比重	(%)	54.42	53.62	41.47	51.43	66.19
利税总额占增加值比重	(%)	36.36	35.28	34.02	28.59	45.96
新产品产值率	(%)	5.54	8.06	2.15	3.47	17.46
总资产贡献率	(%)	11.55	9.04	12	11.32	11.84

4—21续表　　　　　　　　　　　　(2004年)

指　　标		永康市	武义县	浦江县	磐安县
产销率	(%)	97.91	95.67	96.72	89.8
资产负债率	(%)	59.27	61.16	52.64	61.6
成本费用利润率	(%)	4.76	3.39	6.27	2.8
每百元资金实现利税	(元)	11.46	12.92	14.77	9.47
每百元销售收入实现利税	(元)	8.07	7.65	9.41	7.04
流动资金周转次数	(次)	1.9	2.5	2.64	2.05
全员劳动生产率	(元/人)	66427	43818	58258	42690
工业增加值率(不含税)	(%)	21.74	20.05	26.12	22.97
企业亏损面	(%)	5.29	15.81	5.75	25.00
亏损率	(%)	2.63	7.31	5.2	36.66
出口交货值占工业销售产值比重	(%)	40.64	49.56	46.97	51.23
利润总额占利税比重	(%)	56.34	43.02	62.46	38.60
利税总额占增加值比重	(%)	41.37	36.87	43.10	22.39
新产品产值率	(%)	2.35		5.77	0.61
总资产贡献率	(%)	12.56	12.07	16.14	10.95

4—22 年销售收入亿元以上工业企业主要效益指标

(2004 年)

指标		金华市	市区	兰溪市	义乌市	东阳市
产销率	(%)	97.20	97.03	98.49	96.76	95.58
资产负债率	(%)	60.22	61.18	57.06	66.67	55.50
成本费用利润率	(%)	5.92	7.03	4.53	4.20	11.02
每百元资金实现利税	(元)	12.49	12.14	13.91	9.16	13.35
每百元销售收入实现利税	(元)	9.49	11.50	9.51	7.49	13.33
流动资金周转次数	(次)	2.03	1.74	2.63	1.94	1.63
全员劳动生产率	(元/人)	75200	90981	115082	67538	48795
工业增加值率(不含税)	(%)	23.10	26.70	22.29	28.42	22.43
企业亏损面	(%)	8.91	10.81	21.74	3.13	
亏损率	(%)	2.01	3.54	2.22	0.62	
出口交货值占工业销售产值比重	(%)	32.14	22.88	4.63	32.88	41.66
利润总额占利税比重	(%)	59.26	58.30	46.31	53.77	74.40
利税总额占增加值比重	(%)	41.76	42.99	46.76	27.05	59.02
新产品产值率	(%)	9.35	15.10	2.74	5.42	27.82
总资产贡献率	(%)	8.91	7.60	11.03	6.23	10.85

4—22续表 (2004年)

指　　标		永康市	武义县	浦江县	磐安县
产销率	(%)	99.11	94.28	97.03	76.18
资产负债率	(%)	61.33	60.94	54.44	77.94
成本费用利润率	(%)	4.34	4.83	6.79	4.50
每百元资金实现利税	(元)	12.48	15.81	14.97	12.05
每百元销售收入实现利税	(元)	7.40	9.68	9.35	8.69
流动资金周转次数	(次)	2.14	2.38	2.64	1.74
全员劳动生产率	(元/人)	79706	75278	83119	142771
工业增加值率(不含税)	(%)	18.28	24.14	23.18	38.71
企业亏损面	(%)	11.32	7.69	5.26	
亏损率	(%)	1.97	0.70	7.00	
出口交货值占工业销售产值比重	(%)	37.02	48.04	46.38	83.12
利润总额占利税比重	(%)	56.40	47.85	67.96	49.41
利税总额占增加值比重	(%)	41.16	37.35	42.51	13.56
新产品产值率	(%)	3.57		6.94	
总资产贡献率	(%)	9.71	7.87	11.03	4.26

主要统计指标解释

工业总产值　是指以货币形式表现的，工业企业在报告期内生产的工业最终产品或提供工业性劳务活动的总价值量。

国家、省级新产品产值　指经过国家或省级有关部门认证并颁发给新产品证书，且在新产品证书规定的有效期内生产的产品价值。

工业销售产值　是指以货币形式表现的，工业企业在报告期内销售的本企业生产的工业产品或提供工业性劳务活动的价值总量。

出口交货值　指工业企业交给外贸部门或自营(委托)出口(包括销往香港、澳门、台湾)，用外汇价格结算的在国内批量销售或在边境批量出口的产品价值，以及外商来样、来料加工、来件装配和补偿贸易等生产的产品价值。

工业中间投入　指企业在报告期内用于工业生产活动所一次性消耗的外购原材料、燃料、动力及其他实物产品和对外支付的服务费用。

工业增加值　是指工业企业在报告期内以货币表现的工业生产活动的最终成果，是企业生产过程中新增加的价值。

流动资产年平均余额　指全部流动资产报告期平均余额。计算公式为：流动资产年平均余额＝1至12月各月月初、月末流动资产余额之和÷24。

固定资产净值年平均余额　指企业全部固定资产净值报告期平均余额。计算方法为：固定资产平均余额＝1至12月各月月初、月末固定资产净值之和÷24。

产成品存货　指企业已经完成全部生产过程并已验收入库，可以作为商品对外销售的产品价值。

应收帐款净额　指企业因销售产品或提供劳务等而应向购买单位收取的各种款项，减去已计提的坏帐准备后的余额。

管理费用　指企业为组织和管理生产经营所发生的费用。

财务费用　指企业为筹集生产经营所需资金等发生的费用。包括利息支出、汇兑损失(减汇兑收益)以及相关的手续费等。

利息支出　指企业生产经营期间发生的利息净支出(减利息收入)。

利税总额　指企业利润总额、产品销售税金及附加和应交增值税之和。

产品销售收入　指企业销售产品的销售收入和提供劳务等主要经营业务取得的业务总额。

产品销售费用　指企业在销售产品和提供劳务等主要经营业务过程中所发生的各项费用。

产品销售税金及附加　指企业销售产品和提供工业性劳务等主要经营业务应负担的城市维护建设税、消费税、资源税和教育费附加。

产品销售利润　指企业销售产品和提供工业性劳务等主要经营业务收入扣除其成本、费用、税金后的利润。

利润总额　指企业实现的利润。

应交增值税　指企业在报告期内应交纳的增值税额。

资产总计　指企业拥有或控制的全部资产。包括流动资产、长期投资、固定资产、无形及递延资产、其他长期资产、递延税项等，即为企业资产负债表的资产总计项。

(1)流动资产　指企业可以在一年或者超过一年的一个营业周期内变现或耗用的资产合计。包括现金及各种存款、短期投资、应收及预付款项、存货等。

(2)固定资产　指企业固定资产净值、固定资产清理、在建工程、工程物资所占用的资金。

(3)无形资产　指企业长期使用而没有实物形态的资产。包括专利权、非专利技术、商标权、著作权、土地使用权、商誉等。

负债合计　指企业承担并需要偿还的全部债务。包括流动负债和长期负债、递延税项等，即为企业资产负债表的负债合计项。

(1)流动负债　指企业在一年内或者超过一年的一个营业周期内需要偿还的债务合计、其中包括短期借款、应付及预收款项、应付工资、应交税金和应交利润等。

(2)长期负债　指企业在一年以上或者超过一年的一个生产周期以上需要偿还的债务合计，其中包括长期借款、应付债券、长期应付款项等。

所有者权益　指所有者在企业资产中享有的经济利益，其金额为资产减负债后的余额。其中包括企业实收资本、资本公积金、盈余公积金和未分配利润等，对股份制企业即为股东权益。

流动资产周转次数　指在一定时期内流动资产完成的周转次数，反映流动资金的周转速度。计算公式为流动资产周转次数＝产品销售收入/全部流动资产平均余额。

全员劳动生产率　指根据产品的价值量指标计算的平均每一从业人员在单位时间内的产品生产量。计算公式为全员劳动生产率＝工业增加值÷全部从业人员数。

交通运输和邮电通信业
Transportation,Posts and Telecommunications

Chapter 5

5—1　全市年末机动车拥有量

单位:辆

指　　标	2004 年
机动车辆总计	699159
#私有车辆	653779
△按车种分:	
1.汽车	170780
(1)大型	8427
#客车	2979
货车	5448
(2)中型	14637
#客车	3991
货车	10646
(3)小型、微型	147716
#客车	80279
货车	67437
2.摩托车	522625
#普通	481097
轻便	40428
3.农用车	2627
4.挂车	599

5—2 全社会客货运输量

（2004 年）

指　　标		金华市	市　区	兰溪市	义乌市	东阳市
民航:客运量	（人）	190316			190316	
货运量	（吨）	3798			3798	
铁路:客运量	（万人）	1427.63	857.15	55.39	426.80	
货运量	（万吨）	333.27	209.09	31.54	57.19	
公路:客运量	（万人）	14406	2299	873	4762	2411
客运周转量	（万人公里）	457238	72890	27733	151177	76517
货运量	（万吨）	10649	2799	762	2550	1081
货运周转量	（万吨公里）	521559	162375	41369	142331	48317
内河:客运量	（万人）	18		5		13
客运周转量	（万人公里）	142		35		107
货运量	（万吨）	236		236		
货运周转量	（万吨公里）	10546		10546		
境内公路里程	（公里）	6897.2	1450.0	649.6	831.3	1447.1
境内高速公路里程	（公里）	160.45	68.94	14.72	22.32	

5—2 续表　　　　　　　　　　　　　　　　　　（2004 年）

指　　标		永康市	武义县	浦江县	磐安县
民航:客运量	（人）				
货运量	（吨）				
铁路:客运量	（万人）	45.30	17.10	25.90	
货运量	（万吨）	5.10	23.70	6.64	
公路:客运量	（万人）	1928	711	855	567
客运周转量	（万人公里）	61245	22558	27130	17986
货运量	（万吨）	1853	546	435	624
货运周转量	（万吨公里）	52824	22130	21251	30962
内河:客运量	（万人）				
客运周转量	（万人公里）				
货运量	（万吨）				
货运周转量	（万吨公里）				
境内公路里程	（公里）	623.1	841.1	500.3	554.6
境内高速公路里程	（公里）	15.45	25.90	13.13	

5—3 邮电基本情况

（2004 年）

指　　标		金华市	市　区	兰溪市	义乌市	东阳市
邮电局(所)总数	（处）	269	41	30	53	64
邮电业务总量	（万元）	479840	109331	35214	144772	59371
邮政业务总量	（万元）	25779	7634	1565	5723	4577
电信业务总量	（万元）	454060	101697	33649	139049	54794
函件	（万件）	6633.13	3514.86	244.62	1048.00	923.78
特快专递	（万件）	85.81	32.92	4.74	16.13	11.05
订销报刊期发数	（万件）	65.19	15.24	4.11	19.70	11.47
订销报刊累计数	（万份）	12732.61	2859.90	639.96	4442.21	2231.19
集邮业务	（万枚）	478.09	147.13	49.57	112.85	25.87
信筒信箱	（处）	1762	382	162	232	267
邮路总长度	（公里）	12349	8358	511	849	1439
本地电话年末用户数	（万户）	178.38	37.58	19.20	41.08	27.58
#城市电话用户数		92.25	22.28	9.98	25.74	8.32
农村电话用户数		67.37	10.34	7.86	11.24	15.50
公用电话用户数		18.75	4.96	1.36	4.10	3.77
电话机部数	（部）	1949609	405226	226568	465700	353501
移动电话用户数	（户）	2397754	518157	172899	685237	306728
国际互联网用户数	（户）	256602	67196	20133	78040	27471
电话普及率	（部/百人）	92.8	97.0	55.7	160.1	73.6
#主线普及率		39.6	40.8	29.3	60.0	34.8

5—3 续表　　　　　　　　(2004 年)

指　　标		永康市	武义县	浦江县	磐安县
邮电局(所)总数	(处)	26	16	15	24
邮电业务总量	(万元)	65690	24073	30124	11265
邮政业务总量	(万元)	3039	1244	1197	800
电信业务总量	(万元)	62651	22829	28926	10465
函件	(万件)	482.77	168.91	142.60	107.59
特快专递	(万件)	11.78	4.09	3.61	1.50
订销报刊期发数	(万件)	6.54	3.19	3.25	1.70
订销报刊累计数	(万份)	1126.63	527.25	626.66	278.80
集邮业务	(万枚)	109.63	5.29	8.82	18.92
信筒信箱	(处)	318	116	172	113
邮路总长度	(公里)	372	215	195	410
本地电话年末用户数	(万户)	22.55	10.90	12.89	6.59
#城市电话用户数		11.17	5.14	6.01	3.62
农村电话用户数		9.08	4.91	5.80	2.64
公用电话用户数		2.29	0.85	1.08	0.33
电话机部数	(部)	225083	60189	147450	65892
移动电话用户数	(户)	329628	159610	156570	68925
国际互联网用户数	(户)	31070	11707	14606	6380
电话普及率	(部/百人)	102.6	81.9	74.9	65.6
#主线普及率		41.7	33.3	33.8	32.0

主要统计指标解释

公路里程　指在一定时期内实际达到《公路工程技术标准 JTJ01-88》规定的等级公路，并经公路主管部门正式验收交付使用的公路里程数。其计算单位为：公里。它包括大中城市的郊区公路以及通过小城镇街道部分的公路里程，也包括桥梁、渡口的长度，但不包括大中城市的街道、厂矿、林区生产用道和农业生产用道的里程。两条或多条公路共同经由同一路段，只计算一次，不得重复计算里程长度。公路里程是反映公路建设发展规模的重要指标，也是计算运输网密度等指标的基础资料。

货(客)运量　指在一定时期内，各种运输工具实际运送的货物(旅客)数量。是反映运输业为国民经济和人民生活服务的数量指标，也是制定和检查运输生产计划，研究运输发展规模和速度的重要指标。货运按吨计算，客运按人计算。货物不论运输距离长短，货物类别，均按实际重量统计；旅客不论行程远近或票价多少，均按一人一次作为客运量统计。半价票、小孩票也按一人统计。

货物(旅客)周转量　指在一定时期内，由各种运输工具运送的货物(旅客)数量与其相应运输距离的乘积之总和，是反映运输业生产总成果的重要指标，也是编制和检查运输生产计划，计算运输效率、劳动生产率以及核算运输单位成本的主要基础资料。通常以吨公里和人公里为计算单位。计算货物周转量通常按发出站与到达站之间的最短距离，也就是计费距离计算。

邮电业务总量　指以货币表现的邮电部门用于传递信息和提供其他邮电服务的总数量。它综合反映了一定时期邮电工作的总成果，是研究邮电业务量构成和发展趋势的重要指标。它用各种邮电分类业务量，如函件件数、城市电话和农村电话的年均户数、订销报刊累计份数等，分别乘以相应的平均单价(不变价)，加总后再加上出租电路和设备的收入、代用户维护电话交换机和线路等设备的收入、其他业务收入求得。

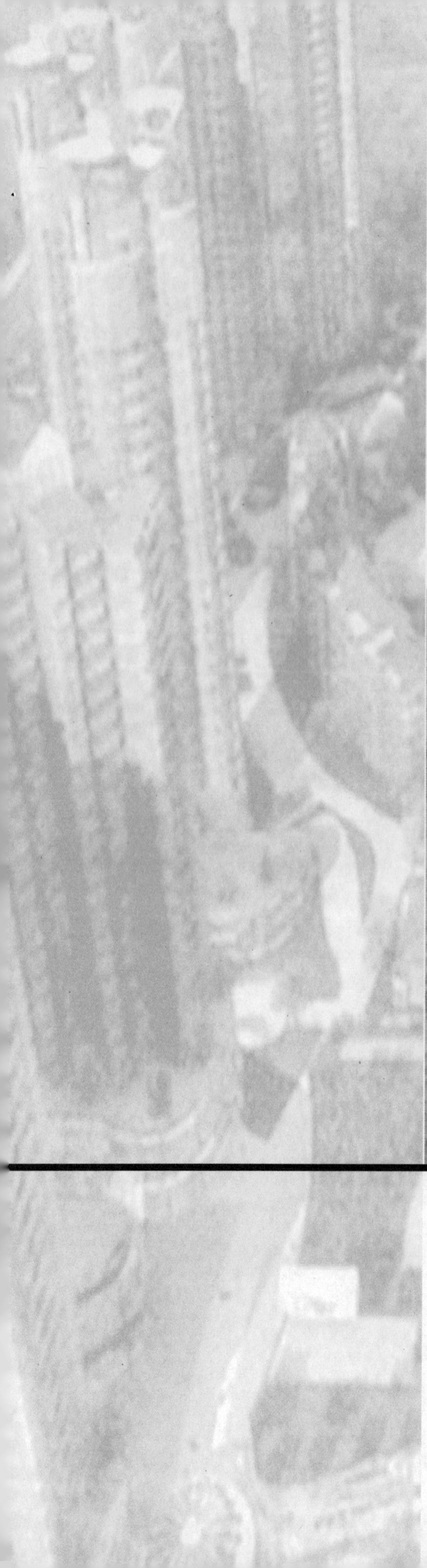

固定资产投资和建筑业

Investment in Fixed Assets and Construction

Chapter 6

6—1 全市历年全社会固定资产投资完成额

(1978—2004 年)

单位:万元

年 份	合计	国有单位			集体经济单位		城乡个体投资	
			#基本建设	#更新改造	城镇	农村	城镇	农村
1978	5122	5016	5016		106			
1979	7022	6864	4892	1972	158			
1980	9028	8266	5422	2844	762			
1981	9428	8442	4076	4366	986			
1982	24691	11025	5022	6003	1304	4215		8147
1983	25033	10841	5071	4755	1182	4949		8061
1984	37634	13187	6155	5208	2422	7609		14416
1985	61805	20809	11704	8079	6329	9184	640	24843
1986	67132	22832	10766	10921	7081	11816	1075	24328
1987	80483	27750	11465	14721	8282	16673	2753	25025
1988	101212	35781	17644	15883	12529	14314	3622	34966
1989	97265	32235	14509	15214	9772	12608	2670	39980
1990	102659	38241	17996	16037	6650	13910	2058	41800
1991	143692	63313	28641	26901	16237	17731	7462	38949
1992	222206	92418	52357	27056	26941	37512	14286	51049
1993	373425	154537	84278	38119	46446	67818	3620	70798
1994	557801	199410	125438	37433	58879	97238	19147	110690
1995	864562	269668	175578	53308	78916	134899	24704	184290
1996	1108654	345068	256522	49493	66293	185045	54499	269933
1997	1120158	367888	273097	45314	51565	234681	42558	286778
1998	1216502	408542	293431	70111	41432	254932	43939	296846
1999	1336715	440051	324375	78973	55324	275025	34886	324857
2000	1650500	567825	440271	90272	51647	282090	41073	357582
2001	2316865	768918	629904	100728	45677	596346	76914	199651
2002	2950993	890408	772414	91468	32199	743911	68659	235493
2003	4121860	1292687	1112221	90477	31891	1069937	89716	242158
2004	5178034	1484244			58531	1325825	133025	307232

注:从 2001 年报开始农村集体改为农村非农户。

6—2 市区历年全社会固定资产投资完成额

(1978—2004 年)

单位:万元

年 份	合计	国有单位			集体经济单位		城乡个体投资	
			#基本建设	#更新改造	城镇	农村	城镇	农村
1978	1016	997	997		19			
1979	1815	1763	1374	389	52			
1980	3115	2900	2335	565	215			
1981	3286	3111	2057	1054	175			
1982	4777	3852	2486	1366	218	707		
1983	6177	4788	2462	1895	202	1187		
1984	11702	5077	2374	2023	418	1793		4414
1985	14268	6597	3526	2824	1570	490	72	5539
1986	14901	7017	3502	3275	2139	1770	46	3929
1987	18757	8797	4665	3646	1305	3487	68	5100
1988	26115	12918	7577	4845	2928	2891	627	6751
1989	21249	9922	6492	3022	2253	2377	29	6668
1990	19634	9650	6841	2444	824	2091	212	6857
1991	29025	16451	9716	5012	1262	3211	22	8079
1992	48895	21908	13109	5283	8010	8208	46	10723
1993	67674	37153			7248	8910	37	11737
1994	92855	38718			13594	8789	18	14998
1995	210507	72440			17422	26756	181	27279
1996	283914	103797			17911	27421	581	32309
1997	299240	133339			19334	42820	1061	32739
1998	305703	118137			7122	39856	670	35431
1999	338315	128329			5527	61926	160	30276
2000	396087	120338			1490	69824		33548
2001	541622	188275	144387	35621	862	76687	3491	31532
2002	768950	210213	184626	21743	1804	113020	9028	41884
2003	1166028	437119	343945	34338	1107	145926	4728	29580
2004	1440943	465066			24482	244838		64270

6—3 历年全社会固定资产投资

（1978—2004 年）　　单位：万元

年　份	金华市	市　区	兰溪市	义乌市	东阳市	永康市	武义县	浦江县	磐安县
1978	5122	1016							
1979	7022	1815							
1980	9028	3115	1931	811	968	850	569	700	84
1981	9428	3286							
1982	24691	4777							
1983	25033	6177							
1984	37634	11702							
1985	61805	14268	7995	8171	12101	7388	3943	3626	4313
1986	67132	14901	9688	8742	12479	8311	4347	4704	3960
1987	80483	18757	14281	8744	12796	9653	6393	5825	4034
1988	101212	26115	16425	14317	13195	11750	6849	7858	4703
1989	97265	21249	20264	12779	11854	13596	7183	6306	4034
1990	102059	19034	18018	18613	11250	15811	7403	8156	3774
1991	143692	29025	29983	23768	20538	15867	9121	12035	3355
1992	222206	48895	32631	48500	31841	25338	12656	16972	5373
1993	373425	67674	43136	98283	54046	45009	19613	32066	13598
1994	557801	92855	69231	158859	100631	64858	19991	35330	16046
1995	864562	210507	72056	241128	156106	89150	35779	44333	15503
1996	1108654	283914	87824	296051	214240	117630	40207	51201	17587
1997	1120158	299240	104769	257437	229598	111948	43658	57301	16207
1998	1216502	305703	127108	269180	255282	120751	54209	61726	22543
1999	1336715	338315	116885	301881	290240	143216	60741	55841	29596
2000	1650500	396087	128257	432537	330410	188793	70440	71426	32550
2001	2316865	541622	194743	588202	400210	298376	115658	141701	36353
2002	2950993	768950	258331	737549	476627	363757	144709	159478	41592
2003	4121860	1166028	362232	1004387	608000	474621	211773	235390	59429
2004	5178034	1440943	516280	1208779	781485	570824	261335	314321	84067

6—4 全社会固定资产投资完成额

(2004年)

单位:万元

指　　标	金华市	市　区	兰溪市	义乌市	东阳市
全社会固定资产投资完成额	5178034	1440943	516280	1208779	781485
一、全部限额以上投资	4278274	1324449	440731	959969	619224
#住宅	908634	338301	56909	272568	127648
△按经济类型分					
1.国有经济	1457640	457816	180585	261786	152795
2.集体经济	86210	24452	8230	5383	18100
△按报表种类分					
1.投资项目(单位)	3123717	903300	362387	576287	486600
2.房地产开发	1154557	421149	78344	383682	132624
△按国有控股情况分					
1.国有及国有控股企业投资	1720157	523296	199272	436719	153975
2.非国有投资	2558117	801153	241459	523250	465249
#民间投资	2297684	623853	240259	480083	448670
△按三次产业分					
1.第一产业	16696	3815		1227	710
2.第二产业	1543093	378049	273640	208105	310756
3.第三产业	2718485	942585	167091	750637	307758
本年新增固定资产	1907412	574044	186939	308916	349163
二、限额以下投资	459503	52224	50776	149621	39851
三、城乡私人投资	440257	64270	24773	99189	122410
1. 城镇	133025		5005	48251	39610
2.乡村	307232	64270	19768	50938	82800

注:限额以上投资系计划总投资(或实际需要总投资)500万元及以上的项目(单位)投资。

6—4 续表　　　　(2004 年)　　　　单位:万元

指　　标	永康市	武义县	浦江县	磐安县
全社会固定资产投资完成额	570824	261335	314321	84067
一、全部限额以上投资	364721	229794	272445	66941
#住宅	50634	32433	25489	4652
△按经济类型分				
1.国有经济	176175	81988	96182	50313
2.集体经济	28268	1172		605
△按报表种类分				
1.投资项目(单位)	310776	191375	229551	63441
2.房地产开发	53945	38419	42894	3500
△按国有控股情况分				
1.国有及国有控股企业投资	176275	81988	98319	50313
2.非国有投资	188446	147806	174126	16628
#民间投资	187203	147316	154672	15628
△按三次产业分				
1.第一产业	2340	7054	1550	
2.第二产业	124497	111949	121358	14739
3.第三产业	237884	110791	149537	52202
本年新增固定资产	173584	130153	135707	48906
二、限额以下投资	125794	19318	11480	10439
三、城乡私人投资	80309	12223	30396	6687
1.城镇	6070	5978	26345	1766
2.乡村	74239	6245	4051	4921

6—5 全部限额以上投资房屋建筑施工竣工面积

（2004 年）　　　　单位：平方米

指　　标	金华市	市　区	兰溪市	义乌市	东阳市
全部限额以上投资房屋建筑施工面积	24569032	8753021	1645805	5829526	3659227
1.投资项目(单位)	13629577	3598933	682677	3737819	2334906
#限额以上工业投资	8228607	2039477	551297	1455527	1814067
2.房地产开发	10939455	5154088	963128	2091707	1324321
全部限额以上投资住宅建筑施工面积	9388117	4220507	788328	1789404	1357478
1.投资项目(单位)	1015440	212635	101130	338104	232488
#限额以上工业投资	197795	21992	3750	26233	98374
2.房地产开发	8372677	4007872	687198	1451300	1124990
全部限额以上投资房屋建筑竣工面积	7343466	2334594	380793	1325785	2189391
1.投资项目(单位)	4687517	884877	119783	1003790	1714972
#限额以上工业投资	3471217	467873	102970	763172	1419928
2.房地产开发	2655949	1449717	261010	321995	474419
全部限额以上投资住宅建筑竣工面积	2391942	1202392	182166	290630	509407
1.投资项目(单位)	374170	82727	3040	112050	107011
#限额以上工业投资	132943	7774		19950	88814
2.房地产开发	2017772	1119665	179126	178580	402396
附:土地开发面积	1154618	138592	123675	223381	611933
商品房销售面积	2194921	1146915	187765	385731	330351

6—5 续表　　　　　　　　　　　　（2004 年）　　　　　　　　　　　　单位：平方米

指　　标	永康市	武义县	浦江县	磐安县
全部限额以上投资房屋建筑施工面积	**1697214**	**1929634**	**842153**	**212452**
1. 投资项目(单位)	1273429	1395392	398687	207734
＃限额以上工业投资	821456	1316713	160300	69770
2. 房地产开发	423785	534242	443466	4718
全部限额以上投资住宅建筑施工面积	**365540**	**462700**	**367882**	**36278**
1. 投资项目(单位)	79999	19524		31560
＃限额以上工业投资	33562	13524		360
2. 房地产开发	285541	443176	367882	4718
全部限额以上投资房屋建筑竣工面积	**486492**	**533713**	**16304**	**76394**
1. 投资项目(单位)	458004	413393	16304	76394
＃限额以上工业投资	306181	387793		23300
2. 房地产开发	28488	120320		
全部限额以上投资住宅建筑竣工面积	**68220**	**124627**		**14500**
1. 投资项目(单位)	46018	8824		14500
＃限额以上工业投资	7581	8824		
2. 房地产开发	22202	115803		
附：土地开发面积	200	29337	27500	
商品房销售面积	26857	117302		

6—6 全部限额以上固定资产投资完成情况

（2004 年） 单位：万元

指　　标	金华市	市 区	兰溪市	义乌市	东阳市
全年累计完成投资	4278274	1324449	440731	959969	619224
△按投资、房地产分：					
1.房地产开发完成投资	1154557	421149	78344	383682	132624
2.投资项目（单位）完成投资	3123717	903300	362387	576287	486600
＃国家、省重点项目投资	495670	231225	91494	89983	2141
＃省重点项目投资	495670	231225	91494	89983	2141
园区建设项目投资	529137	165151		113833	63561
基础设施投资	1546499	595553	179327	247140	139523
农村投资	899882	197786	99752	179092	209819
工业投资	1525659	378049	273640	208105	298781
施工项目个数（个）	1652	340	111	239	360
＃本年新开工	811	138	63	84	191
全部投产项目个数（个）	470	65	35	74	159
△按构成分：					
建筑工程	2315117	766431	224483	408667	340316
安装工程	216621	90727	20090	26541	30407
设备工器具购置	701874	166141	137927	137941	134432
其他费用	1044662	301150	58231	386820	114069
＃土地购置费	829062	223128	44290	363262	80942
△按国民经济行业分组					
1.农、林、牧、渔业	16696	3815		1227	710
2.采矿业					
3.制造业	1210850	246846	161533	194171	273877
4.电力、燃气及水的生产和供应业	314809	131203	112107	13934	24904
5.建筑业	17434				11975
6.交通运输、仓储和邮政业	446197	123517	52209	106536	35457
7.信息传输、计算机服务和软件业	63273	44401		11000	1872
8.批发和零售业	44698	15259	2160	3020	5900
9.住宿和餐饮业	12693		3669		9014
10.金融业	5985	4618			
11.房地产业	1184198	425802	78344	395545	142499
12.租赁和商务服务业	128259		6998	104148	
13.科学研究、技术服务和地质勘查业	19029	4146		2443	12346
14.水利、环境和公共设施管理业	568204	222095	13801	87430	60408
15.居民服务和其他服务业					
16.教育	94518	47160	1210	13195	15544
17.卫生、社会保障和社会福利业	50251	26571		7549	2050
18.文化、体育和娱乐业	10517	606		7524	
19.公共管理和社会组织	90663	28410	8700	12247	22668
本年资金来源小计	4651696	1536794	490455	972441	644879
＃国内贷款	934683	365748	120519	169453	86545
利用外资	77900	45903	10000	800	10109

6—6 续表　　　　　　　　(2004 年)　　　　　　　　单位:万元

指　　标	永康市	武义县	浦江县	磐安县
全年累计完成投资	364721	229794	272445	66941
△按投资、房地产分:				
1.房地产开发完成投资	53945	38419	42894	3500
2.投资项目(单位)完成投资	310776	191375	229551	63441
#国家、省重点项目投资	42969		36780	1078
#省重点项目投资	42969		36780	1078
园区建设项目投资	66432	39093	80277	790
基础设施投资	182502	73851	93281	35322
农村投资	114036	60910	35753	2734
工业投资	124267	111397	117158	14262
施工项目个数(个)	202	182	188	30
#本年新开工	87	119	112	17
全部投产项目个数(个)	83	45		9
△按构成分:				
建筑工程	209229	156574	156726	52691
安装工程	18920	2637	23113	4186
设备工器具购置	64120	29789	25981	5543
其他费用	72452	40794	66625	4521
#土地购置费	52576	35632	25764	3468
△按国民经济行业分组				
1.农、林、牧、渔业	2340	7054	1550	
2.采矿业				
3.制造业	109099	107966	106857	10501
4.电力、燃气及水的生产和供应业	15168	3431	10301	3761
5.建筑业	230	552	4200	477
6.交通运输、仓储和邮政业	13349	40738	48933	25458
7.信息传输、计算机服务和软件业	6000			
8.批发和零售业	1047		17312	
9.住宿和餐饮业	10			
10.金融业	195	1172		
11.房地产业	53945	38419	46144	3500
12.租赁和商务服务业				17113
13.科学研究、技术服务和地质勘查业	94			
14.水利、环境和公共设施管理业	124488	28482	27307	4193
15.居民服务和其他服务业				
16.教育	11210	1200	3089	1910
17.卫生、社会保障和社会福利业	10000	530	3551	
18.文化、体育和娱乐业	2287		100	
19.公共管理和社会组织	15259	250	3101	28
本年资金来源小计	386450	224451	330653	65573
#国内贷款	128355	14514	40948	8601
利用外资	2738		8350	

6—7　限额以上工业投资完成情况

（2004 年）

单位：万元

指　　标	金华市	市　区	兰溪市	义乌市	东阳市
全年累计完成投资	1525659	378049	273640	208105	298781
△按构成分					
建筑工程	645467	142060	103755	95952	133957
安装工程	118732	44746	14309	11910	13633
设备工器具购置	575043	128268	137664	77012	119533
其他费用	186417	62975	17912	23231	31658
＃土地购置费	119562	29805	7318	21234	24845
本年新增固定资产	786455	141923	114605	114933	198987
房屋施工面积（平方米）	8228607	2039477	551297	1455527	1814067
＃住宅	197795	21992	3750	26233	98374
房屋竣工面积（平方米）	3471217	467873	102970	763172	1419928
＃住宅	132943	7774		19950	88814
施工项目个数（个）	1104	187	68	149	279
＃本年新开工	590	92	43	57	147
全投项目个数（个）	311	33	24	58	127
本年资金来源小计	1587892	359023	332358	201423	300681
＃国内贷款	351525	72875	99914	72705	53925
利用外资	69780	38711	10000	800	10021
自筹资金	1116525	224351	214506	123058	230790
＃企、事业单位自有资金	1086734	203701	214506	121872	230419

6—7 续表　　　　　　　　(2004 年)　　　　　　　　单位:万元

指　　标	永康市	武义县	浦江县	磐安县
全年累计完成投资	124267	111397	117158	14262
△按构成分				
建筑工程	37244	62915	62097	7487
安装工程	15895	1530	15223	1486
设备工器具购置	59795	25816	22987	3968
其他费用	11333	21136	16851	1321
#土地购置费	9242	19652	7076	390
本年新增固定资产	93073	47902	58610	16422
房屋施工面积(平方米)	821456	1316713	160300	69770
#住宅	33562	13524		360
房屋竣工面积(平方米)	306181	387793		23300
#住宅	7581	8824		
施工项目个数(个)	107	146	152	16
#本年新开工	46	99	95	11
全投项目个数(个)	38	25		6
本年资金来源小计	126806	111158	142934	13509
#国内贷款	37911	5461	6388	2346
利用外资	1898		8350	
自筹资金	79144	105397	128116	11163
#企、事业单位自有资金	79144	102513	123416	11163

6—8 固定资产投资当年新增生产能力

（2004 年）

指　　标	金华市	市　区	兰溪市	义乌市	东阳市
冷加工钢材（万吨/年）	8.50				
铜冶炼（吨/年）	9505		9505		
铝加工（吨/年）	40000				
水力发电（万千瓦）	0.09				
火力发电（万千瓦）	6.05		6.05		
输电线路长度(11 万伏及以上)（公里）	190.74	128.44			
变电设备能力(11 万伏及以上)（万千伏安）	62	62			
水泥（万吨/年）	72		72		
合成氨（吨/年）	10000		10000		
中成药（吨/年）	1000				
棉纺锭（锭）	15000				
新建公路（公里）	60.20				
改建公路（公里）	471.40				
高等院校:学生席位（个）	2900	2900			
高等院校:建筑面积（平方米）	31421	31421			
中等学校:学生席位（个）	2200		1200		
中等学校:建筑面积（平方米）	13260		10128		
小学校:学生席位（个）	2700				2700
小学校:建筑面积（平方米）	7906				7906
其他学校:学生席位（个）	4200				2200
其他学校:建筑面积（平方米）	11800				3800
医院病床（张）	508	248			
城市公共交通车辆购置（辆）	48				48
城市道路扩建长度（公里）	51.33		5.90	25.00	6.27
城市道路扩建面积（万平方米）	79.94				18.10
城市永久性桥梁（座）	6	1			1
程控交换机（万线/年）	18.00	18.00			

6—8 续表　　　　　　　　　　(2004 年)

指　　标		永康市	武义县	浦江县	磐安县
冷加工钢材	(万吨/年)	8.00	0.50		
铜冶炼	(吨/年)				
铝加工	(吨/年)	40000			
水力发电	(万千瓦)				0.09
火力发电	(万千瓦)				
输电线路长度(11 万伏及以上)	(公里)				62.30
变电设备能力(11 万伏及以上)	(万千伏安)				
水泥	(万吨/年)				
合成氨	(吨/年)				
中成药	(吨/年)				
棉纺锭	(锭)		15000		
新建公路	(公里)	60.20			
改建公路	(公里)		313.00	158.40	
高等院校:学生席位	(个)				
高等院校:建筑面积	(平方米)				
中等学校:学生席位	(个)				1000
中等学校:建筑面积	(平方米)				3132
小学校:学生席位	(个)				
小学校:建筑面积	(平方米)				
其他学校:学生席位	(个)	2000			
其他学校:建筑面积	(平方米)	8000			
医院病床	(张)			260	
城市公共交通车辆购置	(辆)				
城市道路扩建长度	(公里)	11.82	2.34		
城市道路扩建面积	(万平方米)	51.52	10.32		
城市永久性桥梁	(座)		4		
程控交换机	(万线/年)				

6—9 房地产开发投资情况

（2004 年）

指　　标		金华市	市　区	兰溪市	义乌市	东阳市
房地产开发企业数	**（个）**	**313**	**118**	**28**	**61**	**43**
本年完成开发投资额	**（万元）**	**1154557**	**421149**	**78344**	**383682**	**132624**
#住宅		841349	325454	50829	253378	110595
办公楼		17966	10137		1821	3249
商业营业用房		227846	61254	27515	91800	12582
其他		67396	24304		36683	6198
全年新增固定资产	（万元）	405344	224018	23026	75488	71045
房屋施工面积	（平方米）	10939455	5154088	963128	2091707	1324321
#住宅		8372677	4007872	687198	1451300	1124990
房屋竣工面积	（平方米）	2655949	1449717	261010	321995	474419
#住宅		2017772	1119665	179126	178580	402396
全年销售面积	（平方米）	2194921	1146915	187765	385731	330351
#住宅		1854263	1003961	163883	272512	278105
全年销售金额	（万元）	521217	247865	36511	116414	103455
#住宅		367187	181158	28039	71868	71162
全年购置土地面积	（平方米）	4048265	1494611	297127	515217	754792
全年土地成交价款	（万元）	556662	191279	29734	245873	43972
年末房屋空置面积	（平方米）	292068	105164	42989	1409	129165
#住宅		173141	43162	30257	322	95217
本年资金来源小计	**（万元）**	**1565060**	**702040**	**73305**	**446080**	**171889**
#国内贷款		217067	118608	9330	57749	16600
自筹资金		536360	174508	20094	195942	66558
#自有资金		311633	81955	18749	131882	11566
其他资金来源		807701	405832	43881	192389	88731
#定金及预收款		674980	355559	31999	171573	62491

6—9 续表　　　　　　　　　　（2004 年）

指　　标		永康市	武义县	浦江县	磐安县
房地产开发企业数	（个）	24	23	14	2
本年完成开发投资额	（万元）	53945	38419	42894	3500
#住宅		43828	30766	22999	3500
办公楼		1	2527	231	
商业营业用房		10116	5126	19453	
其他				211	
全年新增固定资产	（万元）	3594	8173		
房屋施工面积	（平方米）	423785	534242	443466	4718
#住宅		285541	443176	367882	4718
房屋竣工面积	（平方米）	28488	120320		
#住宅		22202	115803		
全年销售面积	（平方米）	26857	117302		
#住宅		21508	114294		
全年销售金额	（万元）	4618	12354		
#住宅		3573	11387		
全年购置土地面积	（平方米）	590818	166855	228845	
全年土地成交价款	（万元）	26236	15318	4250	
年末房屋空置面积	（平方米）		13341		
#住宅			4183		
本年资金来源小计	（万元）	68435	49195	50866	3250
#国内贷款		8515	5765	500	
自筹资金		44657	17451	17150	
#自有资金		42305	13676	11500	
其他资金来源		14423	25979	33216	3250
#定金及预收款		14185	24211	11712	3250

6—10　建筑业企业生产情况

（2004 年，资质以上）

指　　标		金华市	市　区	兰溪市	义乌市	东阳市
企业个数	（个）	445	130	27	117	85
一、建筑业合同情况						
签订的合同额	（万元）	7194394	1097695	125941	555140	4887468
1、上年结转合同额		2503475	340911	27472	132328	1856327
2、本年新签合同额		4690919	756784	98469	422812	3031141
二、承包工程完成情况						
1、直接从建设单位承揽工程完成的产值	（万元）	4165700	651863	95817	441769	2562547
a. 自行完成施工产值		4154703	649322	95817	441769	2560986
b. 分包出去工程的产值		10997	2541			1561
2、从建设单位以外承揽工程完成的产值	（万元）	70887	36777	691	6079	22968
三、建筑业总产值	（万元）	4225590	686099	96508	447848	2583954
#装饰装修产值		308858	50488	3786	15316	201891
在外省完成的产值		1482605	52911	12985	10895	1346091
1、建筑工程产值		3873119	599460	89917	417317	2401052
2、安装工程产值		283923	72226	3176	30045	143922
3、其他产值		68548	14413	3415	486	38980
四、竣工产值	（万元）	2591481	357224	63732	329314	1536117
五、房屋建筑施工面积	（平方米）	57545660	7605644	1225535	5614940	38039794
#新开工面积		32685842	4064219	917818	3246140	21121874
实行投标承包面积		46913328	5931164	975455	3608470	32986345
#新开工面积		27700488	3345823	865505	2674145	18322566
六、劳动人员情况						
计算劳动生产率的平均人数	（人）	309432	50466	10355	45583	157853
期末从业人员数	（人）	304921	47599	10900	42164	163047
#工程技术人员		42682	8149	1398	7241	18601
持有一级资质证书的项目经理		1103	162	17	131	581
七、房屋建筑竣工面积	（平方米）	23071840	2528383	725871	2458005	14544546
按主要用途分：						
1、厂房、仓库		5862294	955237	172563	1134488	2535731
2、住房		9695177	891247	359693	730176	6784288
3、办公用房		2327413	141300	33322	295124	1526280
4、批发和零售用房		741682	43756	24693	38784	561345
5、住宿和餐饮用房		817640	51406	7600	13779	633045
6、居民服务业用房		459632	19007	5600	81425	315028
7、教育用房		1453501	193648	61133	108841	970997
8、文化、体育和娱乐用房		607018	17428	9350	24158	531415
9、卫生医疗用房		573561	152937	9200	17871	312479
10、科研用房		139684	9984			129700
11、其他用房		394238	52433	42717	13359	244238

6—10续表　　　　　　　　　　　　（2004年，资质以上）

指　　标		永康市	武义县	浦江县	磐安县
企业个数	（个）	30	25	13	18
一、建筑业合同情况					
签订的合同额	（万元）	127677	106032	183621	110820
1、上年结转合同额		37036	43675	48886	16840
2、本年新签合同额		90641	62357	134735	93980
二、承包工程完成情况					
1、直接从建设单位承揽工程完成的产值	（万元）	106532	84540	134399	88233
a. 自行完成施工产值		106467	77710	134399	88233
b. 分包出去工程的产值		65	6830		
2、从建设单位以外承揽工程完成的产值	（万元）	2291	2081		
三、建筑业总产值	（万元）	108758	79791	134399	88233
＃装饰装修产值		18347	1333	6955	10742
在外省完成的产值		3635	391	27548	28149
1、建筑工程产值		88672	72972	122048	81681
2、安装工程产值		19636	6819	2131	5968
3、其他产值		450		10220	584
四、竣工产值	（万元）	82659	56990	102343	63102
五、房屋建筑施工面积	（平方米）	978915	1447357	1473254	1160221
＃新开工面积		727741	618610	1111080	817130
实行投标承包面积		746504	709320	1041334	914736
＃新开工面积		586844	209712	848463	847430
六、劳动人员情况					
计算劳动生产率的平均人数	（人）	19080	5104	9103	11888
期末从业人员数	（人）	12290	5070	9897	13954
＃工程技术人员		2979	1322	1332	1660
持有一级资质证书的项目经理		197	1	10	4
七、房屋建筑竣工面积	（平方米）	461329	757265	1028245	568196
按主要用途分：					
1、厂房、仓库		98255	350272	432503	183245
2、住房		98862	342568	346237	142106
3、办公用房		121216	21900	105886	82385
4、批发和零售用房			25573	35425	12106
5、住宿和餐饮用房		64208		33665	13937
6、居民服务业用房			8078	11983	18511
7、教育用房		6950	3915	33510	74507
8、文化、体育和娱乐用房				24667	
9、卫生医疗用房		67251			13823
10、科研用房					
11、其他用房		4587	4959	4369	27576

6—11 建筑业企业财务状况

（2004年，资质以上） 单位：万元

指 标	金华市	市 区	兰溪市	义乌市	东阳市
资质以上企业					
工程结算收入	3577266	474160	69901	354377	2364066
工程结算成本	3206888	419651	58456	313143	2141874
工程结算税金及附加	132574	15632	2452	13296	88943
工程结算利润	237804	38877	8993	27938	133249
其他业务收入	15767	3397	310	2031	8927
其他业务利润	4439	2435	210	226	827
管理费用	98107	20068	2116	10571	52058
#税金	4442	1225	523	462	1659
劳动、待业保险费	7988	3143	218	431	3017
财务费用	18084	4513	649	1431	8861
营业利润	126052	16731	6438	16162	73157
利润总额	121435	16198	4566	14574	72943
本年折旧	25726	6975	847		13933
主营业务工资总额	474768	43225	8721	42650	335666
主营业务福利费总额	37067	4360	745	4617	21932
期末拖欠工程款	306555	61254	6222	20285	178408
#竣工拖欠	153521	41298	4595	7317	82021
国有及国有控股企业					
工程结算收入	191016	117540	4217	9429	4880
工程结算成本	173494	110899	3651	8721	4009
工程结算税金及附加	6877	4061	104	412	163
工程结算利润	10645	2580	462	296	708
其他业务收入	1010	692	8	136	7
其他业务利润	661	421	1	129	0
管理费用	6177	1851	400	241	445
#税金	249	78	8	24	32
劳动、待业保险费	1077	640	120	31	4
财务费用	1399	500	16	67	97
营业利润	3730	650	47	117	166
利润总额	3652	627	47	106	166
本年折旧	2014	810	30		136
主营业务工资总额	21202	10441	240	1434	1198
主营业务福利费总额	1595	318	20	164	68
期末拖欠工程款	22092	9059	698	720	580
#竣工拖欠	9369	4388	534	430	450

6—11 续表　　(2004 年,资质以上)　　单位:万元

指　　标	永康市	武义县	浦江县	磐安县
资质以上企业				
工程结算收入	98781	66614	93477	55890
工程结算成本	83643	58018	82453	49650
工程结算税金及附加	3852	2277	3963	2159
工程结算利润	11286	6319	7061	4081
其他业务收入	781	44	238	39
其他业务利润	549	23	159	10
管理费用	5702	2661	3353	1578
#税金	105	87	200	181
劳动、待业保险费	94	274	662	149
财务费用	568	842	548	672
营业利润	5565	2839	3319	1841
利润总额	5412	2751	3273	1718
本年折旧	1375	1106	865	625
主营业务工资总额	15097	6390	12914	10105
主营业务福利费总额	1824	739	1483	1367
期末拖欠工程款	18702	15410	3640	2638
#竣工拖欠	7926	6426	2225	1713
国有及国有控股企业				
工程结算收入	12174	18930	22200	1646
工程结算成本	10522	15339	18936	1417
工程结算税金及附加	467	774	847	49
工程结算利润	1185	2817	2417	180
其他业务收入	20	21	87	39
其他业务利润	12	8	85	5
管理费用	614	1161	1377	88
#税金	26	61	13	7
劳动、待业保险费	18	202	43	19
财务费用	31	589	94	5
营业利润	552	1075	1031	92
利润总额	552	1036	1026	92
本年折旧	134	584	314	6
主营业务工资总额	1690	2316	3721	162
主营业务福利费总额	233	321	448	23
期末拖欠工程款	778	8599	1420	238
#竣工拖欠	420	2039	910	198

主要统计指标解释

全社会固定资产投资额 固定资产投资额是以货币表现的建造和购置固定资产活动的工作量，它是反映固定资产投资规模、速度、比例关系和使用方向的综合性指标。按我省现行统计制度，全社会固定资产投资包括全部限额(500万元)以上投资、限额以下投资和城乡私人投资。全部限额以上投资包括投资项目(单位)投资和房地产开发投资。城乡私人投资包括城市、县城、镇、工矿区所辖范围内的个人建房和农村个人建房及购买生产性固定资产的投资。

房地产开发投资 包括各种经济类型的房地产开发公司、商品房建设公司及其他房地产开发单位统一开发的包括统代建、拆迁还建的住宅、厂房、仓库、饭店、宾馆、度假村、写字楼、办公楼等房屋建筑物和配套的服务设施、土地开发工程，如道路、给水、排水、供电、供热、通讯、平整场地等基础设施工程的投资。包括非房地产企业实际从事房地产开发或经营活动，不包括单纯的土地交易活动。

施工项目 指报告期内曾进行建筑或安装工程施工活动的建设项目。包括报告期内新开工项目、报告期以前开工跨入报告期继续施工的项目以及报告期施工过并在报告期内全部建设投产或停缓建的项目。

全部建成投产项目 工业项目是指设计文件规定形成生产能力的主体工程及其相应配套的辅助设施全部建成，经负荷试运转，证明具备生产设计规定合格产品的条件，并经过验收鉴定合格或达到竣工验收标准，与生产性工程配套的生产福利设施可以满足近期正常生产的需要，正式移交生产的建设项目。非工业项目是指设计文件规定的主体工程和相应的配套工程全部建成，能够发挥设计规定的全部效益，经验收鉴定倶格或达到竣工验收标准，正式移交使用的建设项目。

施工和竣工房屋建筑面积 房屋建筑面积是从房屋外墙线算起的各层平面面积的总和，包括房屋结构(如柱、墙)占用的面积和地下室面积。多层建筑按各自然层面积总和计算，包括房屋内的楼隔层，突出墙面的跳望间、门斗、有柱雨罩的面积。不包括突出墙面结构的构件、艺术装饰等所占的面积，如台阶等。凹阳台、挑阳台按其水平投影面积一半计算建筑面积。

新增固定资产 指通过投资活动所形成的新的固定资产价值。包括已经建成投入生产或交付使用的工程价值和达到固定资产标准的设备、工具、器具的价值及有关应摊入的费用。它是以价值形式表示的固定资产投资成果的综合性指标，可以综合反映不同时期、不同部门、不同地区的固定资产投资成果。

房屋建筑施工面积 指在报告期内施工的全部房屋建筑面积。包括本期内新开工的、上期施工跨入本期继续施工、上期停建本期复工的房屋建筑面积；不包括上期开工后又停工，本期未施工的房屋建筑面积。

房屋建筑竣工面积 指在报告期内，按照设计所规定的工程内容全部完成，达到了设计规定的交工条件，经有关部门检查验收鉴定合格的房屋建筑面积。

自有机械设备年末总台数 指归本企业(或单位)所有，属于本企业固定资产的生产性机械设备年末总台数。包括施工机械、生产设备、运输设备以及其他设备。

自有机械设备年末总功率 指本企业(或单位)自有施工机械、生产设备、运输设备以及其他设备等列为在册固定资产的生产性机械设备年末总功率，按设定能力或查定能力计算。包括机械本身的动力和为该机械服务的单独动力设备，如电动机等。计算单位用千瓦，动力换算可按1马力＝0.735千瓦折合成千瓦数。电焊机、变压器、锅炉不计算动力。

工程结算收入 指企业(或单位)按工程的分部分项自行完成的建筑产品价值并已与甲方在报告期内办理结算手续的工程价款收入，以及向甲方收取的除工程价款以外的按规定列作营业收入的各种款项，如临时设施费、劳动保险费、施工机械调造费等以及向甲方收取的各种索赔款。

工程结算利润　指已结算工程实现的利润。如为亏损以“－”号表示。其计算公式为：

工程结算利润＝工程结算收入－工程结算成本－工程结算税金及附加

企业总收入（营业收入）　指与企业生产经营直接有关的各项收入，包括工程结算收入和其他业务收入，即：

企业总收入＝工程结算收入＋其他业务收入

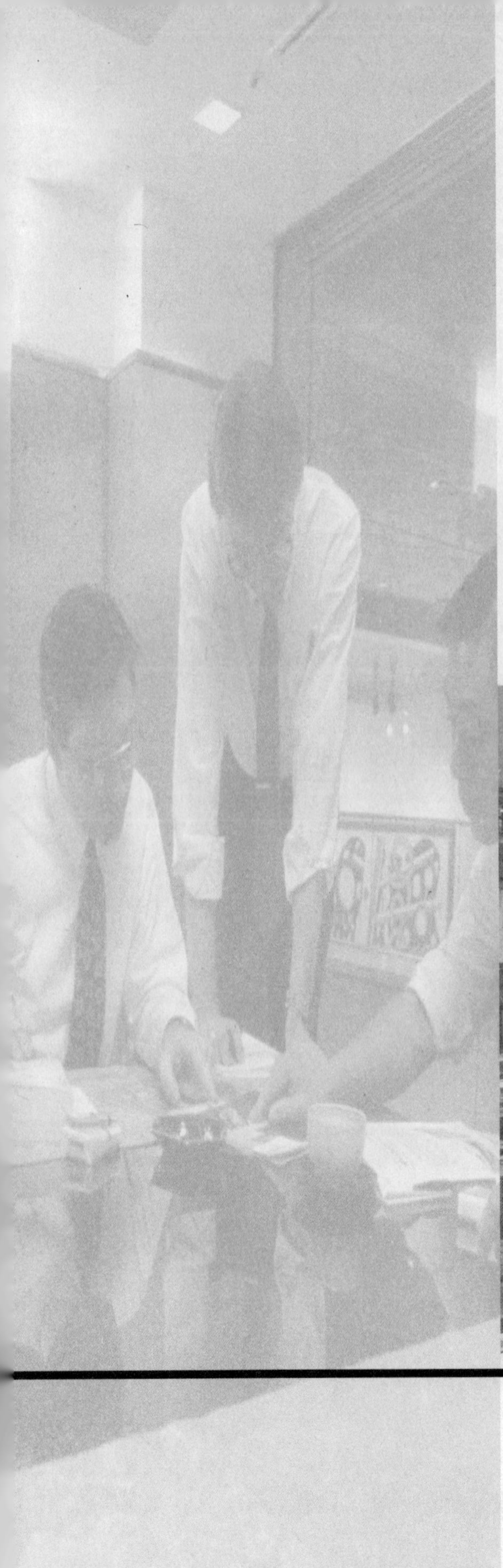

国内贸易和对外经济

Domestic Trade,Foreign Trade and Economic Cooperation

Chapter 7

7—1 历年社会消费品零售总额

（1978—2004 年）

单位：万元

年 份	金华市	市 区	兰溪市	义乌市	东阳市	永康市	武义县	浦江县	磐安县
1978	34416	9178	6210	4512	5353	3340	2407	2462	954
1979	44352	12465	7899	5557	6717	4269	3129	3116	1200
1980	58001	16731	10662	7177	8385	5769	3819	3944	1514
1981	66389	18558	11794	9007	9694	6776	4565	4254	1741
1982	75871	22030	13275	10470	11127	7293	4957	4745	1974
1983	84925	24049	14082	12649	12082	8436	5931	5549	2147
1984	96024	27506	15930	14611	13178	9514	6683	5974	2628
1985	121246	34629	18536	19147	17499	11912	8747	7329	3447
1986	144520	40841	22765	22159	21194	13970	10060	9229	4302
1987	176168	52682	27530	26382	25280	17187	11819	10507	4781
1988	237496	65858	38860	38628	33634	23018	16054	15316	6128
1989	243704	71019	39667	35724	33657	24655	16566	15690	6726
1990	246336	70766	39630	39563	34052	24460	16692	14511	6662
1991	282220	80889	44541	45196	40987	28328	17634	16664	7981
1992	338144	96906	52893	54713	48594	33812	20372	20211	10643
1993	512149	139676	60637	139190	64246	41840	23850	27953	14757
1994	790758	185705	105064	233762	104826	73648	31188	36470	20093
1995	959540	235731	121661	247278	135687	97962	36118	57944	27159
1996	1200629	300162	153381	290635	176676	129307	45938	71957	32573
1997	1296553	320083	163941	305139	196209	142173	53528	81916	33564
1998	1402944	353877	172567	322667	216115	152738	60622	88539	35819
1999	1539249	404167	183673	344296	238375	166484	68508	96515	37231
2000	1693762	454351	196822	372125	265310	185629	74549	105000	39976
2001	1888470	505724	216561	413068	302454	209673	82020	115600	43370
2002	2121635	571659	240018	462658	341775	237603	92972	127740	47210
2003	2388961	644831	266990	525117	386204	268967	106143	143200	52040
2004	2738944	741555	300715	600489	443362	307967	123019	163965	58390

7—2 社会消费品零售总额

(2004年)　　单位:万元

指　　标	金华市	市　区	兰溪市	义乌市	东阳市
社会消费品零售总额	2738944	741555	300715	600489	443362
△按销售地区分					
(1)市	1815698	741555	175447	420342	279961
(2)县	216012				
(3)县以下	707234		125268	180147	163401
△按行业分					
批零贸易业	2372744	647862	247183	524045	406202
限额以上	635223	260662	58488	95583	105043
限额以下及个体户	1737521	387200	188695	428462	301159
餐饮业	276795	65226	47092	56469	33420
其它	89405	28467	6440	19975	3740
亿元以上商品交易市场成交额	6993388	871736	31323	3166865	415102

7—2 续表　　(2004 年)　　单位:万元

指　　标	永康市	武义县	浦江县	磐安县
社会消费品零售总额	307967	123019	163965	58390
△按销售地区分				
(1)市	192431			
(2)县		80400	105432	30180
(3)县以下	115536	42619	58533	28210
△按行业分				
批零贸易业	274230	87658	144775	50796
限额以上	49247	23786	32618	9796
限额以下及个体户	224983	63872	112157	41000
餐饮业	28009	18683	17040	4737
其它	5728	16678	2150	2857
亿元以上商品交易市场成交额	2414216	27436	35000	31710

7—3 全市限额以上批零贸易业商品批发零售类值

（2004年）

单位:万元

指　　标	销售额	批发额	零售额
合　计	2592673.8	1957450.6	635223.2
食品、饮料、烟酒类	451710.2	346052.4	105657.8
#肉禽蛋类	27360.5	3981.9	23378.6
其他食品类	96864.4	49920.3	46944.1
饮料类	31224.4	20012.3	11212.1
烟酒类	296260.9	272137.9	24123.0
服装鞋帽、针、纺织品类	202881.6	170453.2	32428.4
#服装类	116429.9	97364.1	19065.8
鞋帽类	22831.8	16092.6	6739.2
针、纺织品类	63619.9	56996.5	6623.4
化妆品类	11109.2	2297.5	8811.7
金银珠宝类	4907.4		4907.4
日用品类	140702.7	121237.7	19465.0
#洗涤用品类	59131.1	47183.1	11948.0
儿童玩具类	7490.5	6068.9	1421.6
五金、电料类	62627.1	56560.1	6067.0
体育、娱乐用品类	4876.0	3546.6	1329.4
书报杂志类	18753.8	2261.1	16492.7
电子出版物及音像制品类	942.5	9.5	933.0
家用电器和音像器材类	83753.8	38106.7	45647.1
中西药品类	216742.8	114863.2	101879.6
#西药	147361.3	81998.4	65362.9
中草药及中成药	67209.2	31563.7	35645.5
文化办公用品类	13409.9	10647.4	2762.5
家俱类	1534.4	485.0	1049.4
通讯器材类	6724.3	3263.5	3460.8
煤炭及制品类	4810.4	4810.4	
木材及制品类	182.2	182.2	
石油及制品类	397858.0	250205.0	147653.0
化工材料及制品类	127301.0	127123.2	177.8
#化肥类	13426.1	13426.1	
金属材料类	113907.5	113203.2	704.3
建筑及装潢材料类	46.7		46.7
机电产品及设备类	260976.4	136101.5	124874.9
#农机类	2153.4	1088.6	1064.8
汽车类	163585.7	45570.8	118014.9
种子饲料类	1224.6	1224.6	
棉麻类	442.5	442.5	
其他类	465248.8	454374.1	10874.7

7—4 市区限额以上批零贸易业商品批发零售类值

（2004 年）

单位：万元

指　　标	销售额	批发额	零售额
类值合计	953163.2	692501.3	260661.9
食品、饮料、烟酒类	146121.9	119971.3	26150.6
#肉禽蛋类	5075.7	3142.9	1932.8
其他食品类	50002.7	37841.7	12161.0
饮料类	9136.4	5096.8	4039.6
烟酒类	81907.1	73889.9	8017.2
服装鞋帽、针、纺织品类	19493.8	6877.1	12616.7
#服装类	12012.7	2774.3	9238.4
鞋帽类	3883.1	1841.1	2042.0
针、纺织品类	3598.0	2261.7	1336.3
化妆品类	3409.0	1445.7	1963.3
金银珠宝类	2001.8		2001.8
日用品类	18633.5	11485.9	7147.6
#洗涤用品类	10163.1	5412.4	4750.7
儿童玩具类	1048.6	431.4	617.2
五金、电料类	25630.8	24143.7	1487.1
体育、娱乐用品类	825.6	509.5	316.1
书报杂志类	4606.8	812.1	3794.7
电子出版物及音像制品类	240.4		240.4
家用电器和音像器材类	57494.9	38087.1	19407.8
中西药品类	62436.8	32460.9	29975.9
#西药	39856.1	22602.0	17254.1
中草药及中成药	22455.5	9858.9	12596.6
文化办公用品类	688.3		688.3
家俱类	221.2		221.2
通讯器材类	3586.5	3134.7	451.8
煤炭及制品类	4810.4	4810.4	
石油及制品类	89344.9	39745.0	49599.9
化工材料及制品类	104282.5	104108.8	173.7
#化肥类	6852.5	6852.5	
金属材料类	110218.7	109686.6	532.1
机电产品及设备类	163168.4	64773.7	98394.7
#汽车类	123554.0	25813.8	97740.2
种子饲料类	1223.4	1223.4	
其他类	134723.6	129225.4	5498.2

7—5 限额以上零售业连锁总店(公司)经营情况

(2004 年)

指　　标		总计	百货商店	超级市场	专业店
连锁总店数	(个)	7	1	1	5
连锁门店数	(个)	280	9	25	246
＃直营店		110	8	25	77
加盟店		170	1		169
商品购进总额	(万元)	31476.2	4951.4	10970.9	15553.9
＃统一配送到各门店的商品金额		24960.0	3121.6	9885.8	11952.6
1.自有配送中心配送的金额		22699.0	2613.5	8132.9	11952.6
2.非自有配送中心配送的商品金额		2261.0	508.1	1752.9	
商品销售总额(或营业总收入)	(万元)	31771.6	6852.4	10798.9	14120.3
＃零售额		31771.6	6852.4	10798.9	14120.3
营业面积	(平方米)	41414	4089	15991	21334
从业人员	(人)	1683	146	471	1066
利润总额	(万元)	277.4	21.5	27.1	228.8
资产总计	(万元)	9597.7	2415.2	2423.5	4759.0
负债总计	(万元)	6771.1	1111.8	2263.9	3395.4
自有配送中心情况					
个数	(个)	8	1	1	6
面积	(平方米)	10871	2300	2000	6571
运输车辆	(辆)	14	2	4	8

7—6 历年外资利用情况

（1990—2004 年） 单位:万美元

年 份	金华市	市 区	兰溪市	义乌市	东阳市	永康市	武义县	浦江县	磐安县
1990	12	8		4					
1991	126	30	5	60	31				
1992	812	256	90	99	139	195	8	15	10
1993	1381	487	91	150	331	110	58	57	97
1994	3665	1095	754	877	441	279	19	64	136
1995	4386	1612	1409	638	271	217	92	83	64
1996	3163	970	1032	523	166	233	92	103	44
1997	3507	664	1419	424	571	184	63	163	20
1998	4520	1863	117	260	2079	12	103	81	5
1999	2026	979	124	368	146	305	22	62	20
2000	3000	1403	47	757	127	336	27	275	30
2001	3244	1383	53	1061	226	53	26	304	138
2002	10259	5082	612	2055	1304	544	44	612	6
2003	25750	10193	2023	7164	2135	2021	803	1040	371
2004	42983	13822	4048	12293	4278	4297	1518	2222	505

7—7 对外经济基本情况

（2004 年） 单位:万美元

指　标	金华市	市 区	兰溪市	义乌市	东阳市
一、进出口	367533	52761	15912	98784	67728
二、进口	32742	5124	1179	12160	4009
三、外贸出口	334791	47637	14733	86624	63719
#一般贸易	310517	43131	14132	84284	58713
加工贸易	24274	4506	601	2340	5006
四、协议外资	56352	20093	7338	12516	6038
五、实际利用外资	42983	13822	4048	12293	4278

7—7 续表 （2004 年） 单位:万美元

指　标	永康市	武义县	浦江县	磐安县
一、进出口	86131	19388	22535	4294
二、进口	7760	1262	1184	65
三、外贸出口	78371	18126	21351	4229
#一般贸易	68973	15942	21148	4194
加工贸易	9398	2184	203	35
四、协议外资	3648	1832	4133	754
五、实际利用外资	4297	1518	2222	505

7—8 全市商品分类出口和分地区出口情况

单位:万美元

指　　标	2004 年	2003 年
一、商品分类出口		
农副产品	8256	3390
机电产品	146045	97805
高新技术产品	7683	9779
纺织品	26852	17986
服装	70297	55578
鞋	2420	2537
箱包	5122	4349
玩具	1779	2011
二、分地区出口		
亚洲	109948	86850
非洲	19362	13891
欧洲	97596	71314
拉丁美洲	20095	12941
北美洲	80102	44040
大洋洲	7688	3248
三、分经济组织出口		
欧盟	69744	44930
东盟	19690	15541
东欧		16699
西亚		23743
四、分国别出口		
美国	74620	41406
日本	22688	17839
阿联酋	17103	13664
德国	13732	11247
俄罗斯	15184	11202
韩国	8981	8517
英国	11010	6369
香港	6852	5082

注:2004 年农副产品及高新技术产品的统计口径根据省外经贸厅的标准进行调整

主要统计指标解释

社会消费品零售额 指各种经济类型的批发零售贸易业、餐饮业和其他行业对城乡居民和社会集团的消费品零售额总和。这个指标反映通过各种商品流通渠道向居民和社会集团供应的生活消费品来满足他们生活需要，是研究人民生活，社会消费品购买力、货币流通等问题的重要指标。社会消费品零售额包括:(1)售给城乡居民作为生活用的商品和修建房屋用的建筑材料;(2)售给社会集团的各种办公用品和公用消费品;(3)售给机关、团体、学校、部队、企业、事业单位的职工食堂和旅店(招待所)附设专门供本店旅客食用，不对外营业的食堂的各种食品、燃料;企业、单位和国营农场直接售给本单位职工和职工食堂的自己生产的产品;(4)售给部队干部、战士生活用的粮食、副食品、衣着品、日用品、燃料;(5)售给来华的外国人、华侨、港澳台同胞的消费品;(6)居民自费购买的中、西药品、中药材及医疗用品;(7)报社、出版社直接售给居民和社会集团的报纸、图书、杂志、集邮公司出售的新、旧纪念邮票、特种邮票、首日封、集邮册、集邮工具等;(8)旧货寄售商店自购、自销部分的商品;(9)煤气公司、液化石油气站售给居民和社会集团的煤气灶具和罐装液化石油气;(10)农民售给非农业居民和社会集团的商品。不包括售给国民经济各部门企业、事业单位(包括国有经济的农场)生产经营用的各种原材料、燃料、设备、工具等和售给批发零售贸易业、餐饮业作为转卖用的商品、旧货寄售商店受托寄售卖出的商品、服务业的营业收入，邮局出售邮票的收入、自来水、电力、煤气生产(供应)单位的产品供应收入，也不包括农民之间的商品销售。

连锁企业(或称连锁店、连锁公司) 指在核心企业或总店的领导下，由分散的、经营同类商品或服务的企业或活动单位，采取共同方针，实行集中采购和分散销售的有机结合，通过规范化经营，实现规模效益的经济联合组织形式。一般连锁店应由若干个分店组成。其经营特征:(1)经营同类商品;(2)使用统一商号;(3)统一采购配送，采购与销售相分离(部分商品可根据物流合理和保质保鲜原则由供应商直接送货到门店，其余均由总部统一配送)。

连锁经营的本质是:采购与销售相分离，集中采购，分散销售，通过规范化经营，实现规模效益。

配送中心 是连锁企业的物流机构，承担着各门店所需商品的进货、库存、分货、加工、集配、运输、送货等任务。配送中心主要为本连锁企业服务，也可面向社会。如本企业没有配送中心而是利用本企业以外的物流中心配送，可不填自有配送中心数、配送中心面积和运输车辆，但应填统一配送比重。

进口 指直接从国外进口的商品和委托外贸部门代理进口的商品，不包括从国内有关单位(包括对外贸易部门和其他单位)购进的进口商品。外贸企业只统计自主经营进口的商品，不包括受托代理进口的商品。

利用外资 指我国各级政府、部门、企业和其他经济组织通过对外借款、吸收外商直接投资以及用其他方式筹措的境外现汇、设备、技术等。

能源消费

Consumption of Energy

Chapter 8

8—1 历年全社会用电量

（1978—2004 年）　　单位:万千瓦小时

年　份	金华市	市　区	兰溪市	义乌市	东阳市	永康市	武义县	浦江县	磐安县
1978	36644	11737	8893	5221	3510	1973	3628	1658	24
1979	45615	13470	13061	6051	3882	2524	4103	2418	106
1980	55039	14063	17863	6578	4529	3718	4782	3400	106
1981	62445	16180	20567	6499	5385	4295	5474	3823	222
1982	68797	16649	23097	7702	5970	4702	6155	4240	282
1983	74779	18684	24624	8055	6902	5125	6633	4393	363
1984	78067	19233	25389	8362	7492	5515	6970	4540	566
1985	87948	22407	28709	8672	8059	6178	8328	4847	748
1986	97636	24432	32498	9004	9518	6716	8951	5595	922
1987	112578	27373	34988	11629	12629	7798	10254	6660	1247
1988	140858	40075	38791	14858	15483	9866	12025	8064	1696
1989	143555	39968	40376	14497	15420	9894	13073	8331	1996
1990	145969	35033	44558	15688	16368	10758	13145	8282	2137
1991	168681	40047	53282	17888	18167	12797	14173	9723	2604
1992	208647	45230	73044	22019	21668	15892	15556	11301	3937
1993	233578	51473	76875	25492	26110	18767	17149	12811	4901
1994	263508	56676	82850	31121	30402	23232	18112	15935	5180
1995	297769	63314	90976	35891	37011	28034	19628	17325	5590
1996	324813	69510	95942	43220	41589	30376	20951	17797	5429
1997	351047	74343	102219	50757	45253	32713	21245	19129	5388
1998	385233	76352	107574	61251	50355	37719	19941	19599	5417
1999	420147	81378	112080	75104	54142	46830	19217	21379	5764
2000	505582	98000	119974	98603	66408	61476	22538	27550	6323
2001	582876	107853	126429	125973	75920	70939	27592	33705	7089
2002	707888	132227	141309	166544	89623	91393	34984	43979	7829
2003	936257	156388	238706	203225	105678	109969	43759	57911	10858
2004	1030190	172751	237207	240733	116360	117826	51985	68851	11867

8—2 历年工业用电量

（1978—2004 年）　　单位：万千瓦小时

年　份	金华市	市　区	兰溪市	义乌市	东阳市	永康市	武义县	浦江县	磐安县
1978	24644	8006	6418	3577	1593	906	3131	1013	
1979	31211	9019	10093	4081	1658	1230	3462	1648	20
1980	39946	9106	15465	4690	2210	2104	4059	2283	29
1981	43950	10735	16619	4565	2572	2427	4464	2538	30
1982	47600	10816	18417	5380	2787	2623	4923	2617	37
1983	50412	12368	19098	5096	3272	2626	5142	2768	42
1984	51914	11809	20867	5314	3280	2520	5207	2831	86
1985	55794	13690	22555	4520	3380	2608	5994	2915	132
1986	64966	16542	25509	5255	3870	2903	7148	3642	97
1987	71761	18245	27538	6492	4830	2584	7832	3978	262
1988	93003	28441	31085	8400	6531	3704	9071	5332	439
1989	108970	30537	34834	9302	10415	6237	10480	6098	1067
1990	103555	23906	37872	9239	10037	6025	10055	5411	1010
1991	121369	27486	46340	9853	11543	7650	10801	6414	1282
1992	155425	31500	65729	11906	14457	10155	11650	7844	2184
1993	173672	36008	69206	14315	17482	12709	12322	8683	2947
1994	191998	38301	73407	17177	20806	15400	13270	10615	3022
1995	219917	43421	81652	20502	26334	19551	14371	10832	3254
1996	236042	47168	86122	24290	28566	20639	14794	11531	2932
1997	254518	51460	91055	28299	31801	21897	15034	12069	2903
1998	279112	52352	95913	35070	35044	25646	13348	11932	2783
1999	305099	54139	101427	43421	39430	33941	12067	13401	3019
2000	367727	65435	107943	58151	49150	46838	14257	17953	3291
2001	421418	70514	114345	74431	56202	54187	18205	22181	3977
2002	520081	88740	127886	106656	66587	71836	25212	28754	4411
2003	713252	102997	223120	132934	79344	86351	32460	39984	6299
2004	791895	114691	222055	159049	89479	93800	40862	52316	7033

8—3 全社会用电量

（2004 年）

单位:万千瓦小时

指　　标	金华市	市　区	兰溪市	义乌市	东阳市
总　　计	1030190.21	172751.06	237207.48	240732.97	116360.46
农林牧渔水利业	8509.26	2081.99	1443.22	2661.13	738.95
△排灌	2547.86	500.07	825.47	702.15	274.25
农副业	2383.64	185.78	287.91	1177.07	176.19
△农业	5653.72	1295.65	1127.48	1879.12	377.12
林业	162.64	44.31	1.96	21.26	40.26
畜牧业	464.14	197.77	37.72	130.27	15.29
渔业	260.23	107.49	0.75	120.66	3.18
水利业	401.16	77.02	3.31	128.34	151.62
其他	1567.37	359.75	272.00	381.48	151.48
工业	791895.32	114691.41	222055.49	159048.53	89479.42
△乡村工业	116927.62		92346.49	10843.29	7806.26
△轻工业	298551.17	41041.95	30936.86	125092.52	28346.07
重工业	493344.15	73649.46	191118.63	33956.01	61133.35
地质普查和勘探业	264.87	256.36			
建筑业	13094.15	2219.84	338.65	6365.18	1680.95
交通运输、邮电通讯业	9084.94	4049.20	422.89	1791.95	801.12
#交通运输业	3705.14	1742.80	129.61	881.24	257.41
邮电通讯业	5379.80	2306.40	293.28	910.71	543.71
商业饮食、供销仓储业	34405.13	9051.79	509.32	14042.48	3098.46
其他事业	60381.20	16296.82	3570.70	26608.80	5193.22
#公用事业等	17857.21	2855.85	982.65	10085.83	1750.00
卫生体育福利业	4771.15	1112.89	179.94	1614.30	709.07
文教广播电视	8542.65	2965.89	1648.40	1835.89	851.49
机关社会团体	13473.47	4578.58	316.58	5707.71	910.56
城乡居民生活	112555.34	24103.65	8867.21	30214.90	15368.34
#乡村	57191.75	12110.43	4801.29	12736.65	7909.56
城市	55363.59	11993.22	4065.92	17478.25	7458.78

8—3续表

(2004年)

单位:万千瓦小时

指标	永康市	武义县	浦江县	磐安县
总计	117826.42	51984.89	68850.76	11866.53
农林牧渔水利业	559.38	599.31	350.95	74.33
△排灌		93.72	23.89	0.57
农副业	254.81	128.19	173.69	
△农业	466.92	277.56	178.50	51.37
林业	25.50	14.34	13.35	1.66
畜牧业	44.67	27.86	10.56	
渔业	1.25	15.04	11.49	0.37
水利业	17.82	1.27	15.17	6.61
其他	3.22	263.24	121.88	14.32
工业	93799.54	40862.33	52316.43	7032.54
△乡村工业			3812.31	2779.99
△轻工业	32284.73	17039.89	21644.29	2203.96
重工业	61514.81	23822.44	30672.14	4828.58
地质普查和勘探业		0.03		8.48
建筑业	958.17	416.90	775.81	338.65
交通运输、邮电通讯业	823.62	477.87	481.12	237.17
#交通运输业	324.78	100.35	224.36	44.59
邮电通讯业	498.84	377.52	256.76	192.58
商业饮食、供销仓储业	4570.37	1254.02	1661.52	217.17
其他事业	3764.13	1721.32	2444.48	781.72
#公用事业等	766.24	878.33	407.52	130.79
卫生体育福利业	690.21	171.40	202.85	90.49
文教广播电视	608.75	257.82	210.04	164.37
机关社会团体	1102.25	276.33	386.87	194.58
城乡居民生活	13351.21	6653.11	10820.45	3176.47
#乡村	6928.86	3935.98	6938.24	1830.74
城市	6422.35	2717.13	3882.21	1345.73

8—4　全市年耗标准煤千吨以上工业企业主要能源消费量

（2004 年）

指　　标	原煤（吨）	洗精煤（吨）	焦炭（吨）	热　力（百万千焦）	电　力（万千瓦时）
总　　计	3355623	5269	96822	1874164	415529
农副食品加工业	2813			37484	1299
食品制造业	98969			171932	7034
饮料制造业	3111			152770	979
纺织业	132589		507	216219	28756
纺织服装、鞋、帽制造业	66974				2704
皮革、毛皮、羽毛(绒)及其制品业	2327				306
木材加工及木、竹、藤、棕、草制品业	270				960
家具制造业			870		131
造纸及纸制品业	280139			409803	19821
印刷业和记录媒介的复制	4826				282
文教体育用品制造业					240
化学原料及化学制品制造业	267227		28229	718180	32634
医药制造业	120134			110636	9978
化学纤维制造业	4485				1447
橡胶制品业	13921				1578
塑料制品业	12610			7018	4829
非金属矿物制品业	1873576		24	10226	124131
黑色金属冶炼及压延加工业	24308				13288
有色金属冶炼及压延加工业	11442	214	55040		101199
金属制品业	13237		2663		4887
通用设备制造业	61470	5055	2165		31603
专用设备制造业	9145		3184		3983
交通运输设备制造业	8349		2110	39896	9426
电气机械及器材制造业	5503		1679		1122
通信设备、计算机及其他电子设备制造业	3823				1668
仪器仪表及文化、办公用机械制造业			350		91
工艺品及其他制造业	12340				4290
电力、热力的生产和供应业	318667				4595
水的生产和供应业					1308

8—4续表　　　　　　　　(2004年)

指　　标	汽油（吨）	煤油（吨）	柴油（吨）	燃料油（吨）	液化石油气（吨）
总　计	10304	801	56512	152377	1874
农副食品加工业	32		41		
食品制造业	21		172		150
饮料制造业	26		41		
纺织业	1966	1	6807	2583	
纺织服装、鞋、帽制造业	45		470		
皮革、毛皮、羽毛(绒)及其制品业					
木材加工及木、竹、藤、棕、草制品业			480		
家具制造业	41		294		
造纸及纸制品业	76		1220		
印刷业和记录媒介的复制	30		67		
文教体育用品制造业	16		66		
化学原料及化学制品制造业	5474	338	7973		502
医药制造业	328		631		
化学纤维制造业					
橡胶制品业	260		172		
塑料制品业	39		3812	585	
非金属矿物制品业	102		3172	1472	27
黑色金属冶炼及压延加工业	9		27		
有色金属冶炼及压延加工业	63	46	5729	7782	
金属制品业	111	1	5904	109	3
通用设备制造业	631	31	6903	5172	7
专用设备制造业	30	8	1249	465	
交通运输设备制造业	514	359	6558	7815	93
电气机械及器材制造业	73		1220		1092
通信设备、计算机及其他电子设备制造业	12		14		
仪器仪表及文化、办公用机械制造业	50	16	28		
工艺品及其他制造业	24		1486		
电力、热力的生产和供应业	329		1607	126394	
水的生产和供应业					

8—5　市区年耗标准煤千吨以上工业企业主要能源消费量

（2004 年）

指　　标	原煤（吨）	焦炭（吨）	热　力（百万千焦）	电　力（万千瓦时）
总　　计	968498	1434	539176	77163
农副食品加工业	671		37484	1266
食品制造业	14754		32539	1428
饮料制造业	1462		152770	863
纺织业	19832		117611	3733
纺织服装、鞋、帽制造业				232
皮革、毛皮、羽毛(绒)及其制品业				
木材加工及木、竹、藤、棕、草制品业				
家具制造业				
造纸及纸制品业	35325			4904
印刷业和记录媒介的复制				
文教体育用品制造业				
化学原料及化学制品制造业	42368	2	41142	5029
医药制造业	4821		100491	1876
化学纤维制造业	3989			1004
塑料制品业	3723		7018	1208
非金属矿物制品业	589674		10226	45343
有色金属冶炼及压延加工业	3521	56		307
金属制品业	3914	69		431
通用设备制造业	6557	802		1129
专用设备制造业				
交通运输设备制造业	5030	155	39896	4197
电气机械及器材制造业				
通信设备、计算机及其他电子设备制造业	1546			836
仪器仪表及文化、办公用机械制造业		350		91
工艺品及其他制造业				
电力、热力的生产和供应业	231312			3286
水的生产和供应业				

8—5 续表　　　　　　　　（2004 年）

指　　标	汽油（吨）	煤油（吨）	柴油（吨）	燃料油（吨）	液化石油气（吨）
总　　计	6376	63	6265	119315	96
农副食品加工业	9		3		
食品制造业	17		86		69
饮料制造业	26		41		
纺织业	338	1	545		
纺织服装、鞋、帽制造业					
皮革、毛皮、羽毛(绒)及其制品业					
木材加工及木、竹、藤、棕、草制品业					
家具制造业					
造纸及纸制品业	3		85		
印刷业和记录媒介的复制					
文教体育用品制造业					
化学原料及化学制品制造业	5331		11		
医药制造业	192		140		
化学纤维制造业					
塑料制品业	35		375		
非金属矿物制品业	46		1000	324	27
有色金属冶炼及压延加工业		23	394		
金属制品业					
通用设备制造业	93	8	455		
专用设备制造业					
交通运输设备制造业	21	16	1506	3768	
电气机械及器材制造业					
通信设备、计算机及其他电子设备制造业	12		14		
仪器仪表及文化、办公用机械制造业	50	16	28		
工艺品及其他制造业					
电力、热力的生产和供应业	204		1583	115223	
水的生产和供应业					

8—6 年耗标准煤千吨以上工业企业原煤消费量

（2004 年）　　　　单位：吨

指　　标	金华市	市　区	兰溪市	义乌市	东阳市
总　　计	3355623	968498	1398511	378556	326855
农副食品加工业	2813	671			1327
食品制造业	98969	14754		84215	
饮料制造业	3111	1462	1649		
纺织业	132589	19831	9530	65886	10655
纺织服装、鞋、帽制造业	66974			1500	12343
皮革、毛皮、羽毛(绒)及其制品业	2327			1200	1127
木材加工及木、竹、藤、棕、草制品业	270			270	
家具制造业					
造纸及纸制品业	280139	35325	4736	195190	3881
印刷业和记录媒介的复制	4826		3511		
文教体育用品制造业					
化学原料及化学制品制造业	267227	42369	55901	1988	122253
医药制造业	120134	4821	6279		105309
化学纤维制造业	4485	3989			
橡胶制品业	13921		7964	1050	
塑料制品业	12610	3723		6527	2360
非金属矿物制品业	1873576	589673	1214060		14332
黑色金属冶炼及压延加工业	24308			2050	
有色金属冶炼及压延加工业	11442	3520	594		
金属制品业	13237	3914		5180	207
通用设备制造业	61470	6557	471		50670
专用设备制造业	9145			1160	106
交通运输设备制造业	8349	5030	967		
电气机械及器材制造业	5503		5494		9
通信设备、计算机及其他电子设备制造业	3823	1546			2277
仪器仪表及文化、办公用机械制造业					
工艺品及其他制造业	12340			12340	
电力、热力的生产和供应业	318667	231312	87355		

8—6 续表　　(2004 年)　　单位:吨

指　　标	永康市	武义县	浦江县	磐安县
总　计	52206	74582	152526	3889
农副食品加工业	815			
食品制造业				
饮料制造业				
纺织业		5788	20899	
纺织服装、鞋、帽制造业			53131	
皮革、毛皮、羽毛(绒)及其制品业				
木材加工及木、竹、藤、棕、草制品业				
家具制造业				
造纸及纸制品业	2114	13562	25331	
印刷业和记录媒介的复制	1315			
文教体育用品制造业				
化学原料及化学制品制造业	18507	20530	5267	412
医药制造业		417	3308	
化学纤维制造业		496		
橡胶制品业	1430			3477
塑料制品业				
非金属矿物制品业	18	26027	29466	
黑色金属冶炼及压延加工业	8267	224	13767	
有色金属冶炼及压延加工业	6051	1277		
金属制品业	2584	570	782	
通用设备制造业	3772			
专用设备制造业	5557	2322		
交通运输设备制造业	1777		575	
电气机械及器材制造业				
通信设备、计算机及其他电子设备制造业				
仪器仪表及文化、办公用机械制造业				
工艺品及其他制造业				
电力、热力的生产和供应业				

8—7 年耗标准煤千吨以上工业企业电力消费量

(2004 年)　　　　单位:万千瓦时

指　　标	金华市	市　区	兰溪市	义乌市	东阳市
总　　计	415529	77163	183075	34640	48719
农副食品加工业	1299	1266			
食品制造业	7034	1428	863	4743	
饮料制造业	979	863	116		
纺织业	28756	3733	3924	13557	1954
纺织服装、鞋、帽制造业	2704	232		216	1256
皮革、毛皮、羽毛(绒)及其制品业	306			120	186
木材加工及木、竹、藤、棕、草制品业	960			960	
家具制造业	131				
造纸及纸制品业	19821	4904	735	4305	313
印刷业和记录媒介的复制	282		228		
文教体育用品制造业	240			240	
化学原料及化学制品制造业	32634	5029	10478	549	9472
医药制造业	9978	1876	709		7131
化学纤维制造业	1447	1004			
橡胶制品业	1578		800	160	
塑料制品业	4829	1208		3155	466
非金属矿物制品业	124131	45343	70596		908
黑色金属冶炼及压延加工业	13288			150	
有色金属冶炼及压延加工业	101199	307	92467		
金属制品业	4887	431		86	1425
通用设备制造业	31603	1129	162		23759
专用设备制造业	3983			544	16
交通运输设备制造业	9426	4197	482	400	
电气机械及器材制造业	1122		807		268
通信设备、计算机及其他电子设备制造业	1668	836			832
仪器仪表及文化、办公用机械制造业	91	91			
工艺品及其他制造业	4290			4290	
电力、热力的生产和供应业	4595	3286	709	600	
水的生产和供应业	1308			565	412

8—7续表　　　　　　　　　　(2004年)　　　　　　　　　　单位:万千瓦时

指　　标	永康市	武义县	浦江县	磐安县
总　　计	31573	12578	27281	501
农副食品加工业	33			
食品制造业				
饮料制造业				
纺织业		2578	3011	
纺织服装、鞋、帽制造业			1000	
皮革、毛皮、羽毛(绒)及其制品业				
木材加工及木、竹、藤、棕、草制品业				
家具制造业		131		
造纸及纸制品业	88	2330	7146	
印刷业和记录媒介的复制	54			
文教体育用品制造业				
化学原料及化学制品制造业	5011	1719	349	28
医药制造业		33	230	
化学纤维制造业		84	359	
橡胶制品业	145			473
塑料制品业				
非金属矿物制品业	3161	1542	2581	
黑色金属冶炼及压延加工业	4258	858	8022	
有色金属冶炼及压延加工业	7494	931		
金属制品业	2255	206	484	
通用设备制造业	2365	451	3737	
专用设备制造业	2345	1078		
交通运输设备制造业	3986		362	
电气机械及器材制造业	48			
通信设备、计算机及其他电子设备制造业				
仪器仪表及文化、办公用机械制造业				
工艺品及其他制造业				
电力、热力的生产和供应业				
水的生产和供应业	331			

主要统计指标解释

煤炭 是原煤及煤炭加工品的统称。不包括焦炭、煤制品、下脚煤和石煤。原煤指煤矿生产出来未经洗选、筛选加工而只经人工拣矸的产品。煤炭加工品指经过洗选加工后的产品，如洗精煤、洗中煤、洗混煤等等。

煤按其成因可分为腐植煤、腐泥煤和腐植腐泥煤三大类；按其加工方法和质量规格可分为精煤、粒级煤、洗选煤、原煤、低质煤五大类；按其煤质构成可分为烟煤、无烟煤、焦煤、成型煤和动力配煤；按其用途可分为动力用煤、冶金用煤和化工用煤三大类。

原煤 是指煤矿生产出来的未经洗选、筛选加工而只经人工拣矸的产品。包括天然焦及劣质煤，不包括低热值煤(如石煤、泥炭、油页岩等)；原煤按其成因可分为腐植煤、腐泥煤和腐植腐泥煤三大类；按其碳化程度可分为泥煤、褐煤、烟煤、无烟煤。选前原煤一般称为毛煤。用人工或其它方法从毛煤中拣除大于50毫米的矸石后，即为选后原煤。统计所指的原煤是指选后原煤。

汽油 是指从原油分馏和裂化过程取得的挥发性高、燃点低的轻质油。汽油无色或呈淡黄色。按用途分，可分为车用汽油、航空汽油、溶剂汽油和工业汽油。统计时，不包括溶剂汽油。

煤油 煤油俗称火油。是一种精制的燃料，挥发度在车用汽油和轻柴油之间，不含诸如粗柴油、润滑油之类重碳氢化合物。煤油具有易燃性、吸油性、纯洁性和安全性。按用途可分为灯用煤油、拖拉机用油、航空煤油和重质煤油。煤油除了作为燃料外，还可用作洗涤机器以及医药工业和油漆工业用的溶剂。

柴油 是指炼油厂炼制石油时，从蒸馏塔底部流出来的液体。根据凝点和用途不同，可分为轻柴油、中柴油和重柴油。使用中，将中柴油和重柴油划成一类，统称重柴油。轻柴油呈茶黄色，表面发蓝，有柴油味。主要用作柴油机车、拖拉机和各种高速柴油机的燃料。重柴油呈棕褐色，有臭味。主要用作船舶、发电等各种柴油机的燃料。

燃料油 燃料油也称重油，是在炼油厂炼油时，提取汽油、煤油以及较重的蒸馏物(诸如粗柴油或柴油)之后，从蒸馏塔底部流出的渣油，加入一部分轻油配制而成。主要用于锅炉燃料。通常在轮船或大型重工业设备上作为熔炼炉或蒸沸器的燃料使用。

液化石油气 液化石油气亦称液化气或压缩汽油，是炼油精制过程中产生并回收的气体在常温下经加压而成的液态产品。主要成分是丙烷、丁烷、丙烯、丁烯。主要用途是作石油化工原料，脱硫后可直接做燃料。

热力 热力是指可提供热源的热水和过热或饱和蒸汽。包括工业锅炉、公用热电站和企业自备电站生产的外供蒸汽及使用单位的外购蒸汽；不包括企业自产自用的蒸汽和蒸发量2吨/时以下的采暖锅炉提供的热水和蒸汽。

电力 电力是指发电机组进行能量转换产出的电能量，包括火力发电、水力发电、核能发电和其它动力能发电量(如地热能发电、太阳能发电、风力发电、潮汐能发电、生物质能发电以及余热能发电等)。

财政和金融

Public Finance and Banking

Chapter 9

9—1 全市历年财政收支

（1978—2004 年）

单位:万元

年　份	财政总收入	中央	地方	财政总支出	基建支出	支农支出	文教科卫事业费
1978	16817			7956			
1979	17333			8982			
1980	18947			10094			
1981	20855			9898			
1982	22120			10646			
1983	25052			12975			
1984	28035			16502			
1985	37231			19907	232	1202	8363
1986	43525			25891	88	1889	10598
1987	49314			27263		2488	10699
1988	59551			33361		2783	13586
1989	64503			44423		3788	16612
1990	66041			40014		4483	17437
1991	71272			51068		4365	18673
1992	74536			60493		5090	22746
1993	97876			72245		4951	28123
1994	118102	64438	53664	89830		5677	40092
1995	140079	74198	65881	103094	619	4780	42579
1996	164367	85860	78507	122154	1118	6877	50144
1997	186086	98124	87962	139986	1421	7670	59212
1998	223207	115345	107862	161204	1282	9629	66683
1999	272561	135098	137463	192405	4224	9572	76803
2000	371803	191325	180478	244333	8954	10877	88412
2001	512162	12591	278464	335142	15596	13043	117007
2002	664675	344147	320528	429698	12179	17457	151634
2003	888052	456749	431303	541356	8995	30703	192057
2004	1063478	551184	512294	682245	18308	44813	231196

9—2 历年一般预算总收入

（1978-2004 年）　　单位:万元

年 份	金华市	市 区	兰溪市	义乌市	东阳市	永康市	武义县	浦江县	磐安县
1978	16817	6365	3054	1779	1792	1249	1301	1001	276
1979	17333	6563	3368	1770	1973	1336	1095	939	289
1980	18947	7274	3679	1859	2162	1423	1268	978	304
1981	20855	8110	3873	1991	2391	1614	1450	1087	339
1982	22120	8117	4251	2398	2740	1822	1255	1175	362
1983	25052	8639	5067	2847	3094	2087	1629	1359	330
1984	28035	9522	5485	3130	3649	2422	1872	1659	296
1985	37231	12105	7264	4606	4911	3639	2322	2064	320
1986	43525	13365	9031	5299	5651	4308	2901	2544	426
1987	49314	14453	10317	6134	6476	5005	3336	2987	606
1988	59551	17053	11890	7993	7960	6248	3924	3633	850
1989	64503	18177	13022	8524	8960	7052	4125	3830	813
1990	66041	17966	13846	8963	9380	6900	4167	3855	964
1991	71272	18564	14402	10743	10128	7656	4553	4113	1113
1992	74536	19394	13439	11702	11088	8850	4405	4422	1236
1993	97876	24892	16319	17887	14569	11191	5613	5678	1727
1994	118102	29059	19353	21194	18315	14612	6429	6951	2558
1995	140079	32973	21294	25098	21752	18935	8301	8274	3452
1996	164367	38638	24251	30961	25073	22069	9537	9237	4601
1997	186086	44504	24596	36890	27601	25581	11164	10149	5601
1998	223207	54052	27296	47018	32838	30423	13251	12126	6203
1999	272561	67984	29357	63400	34046	40213	14474	14445	8642
2000	371803	91205	32862	88750	54138	58141	16326	19301	11080
2001	512162	118116	50889	124100	68072	80362	25636	30888	14099
2002	664675	156688	61965	166201	88028	101580	33075	39605	17533
2003	888052	222198	74911	230729	107748	131616	46286	50740	23824
2004	1063478	266638	87625	295413	116023	152451	57472	60620	27236

9—3 历年一般预算支出

（1978-2004 年）　　单位:万元

年　份	金华市	市　区	兰溪市	义乌市	东阳市	永康市	武义县	浦江县	磐安县
1978	7956	2420	1358	969	874	769	617	627	322
1979	8982	2715	1567	1026	1089	848	699	613	425
1980	10094	2835	1655	1295	1199	1062	931	671	446
1981	9898	3003	1423	1094	1180	955	968	829	446
1982	10646	3174	1397	1219	1214	1085	1171	909	477
1983	12975	3705	1692	1664	1484	1372	1356	1042	658
1984	16502	4636	2198	1918	2119	1622	1529	1254	1226
1985	19907	5302	2671	2596	2511	2216	1897	1491	1223
1986	25891	7238	3731	3121	3116	2536	2457	2105	1587
1987	27263	7649	4186	3064	3153	2622	2730	2060	1799
1988	33361	9171	4810	4199	3888	3537	3063	2638	2055
1989	44423	11956	7038	5398	5530	5044	3626	3166	2665
1990	46614	12563	6955	5880	5760	4797	4299	3488	2872
1991	51068	14058	6898	7097	6520	5208	4472	3728	3087
1992	60493	16408	8442	8316	7787	6314	5356	4382	3488
1993	72245	18209	9507	11463	9746	7902	6426	5061	3931
1994	89830	22335	12611	13957	11572	10679	7200	6463	5013
1995	103094	25411	13885	15908	13397	12147	8699	7395	6252
1996	122154	32721	15156	19215	15147	14149	10280	8245	7241
1997	139986	36422	16851	22418	17474	16323	11572	9684	9242
1998	161204	43194	17580	27488	21124	18938	12336	10928	9616
1999	192405	50730	19874	35120	23900	23585	13788	12697	12711
2000	244333	66425	23450	49058	27800	30688	16806	15407	14699
2001	335142	86191	35823	65524	37670	41489	25207	23766	19472
2002	429698	116710	40277	85431	49322	54134	31869	27576	24379
2003	541356	153523	45512	113724	63649	65364	37856	33327	28401
2004	682245	182614	59924	167846	75432	75392	45144	40629	35264

9—4 财政收支

（2004 年）

单位:万元

指　　标	金华市	市　区	兰溪市	义乌市	东阳市
一般预算总收入	1063478	266638	87625	295413	116023
一般预算总收入(扣除出口退税)	815327	216058	75742	231581	73773
1.上划中央收入	508736	110615	45775	135562	59829
2.省级收入	42448	17286	2508	8836	4269
3.地方财政收入	512294	138737	39342	151015	51925
#工商税收	390864	117013	33764	108363	33832
#增值税	47067	11851	8387	9930	1368
营业税	176784	63344	10602	49790	14535
城建税	35231	8945	5106	8139	3256
企业所得税	69415	16703	5246	22647	7784
#国有工业	759	480		63	8
其他国有	6527	1536	675	1529	482
集体企业	6449	376	352	3588	1030
股份制企业	29234	8796	3590	9734	3547
私营企业	21832	3228	580	6856	2061
其他	465	61		390	2
个人所得税	35895	9633	1901	10858	3954
其他工商各税	26472	6537	2522	6999	2935
农业四税	76007	12047	5218	29553	10841
国有企业亏损补贴	10333	2523	3132	1200	1910
#粮食	3267	1323	228	500	350
专项收入	12188	4819	673	2572	922
其他收入	1173	266	38	325	111
基金收入	221345	52991	21803	77283	23337
一般预算支出	682245	182614	59924	167846	75432
基金支出	233031	57943	23543	69829	28070

9—4 续表　　　　　　　　　　　　(2004 年)　　　　　　　　　　　　单位:万元

指　　标	永康市	武义县	浦江县	磐安县
一般预算总收入	152451	57472	60620	27236
一般预算总收入(扣除出口退税)	104234	44108	45713	24118
1.上划中央收入	86492	26378	30991	13094
2.省级收入	3966	2662	2074	847
3.地方财政收入	61993	28432	27555	13295
#工商税收	48461	17339	21252	10840
#增值税	6280	3134	3322	2795
营业税	17285	6853	9244	5131
城建税	5639	1530	1668	948
企业所得税	9923	2949	3321	842
#国有工业	196	8	4	
其他国有	1108	464	470	263
集体企业	545	91	437	30
股份制企业	2775	433	294	65
私营企业	4762	1891	1996	458
其他	2		10	
个人所得税	5443	1217	2117	772
其他工商各税	3891	1656	1580	352
农业四税	8000	5007	4851	490
国有企业亏损补贴	568		1000	
#粮食	551		315	
专项收入	1248	1065	651	238
其他收入	261	58	50	64
基金收入	26933	7538	8823	2637
一般预算支出	75392	45144	40629	35264
基金支出	32232	7577	10018	3819

9—5 财政支出

（2004 年）　　　　单位:万元

指标	金华市	市区	兰溪市	义乌市	东阳市
一、一般预算支出合计	682245	182614	59924	167846	75432
基本建设支出	18308	4318	479	11263	550
企业挖潜改造资金	26716	10812	4664	111	3530
科技三项资金	18470	3620	2001	6456	1318
农业支出	44813	8111	2303	16223	4383
林业支出	5027	1081	401	639	622
水利和气象支出	10807	3156	1631	1533	901
工业交通等事业费	16208	2635	905	8415	877
流通部门事业费	2495	2261		131	103
文体广播事业费	20362	5931	1932	4094	2084
教育事业费	172915	39277	17060	37029	23321
科学事业费	3927	2084	264	515	233
卫生经费	33992	8750	2892	8595	3309
其他部门事业费	48009	12722	3531	14044	2677
抚恤社救事业费	19853	5806	2578	2923	2270
社会保障补助支出	15686	5861	1637	4206	723
行政管理费	83737	24083	7114	14464	11333
武装警察部队支出	2471	717	12	1155	
公检法司支出	72032	26819	3747	15032	7498
城市维护费	22838	5871	520	7189	5191
政策性补贴支出	1676		120		1010
支援不发达地区支出	1002	265	132	325	73
专项支出	10166	3901	578	1779	1075
其他支出	27771	4208	5114	10461	1952
二、基金支出	233031	57943	23543	69829	28070
工业交通部门基金支出	11190	2615	1601	462	1836
商贸部门基金支出	3072	2328	9	36	457
文教部门基金支出	21675	510	1573	10588	1644
社会保障基金支出	147337	49119	17211	26950	19168
农业部门基金支出	37221	1964	651	29684	1355
土地有偿使用支出	7428	20		1370	3608
其他部门基金支出	1157	404	53	216	2
地方财政税费附加支出	3763	983	2445	335	

9—5 续表　　　　(2004 年)　　　　单位:万元

指　　标	永康市	武义县	浦江县	磐安县
一、一般预算支出合计	75392	45144	40629	35264
基本建设支出	490	335	313	560
企业挖潜改造资金	1872	5162	57	508
科技三项资金	2774	624	1109	568
农业支出	6239	2695	2856	2003
林业支出	553	456	513	762
水利和气象支出	979	551	1380	676
工业交通等事业费	1744	379	756	497
流通部门事业费				
文体广播事业费	1857	1445	1694	1325
教育事业费	22832	11016	14698	7682
科学事业费	299	120	175	237
卫生经费	5499	1940	1866	1141
其他部门事业费	5247	4021	2931	2836
抚恤社救事业费	1631	2020	1373	1252
社会保障补助支出	1140	1132	600	388
行政管理费	9690	5694	5932	5427
武装警察部队支出	240	159		188
公检法司支出	7674	4494	4060	2708
城市维护费	2077	817	576	597
政策性补贴支出	179	173		194
支援不发达地区支出	180	27		
专项支出	1346	1161	186	140
其他支出	432	637	-553	5520
二、基金支出	32232	7577	10018	3819
工业交通部门基金支出	1447	1373	933	923
商贸部门基金支出	188	17	18	19
文教部门基金支出	7322	5		33
社会保障基金支出	18410	5610	8282	2587
农业部门基金支出	2049	484	785	249
土地有偿使用支出	2430			
其他部门基金支出	386	88		8
地方财政税费附加支出				

9—6 国税收入

(2004 年)

单位:万元

指　　标	金华市	市　区	兰溪市	义乌市	东阳市
国税组织收入总计	50372	50004	28937	-20843	-25843
一、税收收入合计	535452	124067	50200	131773	61875
△(一)中央级	397693	93166	37259	97618	45460
(二)省级	11512	3750	714	2920	1473
(三)市(县)级	126247	27151	12227	31235	14942
△(一)增消两税合计	471711	100546	46732	112138	55246
1.增值税	467751	98294	46213	111517	55109
＃国内增值税	458975	92269	46213	108766	55109
进口产品增值税	8776	6025		2751	
2.消费税	3960	2252	519	621	137
(二)其他各税小计	63741	23521	3468	19635	6629
1.中央营业税(3%)	1	2	-1		
2.企业所得税	39187	15573	2483	13579	2324
3.港澳台和外商投资企业所得税	8836	4793	19	941	1583
4.个人所得税	15717	3153	967	5115	2722
△第二产业	388487	79413	42309	68695	51001
第三产业	146965	44654	7891	63078	10874
二、减:出口产品退税	485755	74213	21310	152844	87786
三、其他收入	675	150	47	228	68

9—6续表　　　　　　　　　　　　（2004年）　　　　　　　　　　　单位:万元

指　　标	永康市	武义县	浦江县	磐安县
国税组织收入总计	-9026	11064	4693	11386
一、税收收入合计	89019	29409	33924	15185
△(一)中央级	66063	21824	24998	11305
(二)省级	1202	636	567	250
(三)市(县)级	21754	6949	8359	3630
△(一)增消两税合计	83744	27818	30894	14593
1.增值税	83389	27796	30858	14575
#国内增值税	83389	27796	30858	14575
进口产品增值税				
2.消费税	355	22	36	18
(二)其他各税小计	5275	1591	3030	592
1.中央营业税(3%)				
2.企业所得税	1926	903	2128	271
3.港澳台和外商投资企业所得税	1149	102	187	62
4.个人所得税	2200	586	715	259
△第二产业	79318	26286	28252	13213
三产业	9701	3123	5672	1972
二、减:出口产品退税	98144	18376	29266	3816
三、其他收入	99	31	35	17

9—7 地税收入

（2004 年）

单位：万元

指　　标	金华市	市　区	兰溪市	义乌市	东阳市
总　　计	**658204**	**193571**	**54633**	**171250**	**72037**
△中央级收入	133420	29801	9518	42882	15335
省级收入	15584	6580	846	3316	1523
市地县级收入	509200	157190	44269	125052	55179
△一、税收合计	472239	133138	34632	138943	47553
（一）营业税	188171	67989	11141	52337	15804
1.金融保险营业税	16907	6261	827	4296	2105
2.其他营业税	171264	61728	10314	48041	13699
（二）企业所得税	132629	25586	11111	44323	15675
1.国有企业	18509	5066	1852	3949	1293
2.集体企业	7811	541	293	2536	2267
3.股份合作企业	1421	65	490	608	143
4.联营企业	247	103	35	59	2
5.有限责任公司	50327	9513	5919	20655	5972
6.股份有限公司	13375	2164	2020	6008	2666
7.私营企业	40759	7995	502	10475	3327
8.其他企业	180	139		33	5
（三）个人所得税	89736	24082	4752	27146	9884
（四）资源税	602	60	381	13	2
（五）城市维护建设税	35231	8945	5106	8138	3256
（六）房产税	13859	3066	856	4775	1045
（七）印花税	5557	1781	376	1060	856
（八）城镇土地使用税	2922	1002	611	284	322
（九）土地增值税	906	30	95	100	338
（十）车船使用和牌照税	2623	594	203	767	371
（十一）屠宰税	3	3			
二、其他收入	185965	60433	20001	32307	24484
（一）教育费附加	11323	5794	434	1810	668
（二）文化事业建设费收入	778	313	13	263	33
（三）税务部门其他罚没收入	392	211		124	29
（四）养老保险基金	115468	30410	12696	23879	18271
（五）医疗保险基金	32305	19903	4642	2504	935
（六）水利建设专项资金	11355	2576	544	2264	1068
（七）农村教育费附加	10732	241	1561		3327
（八）残疾人就业保障金	2396	985	110	606	

9—7 续表　　　　　　　　　　　　　　(2004 年)　　　　　　　　　　　　　　单位:万元

指　　标	永康市	武义县	浦江县	磐安县
总　　计	90573	29089	33855	13196
△中央级收入	21204	5690	6768	2222
省级收入	1777	769	608	165
市地县级收入	67592	22630	26479	10809
△一、税收合计	63640	19895	24233	10205
(一)营业税	18769	7226	9704	5201
1. 金融保险营业税	2133	511	578	196
2. 其他营业税	16636	6715	9126	5005
(二)企业所得税	21733	6440	5987	1774
1. 国有企业	3238	1255	1196	660
2. 集体企业	971	157	1012	34
3. 股份合作企业	41	17	56	1
4. 联营企业	11	10	27	
5. 有限责任公司	6703	906	621	38
6. 股份有限公司	344	94	50	29
7. 私营企业	10422	4001	3025	1012
8. 其他企业	3			
(三)个人所得税	13606	3044	5293	1929
(四)资源税		110	32	4
(五)城市维护建设税	5639	1530	1669	948
(六)房产税	2137	916	859	205
(七)印花税	1002	238	176	68
(八)城镇土地使用税	418	162	94	29
(九)土地增值税	167	5	169	2
(十)车船使用和牌照税	169	224	250	45
(十一)屠宰税				
二、其他收入	26933	9194	9622	2991
(一)教育费附加	585	1228	513	291
(二)文化事业建设费收入	127	12	4	13
(三)税务部门其他罚没收入	20	7		1
(四)养老保险基金	16210	6340	5077	2585
(五)医疗保险基金	1064	1	3256	
(六)水利建设专项资金	2996	1063	772	72
(七)农村教育费附加	5351	252		
(八)残疾人就业保障金	420	275		

9—8 历年城乡居民储蓄存款年末余额

（1978-2004 年）

单位：万元

年 份	金华市	市 区	兰溪市	义乌市	东阳市	永康市	武义县	浦江县	磐安县
1978	5492	1615	655	726	996	699	379	394	28
1979	9478	2582	1085	1234	1667	1355	651	699	205
1980	15670	3985	1752	2154	2846	2443	1090	1074	326
1981	19970	4907	2215	2783	3841	3128	1382	1291	423
1982	27788	6964	3210	3966	5242	4319	1738	1766	583
1983	35404	8701	4001	4833	7143	5719	2270	2025	712
1984	46879	11229	5353	6273	9621	7657	3206	2474	1066
1985	62167	15077	7211	8318	12395	9997	4268	3379	1522
1986	95615	22119	10709	14287	19439	15388	6121	5188	2364
1987	125032	29083	13313	19678	25737	19940	7619	6908	2754
1988	133438	31798	13797	22480	26131	19775	8520	7718	3219
1989	198437	48096	20001	34992	39443	30199	11092	10537	4077
1990	291857	69008	27803	56698	58139	43344	15641	15721	5503
1991	392478	89003	37697	81800	79072	55494	21129	20653	7630
1992	490056	101498	44924	109257	101936	68361	26953	26532	10595
1993	618857	122549	50792	140691	133662	89065	33611	33736	14751
1994	893147	186086	69658	210178	181689	130192	48299	46749	20294
1995	1186036	257691	89372	291127	229419	169872	60918	59432	28205
1996	1585101	328744	119864	434763	289261	225180	75654	79610	32025
1997	1904787	417520	147631	513041	354946	255423	88263	91482	36474
1998	2339969	513004	178063	626132	445455	318340	101377	109990	42520
1999	2649740	575558	193240	729067	490414	380101	111069	123198	47096
2000	3019174	619431	211389	830259	549111	464063	128017	161477	55429
2001	3584998	718331	246646	1023230	620251	575274	146306	188998	65963
2002	4400561	893289	288632	1291251	776644	677279	173568	220663	79236
2003	5431994	1120148	340409	1683414	922804	792649	213198	267166	92206
2004	6236602	1202063	386546	2090185	994626	894705	246893	308162	113422

9—9 金融机构信贷收支情况(资金来源)

(2004 年)　　单位:万元

指　　标	金华市	市　区	兰溪市	义乌市	东阳市
一、各项存款	13116318	3364523	652127	4724405	1597466
1.企业存款	4183068	1044449	186681	1791225	356265
(1)活期存款	2736825	760017	148614	1024239	226612
工业存款	312210	53008	14622	179702	15171
商业存款	341346	104525	8466	109492	30527
建筑企业存款	119214	40633	15518	24860	16747
城镇集体企业存款	25			25	
乡镇企业存款	41768	7866	558	8958	13401
三资企业存款	9747	4037	148	1631	909
私营企业及个体户存款	279107	22829	6808	231857	4326
其他企业存款	1633006	526779	102494	467670	145530
单位信用卡备付金存款	402	340		44	1
(2)定期存款	1446243	284432	38067	766986	129653
企事业单位定期存款	1395052	284419	38060	715819	129653
单位信用卡保证金存款	17	3	7	3	
其他定期存款	51174	10		51164	
2.财政存款	164519	54653	2450	42346	10985
3.机关团体存款	354701	96873	16608	32841	110327
4.城乡储蓄存款	6236602	1202063	386546	2090185	994626
(1)活期储蓄	2807018	490542	165270	1079244	361016
(2)定期储蓄	3429584	711522	221276	1010941	633610
5.农业存款	822709	82707	41233	484953	60019
6.信托存款	701598	701598			
7.委托存款	4016	-210	83	-201	-1241
8.其他存款	649107	182389	18527	283055	66484
二、金融债券	-19968	-2360	-82	-10470	-2164
三、应付及暂收款	212577	59586	9733	72374	28457
#应付及预收利息	93941	14964	4632	34909	16944
四、同业往来	57621	32116	1754	3672	13690
五、各项准备	48806	17170	1911	15436	4859
#贷款损失准备	47694	16558	1827	15107	4817
六、所有者权益	419253	127499	18196	152698	48378
#实收资本	170383	116415	4161	32589	7959
当年结益	210989	22194	11144	94369	29355
七、其他	-2371550	716472	-133816	-1814662	-459280
资金来源总计	**11463058**	**4315006**	**549822**	**3143453**	**1231405**

9—9 续表　　　　　　　　　　（2004 年）　　　　　　　　　　单位：万元

指　　标	永康市	武义县	浦江县	磐安县
一、各项存款	1589417	478796	509869	199716
1. 企业存款	453972	157252	147642	45582
(1)活期存款	324862	112373	111528	28580
工业存款	24143	13784	10522	1258
商业存款	46624	19474	21437	801
建筑企业存款	7092	8611	5727	26
城镇集体企业存款				
乡镇企业存款	6945	286	3726	28
三资企业存款	1604	304	998	116
私营企业及个体户存款	9859	77	3291	60
其他企业存款	228595	69836	65811	26291
单位信用卡备付金存款		1	16	
(2)定期存款	129110	44879	36114	17002
企事业单位定期存款	129110	44879	36110	17002
单位信用卡保证金存款			4	
其他定期存款				
2. 财政存款	27909	13287	8240	4649
3. 机关团体存款	58956	13802	10070	15223
4. 城乡储蓄存款	894705	246893	308162	113422
(1)活期储蓄	391230	116332	148324	55060
(2)定期储蓄	503475	130561	159838	58361
5. 农业存款	89424	26450	17784	20139
6. 信托存款				
7. 委托存款	510	5018	98	-42
8. 其他存款	63942	16094	17872	744
二、金融债券	-92	-1852	-1698	-1250
三、应付及暂收款	22690	7106	7964	4622
#应付及预收利息	15218	2775	2867	1631
四、同业往来	4247	15	400	1727
五、各项准备	5300	1365	1926	839
#贷款损失准备	5298	1333	1924	830
六、所有者权益	47714	11157	10268	3836
#实收资本	4899	2126	948	1287
当年结益	35207	8992	9590	629
七、其他	-311636	-134989	-135998	-98098
资金来源总计	1357641	361597	392730	111392

9—10 金融机构信贷收支情况(资金运用)

(2004年)　　单位:万元

指　　标	金华市	市区	兰溪市	义乌市	东阳市
一、各项贷款	10565491	3734863	530015	2988027	1184788
1.短期贷款	6328387	1198088	365689	2325873	949511
(1)工业贷款	1499657	239186	75770	642178	132128
工业企业贷款	1317053	238759	75449	460322	132128
集体工业企业贷款	164922	99	321	164502	
(2)商业贷款	480125	230463	15544	103106	76690
商业企业贷款	171340	75826	3867	71251	10218
进出口企业贷款	143464	72494		4804	55612
外贸企业贷款	74369	46232		12149	1880
供销合作社贷款	4546	2526	410		1610
农副产品贷款	86206	33185	11267	14902	7370
(3)建筑业贷款	146547	45176	1785	20670	74932
(4)农业贷款	586027	87610	68117	84907	172557
(5)乡镇企业贷款	1252608	129204	65540	489442	194705
(6)三资企业贷款	72205	14095	530	23325	22776
(7)私营企业及个体贷款	923476	138087	22241	360493	159347
(8)其他短期贷款	1367743	314267	116162	601752	116376
#个人短期消费贷款	221989	59208	2828	106343	28722
2.中期流动资金贷款	227500	157661	26417	20080	2600
3.中长期贷款	3168615	1590099	134705	635833	220110
(1)基本建设贷款	1506021	863473	53540	178190	135020
(2)技术改造贷款	84400	35305	20300	5855	2800
(3)其他中长期贷款	1578194	691321	60865	451788	82290
#个人中长期消费贷款	1267398	549511	52970	326701	68860
4.信托贷款	695112	695112			
5.融资租赁	27037	27037			
6.委托贷款					
7.票据融资	115942	64321	4175	6103	12505
#贴现	115942	64321	4175	6103	12505
8.各项垫款	2889	2555		138	162
二、有价证券及投资	426751	399901	1636	15971	2133
三、应收及预付款	71496	33660	488	18588	6226
#应收利息	15947	1706	97	9032	1241
四、同业往来	18000	18000			
五、委托投资	175		145	30	
六、外汇占款	-284	-341	9	21	-6
七、固定资产	227635	104980	9705	57969	15296
八、库存现金	153793	23944	7824	62848	22969
资金运用总计	**11463058**	**4315006**	**549822**	**3143453**	**1231405**

9—10续表　　　　　　　　　　(2004年)　　　　　　　　　　单位:万元

指　标	永康市	武义县	浦江县	磐安县
一、各项贷款	1305836	344779	374102	103081
1.短期贷款	929997	212233	263685	83312
(1)工业贷款	252671	69198	87547	979
工业企业贷款	252671	69198	87547	979
集体工业企业贷款				
(2)商业贷款	23526	6233	22366	2197
商业企业贷款	2940	50	6813	375
进出口企业贷款	4214		6340	
外贸企业贷款	7842		6266	
供销合作社贷款				
农副产品贷款	8530	6183	2947	1822
(3)建筑业贷款	2325	909	750	
(4)农业贷款	75310	34261	24703	38563
(5)乡镇企业贷款	260631	51666	36641	24778
(6)三资企业贷款	10549	930		
(7)私营企业及个体贷款	195676	21361	23303	2968
(8)其他短期贷款	109309	27674	68376	13827
#个人短期消费贷款	17591	2661	4429	207
2.中期流动资金贷款	12021	5110	4700	
3.中长期贷款	338484	125657	104266	19461
(1)基本建设贷款	169178	36920	58900	10800
(2)技术改造贷款	9000	8140	3000	
(3)其他中长期贷款	160306	80597	42366	8661
#个人中长期消费贷款	153466	73464	39776	2649
4.信托贷款				
5.融资租赁				
6.委托贷款				
7.票据融资	25334	1779	1417	308
#贴现	25334	1779	1417	308
8.各项垫款			34	
二、有价证券及投资	4133	696	1443	838
三、应收及预付款	8405	475	2850	805
#应收利息	3037	105	721	9
四、同业往来				
五、委托投资				
六、外汇占款	15		18	
七、固定资产	22509	8451	5779	2936
八、库存现金	16742	7197	8538	3732
资金运用总计	**1357641**	**361597**	**392730**	**111392**

9—11 金融机构现金收支

（2004 年）　　　　　　　　　　　　　　　　　　单位:万元

指　　标	金华市	市　区	兰溪市	义乌市	东阳市
现金收入合计	66763309	10888577	3349340	27566863	8687548
一、商品销售收入	5191009	1482993	401778	976756	776129
二、服务业收入	1331261	346050	94339	302031	181066
三、税款收入	164330	27309	7561	37482	35297
四、城乡个体经营收入	11891958	248540	119785	10662629	422295
五、储蓄存款收入	40589800	7263745	2239691	13338434	5712605
六、其他金融机构收入	106476	70516	840	14693	3468
七、居民归还贷款收入	820861	185091	92287	64656	224328
八、汇兑收入	419794	95409	15885	25007	117230
九、有价证券收入	6786	5899		535	164
十、其他收入	6241034	1163026	377173	2144640	1214966
#兑换外币收入	206	2		159	11
现金支出合计	67616218	10490449	3365007	28398472	8707083
一、工资性支出	1183413	327859	123893	140116	349569
1.国家工资及奖金支出	322254	126975	39244	15432	100343
2.国家对个人其他支出	174484	39534	17036	36833	66013
3.部队存款支出	14776	11911	2	1714	1085
4.其他单位工资性支出	671900	149439	67611	86137	182128
二、农副产品采购支出	1221706	318685	28788	245171	230650
三、工矿及其他产品采购支出	1946875	377154	168407	72660	73439
四、行政企事业管理费支出	785898	313114	43280	128985	165099
五、城乡个体经营支出	12872241	368919	232878	10597296	528136
六、储蓄存款支出	41495855	7516534	2337061	13825701	5908602
七、其他金融机构支出	56219	23047	3832	14914	3312
八、居民提取贷款支出	387627	76339	33517	57307	99491
九、汇兑支出	291938	44012	17462	21798	127199
十、有价证券支出	7985	6569	13	729	475
十一、其他支出	7366460	1118218	375876	3293796	1221112
#兑换外币支出	1185180	2045		1160453	19976
投放(+)、回笼(-)	852909	-398128	15667	831609	19535
附:代发工资	229829	127962	47970	3208	26773

9—11 续表　　　　(2004 年)　　　　单位:万元

指　　标	永康市	武义县	浦江县	磐安县
现金收入合计	**10209157**	**2114251**	**3128801**	**817046**
一、商品销售收入	950927	216124	289245	97057
二、服务业收入	246627	30614	64250	66284
三、税款收入	16875	20410	16455	2942
四、城乡个体经营收入	252902	53850	115935	16023
五、储蓄存款收入	7921942	1436372	2193157	481926
六、其他金融机构收入	5990	2821	480	7668
七、居民归还贷款收入	98085	24329	54358	77729
八、汇兑收入	133236	8797	19064	5166
九、有价证券收入	137	9		42
十、其他收入	582437	320926	375858	62209
#兑换外币收入	3	6	17	8
现金支出合计	**10352700**	**2146095**	**3277648**	**877366**
一、工资性支出	91530	79397	36292	34758
1.国家工资及奖金支出	16907	14012	4235	5105
2.国家对个人其他支出	2192	5562	3079	4234
3.部队存款支出			31	33
4.其他单位工资性支出	72431	59823	28947	25385
二、农副产品采购支出	225326	18482	104710	49894
三、工矿及其他产品采购支出	856349	87801	235324	75742
四、行政企事业管理费支出	17451	18266	63532	36171
五、城乡个体经营支出	652086	168099	260940	63888
六、储蓄存款支出	7783687	1405880	2161623	555369
七、其他金融机构支出	534	6732	6	3842
八、居民提取贷款支出	77982	9269	26972	6751
九、汇兑支出	57707	6412	14081	3266
十、有价证券支出		128	7	64
十一、其他支出	590049	345629	374161	47621
#兑换外币支出	1452	589	369	296
投放(+)、回笼(-)	**143543**	**31844**	**148848**	**60320**
附:代发工资	9453		13145	1318

9—12 金融机构本外币信贷收支情况

（2004 年） 单位:万元

指 标	金华市	市 区	兰溪市	义乌市	东阳市
一、各项存款	13371619	3416507	662216	4827806	1638923
1. 企事业单位存款	4235144	1061251	188328	1802787	360958
(1)活期存款	2782784	774666	150261	1032458	230684
(2)定期存款	1452359	286584	38067	770329	130274
2. 储蓄存款	6428578	1234143	394913	2180220	1030778
(1)活期储蓄	2873037	493339	165733	1136109	363648
(2)定期储蓄	3555541	740804	229180	1044111	667130
3. 信托存款	701598	701598			
4. 委托存款	4016	-210	83	-201	-1241
5. 其他存款	2002283	419726	78891	845000	248428
二、所有者权益	429047	128745	18246	159359	48891
#实收资本	174521	116415	4161	36727	7959
当年结益	216645	23441	11194	96891	29868
三、其他	-2660625	616741	-146369	-1910288	-488072
资金来源总计	**11140040**	**4161993**	**534092**	**3076877**	**1199741**
一、各项贷款	10713289	3762092	532456	3060906	1197608
1. 短期贷款	6399739	1207895	368130	2354253	958996
2. 中长期贷款	3454242	1756490	160152	699861	223314
3. 信托贷款	695112	695112			
4. 委托贷款					
5. 其它贷款	45187	35719		372	2632
6. 票据融资	116120	64321	4175	6281	12505
7. 各项垫款	2889	2555		138	162
二、有价证券及投资	426751	399901	1636	15971	2133
资金运用总计	**11140040**	**4161993**	**534092**	**3076877**	**1199741**

9—12 续表

(2004 年)

单位:万元

指 标	永康市	武义县	浦江县	磐安县
一、各项存款	1623210	483778	518212	200966
1.企事业单位存款	468862	158775	148279	45904
(1)活期存款	339751	113896	112165	28903
(2)定期存款	129110	44879	36114	17002
2.储蓄存款	909023	250195	314957	114349
(1)活期储蓄	393042	116605	149400	55160
(2)定期储蓄	515981	133590	165557	59189
3.信托存款				
4.委托存款	510	5018	98	-42
5.其他存款	244815	69791	54877	40755
二、所有者权益	48608	11248	10599	3844
#实收资本	4899	2126	948	1287
当年结益	36101	9083	9921	637
三、其他	-336564	-147681	-147993	-100891
资金来源总计	1335254	347345	380817	103919
一、各项贷款	1331121	346649	379374	103081
1.短期贷款	949099	214103	263950	83312
2.中长期贷款	350505	130767	113692	19461
3.信托贷款				
4.委托贷款				
5.其它贷款	6183		281	
6.票据融资	25334	1779	1417	308
7.各项垫款			34	
二、有价证券及投资	4133	696	1443	838
资金运用总计	1335254	347345	380817	103919

9—13 分县市保险事业情况

（2004 年）　　单位：万元

指　　标	全　市	市　区	兰溪市	义乌市	东阳市
保险数量					
企业财产险（家）	10861	4018	823	1974	899
家庭财产险（家）	45831	17549	2909	9361	2617
机动车辆险（辆）	465508	136029	30244	108309	54144
货物运输险	17239	3846	613	8430	941
责任保险（笔）	2442	821	145	396	239
健康、意外险（笔）	366137	62565	27777	100081	60546
普通寿险（人）	138019	30968	8327	40572	15720
其　他	5545	2481	36	870	496
保险金额	37022707	8907186	2620767	9529454	5347680
企业财产险	4831724	1558521	470110	1023736	899786
家庭财产险	940140	387313	25777	292795	70203
机动车辆险	8225528	1975506	446715	2288653	1067142
货物运输险	1014793	88405	55069	656093	56019
责任保险	1295468	618064	30409	199357	39112
健康、意外险	18858902	3846035	1249512	4703351	2899925
普通寿险	1139641	233628	71070	316177	224720
其　他	716511	199714	272105	49292	90773
保费收入	285463	66620	17098	81400	46712
企业财产险	5964	1685	706	1197	1169
家庭财产险	2247	1083	55	604	129
机动车辆险	72898	16432	4011	23384	8884
货物运输险	1811	250	35	1040	124
责任保险	1999	439	182	345	196
健康、意外险	20320	6120	1242	4015	2742
普通寿险	178999	40177	10727	50630	33279
其　他	1225	434	140	185	189
赔款金额	55606	14214	4231	13237	8069
企业财产险	3776	1050	444	580	888
家庭财产险	152	60	13	38	19
机动车辆险	36777	9588	2595	9632	4696
货物运输险	780	46	14	383	141
责任保险	1612	359	228	251	272
健康、意外险	8023	1496	631	1604	1236
普通寿险	3708	1268	251	621	742
其　他	778	347	55	128	75
期满给付	20422	3316	1112	8558	3913

9—13 续表　　(2004 年)　　单位:万元

指　标	永康市	武义县	浦江县	磐安县
保险数量				
企业财产险(家)	2197	445	402	103
家庭财产险(家)	2209	2339	3571	5276
机动车辆险(辆)	60539	26273	31759	18211
货物运输险	2153	350	564	342
责任保险(笔)	238	273	297	33
健康、意外险(笔)	47230	24739	34106	9093
普通寿险(人)	19060	5588	17089	695
其　他	734	176	673	79
保险金额	5261317	2044446	2250638	1061219
企业财产险	464955	171251	214002	29363
家庭财产险	63245	42267	45036	13504
机动车辆险	1193185	386720	543420	324187
货物运输险	112931	15605	27133	3538
责任保险	86328	146443	123384	52371
健康、意外险	3155040	1197532	1202317	605190
普通寿险	163535	50957	64765	14789
其　他	22098	33671	30581	18277
保费收入	39081	11602	17231	5719
企业财产险	662	163	308	74
家庭财产险	126	94	125	31
机动车辆险	10984	2753	3731	2719
货物运输险	233	32	74	23
责任保险	355	191	207	84
健康、意外险	2963	1304	1550	384
普通寿险	23661	7017	11151	2357
其　他	97	48	85	47
赔款金额	7946	2686	3277	1946
企业财产险	406	79	226	103
家庭财产险	1	7	14	0
机动车辆险	5191	1629	1967	1479
货物运输险	123	9	52	12
责任保险	184	128	166	24
健康、意外险	1561	657	582	256
普通寿险	414	151	225	36
其　他	66	26	45	36
期满给付	1547	552	1170	254

主要统计指标解释

财政收入 包括:(1)各项税收 包括增值税、营业税、消费税、土地增值税、城市维护建设税、资源税、城市土地使用税、印花税、固定资产投资方向调节税、个人所得税、企业所得税、关税、农牧业税和耕地占用税等。

(2)专项收入 包括征收排污费、征收城市水资源费收入、教育费附加收入等。

(3)其他收入 包括基本建设贷款归还收入、国家能源交通重点建设基金收入、国家预算调节基金等。

(4)国有企业计划亏损补贴 这项为负收入,冲减财政收入。

财政支出 国家财政将筹集起来的资金进行分配使用,以满足经济建设和各项事业的需要,主要包括:

(1)基本建设支出

(2)企业挖潜改造资金

(3)地质勘探费用

(4)科技三项费用

(5)支援农村生产支出

(6)农林水利气象等部门的事业费用

(7)工业交通商业等部门的事业费用

(8)文教科学卫生事业费

(9)抚恤和社会福利救济费

(10)国防支出

(11)行政管理费

(12)价格补贴支出

存款 企业、机关、团体或居民根据可以收回的原则,把货币资金存入银行或其他信用机构保管并取得一定利息的一种信用活动形式。根据存款对象的不同可划分为企业存款、财政存款、机关团体存款、基本建设存款、城镇储蓄存款、农村存款等科目。它是银行信贷资金的主要来源。

贷款 银行或其他信用机构根据必须归还的原则,按一定利率,为企业、个人等提供资金的一种信用活动形式。我国银行贷款发为流动资金贷款、固定资产贷款、城乡个体工商户贷款以及农业贷款等科目。

物价指数

Price Indices

Chapter 10

10—1 市区历年物价总指数

(1981—2004 年,以上年为 100)

年 份	商品零售价格指数	城市居民消费价格指数
1981	102.0	102.0
1982	101.5	101.5
1983	103.9	103.8
1984	103.7	103.7
1985	114.5	114.4
1986	104.2	104.1
1987	110.5	110.2
1988	125.7	125.5
1989	117.0	117.7
1990	100.2	100.9
1991	107.4	107.6
1992	107.5	107.8
1993	118.3	122.2
1994	123.5	128.8
1995	113.7	115.4
1996	105.4	107.3
1997	99.4	101.6
1998	98.4	99.8
1999	99.5	100.0
2000	97.7	100.1
2001	99.5	99.5
2002	97.2	98.2
2003	98.0	100.8
2004	100.7	101.8

10—2 部分县市历年物价指数

(1991—2004年,以上年为100)

	市　区	兰溪市	浦江县
居民消费价格指数			
1991	107.6	104.6	103.2
1992	107.8	109.1	105.1
1993	122.2	117.1	114.7
1994	128.8	127.0	125.5
1995	115.4	116.1	113.7
1996	107.3	105.8	105.9
1997	101.6	100.4	102.5
1998	99.8	97.3	99.2
1999	100.0	97.6	99.5
2000	100.1	98.6	99.5
2001	99.5	98.9	100.1
2002	98.2	98.4	99.9
2003	100.8	104.1	102.9
2004	101.8	103.5	104.3
商品零售价格指数			
1991	107.4	104.4	103.6
1992	107.5	108.8	104.1
1993	118.3	115.0	114.2
1994	123.5	128.9	124.9
1995	113.7	113.2	109.6
1996	105.4	105.1	103.6
1997	99.4	98.8	100.8
1998	98.4	96.7	99.3
1999	99.5	95.7	99.0
2000	97.7	97.0	98.9
2001	99.5	98.3	100.0
2002	97.2	99.0	99.2
2003	98.0	99.6	101.4
2004	100.7	102.7	103.4

10—3 居民消费价格指数

(2004年,以上年为100)

指　　标	市　区	兰溪市	浦江县
居民消费价格总指数	101.8	103.5	104.3
一、食品	108.2	111.0	113.7
1.粮食	140.1	141.6	134.9
2.淀粉及薯类	103.8	111.3	110.7
3.干豆类及豆制品	123.4	117.7	129.7
4.油脂	114.4	115.3	112.2
5.肉禽及其制品	122.6	115.1	124.0
(1)食用畜肉及副产品	127.7	119.6	129.0
(2)禽	122.3	108.3	118.9
(3)肉禽加工制品	105.7	105.9	102.0
6.蛋	114.6	125.9	124.6
7.水产品	105.7	109.7	115.2
8.菜	85.9	88.6	99.6
(1)鲜菜	83.6	86.7	99.4
(2)干菜及菜制品	112.0	105.2	103.1
9.调味品	100.1	101.8	106.4
10.糖	105.1	102.0	102.9
11.茶及饮料	98.5	100.7	99.6
(1)茶叶	98.3	101.0	100.0
(2)饮料	98.6	100.6	99.5
12.干鲜瓜果	105.9	97.2	100.1
(1)鲜果	107.9	96.3	93.6
(2)干(坚)果及瓜果制品	101.8	100.8	114.8
13.糕点饼干面包	102.2	99.6	100.0
14.奶及奶制品	99.4	102.4	100.0
15.在外用膳食品	103.5	116.5	111.4
16.其它食品及食品加工服务	101.3	101.3	100.0
二、烟酒及用品	99.9	102.1	103.3
1.烟草	100.0	101.6	105.2
2.酒	99.8	103.8	99.7
3.吸烟饮酒用品	100.0	100.0	100.0
三、衣着	89.3	101.7	95.4
1.服装	87.9	102.8	95.3
(1)男式服装	89.3	104.6	96.1
(2)女式服装	87.5	101.6	95.0
(3)儿童服装	80.9	102.7	94.4
2.衣着材料	91.8	99.1	100.0
3.鞋袜帽	90.2	100.4	94.9
(1)鞋	88.9	100.5	93.0
(2)袜子	100.0	100.0	100.0
(3)帽子	93.9	100.0	100.0
4.衣着加工服务	100.5	100.0	100.0
四、家庭设备用品及维修服务	96.2	98.9	95.9
1.耐用消费品	92.2	98.3	93.5

10—3续表　　　　　　　(2004年,以上年为100)

指　　标	市　区	兰溪市	浦江县
(1)家俱	98.8	102.7	95.0
(2)家庭设备	89.9	97.3	92.9
2.室内装饰品	104.3	100.0	99.5
3.床上用品	95.6	101.5	98.9
4.家庭日用杂品	100.0	98.8	100.0
5.家庭服务及加工维修服务	103.0	100.0	103.7
五、医疗保健和个人用品	94.5	92.6	100.0
1.医疗保健	91.6	89.0	99.1
(1)医疗器具及用品	99.0	100.4	98.4
(2)中药材及中成药	93.0	90.5	106.3
(3)西药	84.2	75.1	93.9
(4)保健器具及用品	100.8	96.5	99.9
(5)医疗保健服务	100.7	100.0	100.0
2.个人用品及服务	102.5	100.7	103.7
(1)化妆美容用品	100.0	100.0	100.0
(2)卫生用品	100.0	97.9	100.0
(3)个人饰品	109.7	106.1	115.2
(4)个人服务	100.0	103.0	100.0
六、交通和通讯	96.3	99.1	96.1
1.交通	100.0	99.9	95.5
(1)交通工具	92.4	97.4	92.4
(2)车用燃料及零配件	106.0	108.2	109.3
(3)车辆使用及维修	105.7	101.3	101.1
(4)市区公共交通	100.0	100.0	100.0
(5)城市间交通	105.8	99.9	99.7
2.通信	93.1	98.3	97.0
(1)通信工具	75.8	93.7	86.2
(2)通信服务	100.5	101.2	100.1
七、娱乐教育文化用品及服务	102.4	100.6	102.9
1.文娱用耐用消费品及服务	90.5	94.1	94.8
2.教育	104.3	102.4	106.9
(1)教材及参考书	98.7	100.1	100.4
(2)学杂托幼费	105.0	102.6	107.2
3.文化娱乐用品	101.5	100.1	100.3
(1)文化娱乐	100.1	100.0	99.5
(2)书报杂志	104.3	100.3	103.3
(3)文娱费	99.8	100.0	100.0
4.旅游及外出	109.4	96.0	104.4
八、居住	105.9	103.3	103.3
1.建房及装修材料	104.0	101.8	99.5
2.租房	111.3	105.4	100.0
3.自有住房	105.6	100.2	100.7
4.水、电、燃料	106.0	106.0	106.8

10—4 商品零售价格指数

(2004年,以上年为100)

指标	市区	兰溪市	浦江县
商品零售价格指数	100.7	102.7	103.4
一、食品类	109.8	112.0	111.4
1.粮食	139.1	138.7	136.5
2.淀粉及薯类	103.8	111.3	110.7
3.干豆类及豆制品	123.2	116.9	129.5
4.油脂	117.0	118.2	110.0
5.肉禽及其制品	124.6	116.5	120.5
(1)食用畜肉及副产品	128.3	121.4	126.7
(2)禽	121.9	109.6	116.3
(3)肉禽加工制品	106.8	106.9	102.4
6.蛋	114.5	126.8	124.9
7.水产品	107.6	113.4	116.4
8.菜	86.2	91.1	99.6
(1)鲜菜	83.6	88.0	99.4
(2)干菜及菜制品	112.0	105.2	103.1
9.调味品	100.1	102.1	101.9
10.糖	105.1	101.8	101.9
11.干鲜瓜果	106.0	98.7	100.2
(1)鲜果	107.9	96.3	93.6
(2)干(坚)果及瓜果制品	101.8	100.8	114.8
12.糕点饼干面包	102.2	99.7	100.0
13.奶及奶制品	99.4	103.5	100.0
14.在外用膳食品	103.6	115.5	104.5
15.其它食品	101.3	101.5	100.0
二、饮料、烟酒	99.8	101.7	103.7
1.茶及饮料	98.5	100.5	99.6
2.烟草	100.0	101.4	106.3
3.酒	99.9	103.1	99.8
三、服装、鞋帽类	89.2	102.5	95.0
1.服装	88.4	103.5	95.6
(1)男式服装	90.4	104.8	96.0
(2)女式服装	88.6	102.6	96.0
(3)儿童服装	80.9	102.5	93.7
2.鞋袜帽	90.6	100.4	93.8
(1)鞋	89.7	100.5	92.7
(2)袜子	100.0	100.0	100.0
(3)帽子	93.9	100.0	100.0
3.其它	99.8	95.2	92.3

10—4 续表　　(2004 年,以上年为 100)

指　　标	市　区	兰溪市	浦江县
四、纺织品类	93.9	100.8	99.5
1.衣着材料	90.9	100.0	100.0
2.床上用品	96.2	101.4	99.0
五、家用电器及音像器材	91.2	97.8	93.6
1.家庭设备	89.5	97.4	93.7
2.文娱用耐用消费品	90.3	97.5	91.0
3.音像器材类	99.6	100.0	100.0
六、文化办公用品	95.0	94.7	98.6
七、日用品	97.9	102.5	98.6
1.日用百货	96.7	104.9	98.3
2.日用杂品	100.1	100.0	100.0
3.洗涤用品	101.4	98.4	99.6
4.其它日用品	95.9	100.0	96.2
八、体育娱乐用品	99.7	100.0	99.9
1.体育用品	100.6	100.0	100.0
2.娱乐用品	99.4	100.0	99.9
九、交通、通信用品	90.2	91.8	92.3
1.交通运输机械	91.7	91.6	93.3
2.通讯器材类	76.9	93.6	89.0
十、家俱	98.7	102.8	95.9
十一、化妆品类	100.0	98.6	100.0
十二、金银珠宝类	106.8	109.4	123.2
十三、中西药品及医疗保健用品类	89.1	87.8	100.4
1.医疗器具及用品	99.0	100.4	98.4
2.中药材及中成药	93.1	94.5	107.9
3.西药	83.1	77.4	94.6
4.保健器具及用品	100.8	97.1	100.0
十四、书报杂志及电子出版物类	100.9	100.0	101.1
1.教材及参考书	98.6	99.6	99.4
2.书报杂志	103.0	100.3	103.0
3.电子音像制品	100.0	100.1	100.0
十五、燃料类	111.4	113.5	110.0
1.煤炭及制品类	110.8	103.2	101.7
2.石油及制品类	111.6	115.3	112.0
十六、建筑材料及五金电料类	107.4	101.4	99.4
1.建筑装璜材料	105.3	102.3	98.9
2.五金电料类	111.4	100.0	100.0

主要统计指标解释

居民消费价格指数 是反映一定时期内城乡居民所购买的生活消费品价格和服务项目价格变动趋势和程度的相对数。是综合了城市居民消费价格指数和农民消费价格指数计算取得。利用居民消费价格指数,可以观察和分析消费品的零售价格和服务价格变动对城乡居民实际生活支出的影响程度。

商品零售价格指数 是反映城乡商品零售价格变动趋势的一种经济指数。零售物价的调整变动直接影响到城乡居民的生活支出和国家的财政收入,影响居民购买力和市场供需平衡,影响消费与积累的比例。因此,计算零售价格指数,可以从一个侧面对上述经济活动进行观察和分析。

人民生活

People's Livelihood

Chapter 11

11—1 市区历年城镇居民家庭人均收支与住房

（1978—2004 年）

年 份	人均可支配收入(元)	人均消费性支出(元)		年末人均居住面积(平方米)	年末人均辅助面积(平方米)
			#食品支出		
1978					
1979		324	192		
1980		458	239		
1981		473	252		
1982		454	249		
1983		452	257		
1984		533	290		
1985					
1986	1027	877	447	9.14	1.21
1987	1179	989	527	9.60	1.48
1988	1411	1282	691	10.82	1.68
1989	1576	1379	755	11.66	1.83
1990	1685	1473	776	11.99	1.93
1991	1950	1628	865	11.25	2.14
1992	2414	2077	999	11.45	2.27
1993	3369	2737	1296	12.10	2.42
1994	4933	3873	1753	13.91	2.42
1995	6020	5196	2250	14.30	2.43
1996	7146	5820	2413	14.69	2.77
1997	7596	6747	2684	15.17	2.78
1998	7595	6656	2595	15.31	2.86
1999	8166	6264	2565	15.60	2.89
2000	9223	8290	2649	16.39	2.36
2001	10385	8287	2895	16.42	3.16
2002	11264	8348	3053	21.61	
2003	12445	9211	3111	21.76	
2004	13910	9879	3462	21.93	

注:从 2002 年开始,人均辅助房面积并入居住面积。

11—2 市区城镇居民家庭基本情况

（2004 年）

分　类	调查户数（户）	家庭人口（人）	户均人口（人）	就业人口（人）	每一就业者负担人数（人）	人均可支配收入（元）	人均消费性支出（元）	人均食品支出（元）
总　　计	150	377	2.51	1.30	1.93	13910	9879	3462
人均月可支配收入 200 元以下								
人均月可支配收入 200——400 元	13	35	2.69	1.15	2.34	3862	4495	1990
人均月可支配收入 400——600 元	17	44	2.57	1.31	1.96	6269	6743	2808
人均月可支配收入 600——800 元	22	60	2.74	1.47	1.86	8357	6796	2495
人均月可支配收入 800——1000 元	19	48	2.51	1.03	2.44	10660	9290	3161
人均月可支配收入 1000——1500 元	31	75	2.44	1.38	1.77	15009	9903	3677
人均月可支配收入 1500——2000 元	30	75	2.49	1.38	1.80	20824	12149	4410
人均月可支配收入 2000——2500 元	12	29	2.42	1.33	1.82	26292	20234	4902
人均月可支配收入 2500——3000 元	5	10	2.00	1.22	1.64	32991	14832	5599
人均月可支配收入 3000——4000 元	1	1	1.00			39473	27754	6142

注:调查户数及家庭人口分组资料系按月可支配收入分组汇总计算。

11—3 市区主要年份城镇居民人均现金收入与支出

单位:元

项目	1992年	1995年	1998年	1999年	2000年	2001年	2002年	2003年	2004年
一、家庭总收入	3067.97	7804.65	9978.34	10281.28	14320.54	14633.63	12340.68	13560.21	15149.34
#可支配收入	2414.00	6020.00	7595.00	8166.00	9223.00	10385.00	11264.00	12445.00	13909.99
1.工薪收入							8584.92	8489.47	9828.93
2.经营净收入							373.80	1065.81	1077.06
3.财产性收入	73.68	312.48	431.69	225.20	198.59	253.76	147.96	375.48	239.10
4.转移性收入	626.25	1551.78	1966.12	2287.32	2338.67	2604.46	3234.12	3629.45	4004.25
二、出售财物收入							206.88	377.04	4.90
三、借贷收入	654.23	1781.82	2319.54	2039.19	5040.46	4189.93	2832.60	7992.66	6151.87
#提取储蓄存款	522.46	1133.37	1522.79	1204.36	2852.22	1986.17	2360.28	5240.12	5059.88
借入款	42.86	309.44	248.12	54.72	957.88	255.24	419.88	1343.09	478.47
四、家庭总支出	3014.21	7688.55	9697.46	9942.40	13389.91	14190.60	11528.04	16310.59	15896.35
1.消费性支出	2077.25	5195.76	6656.22	6263.46	8290.44	8287.29	8347.80	9210.68	9878.62
#服务性消费支出							2521.56	2966.70	3004.15
2.购房与建房支出	40.19	346.35	342.73	723.66	2366.36	2036.16	933.96	4601.63	3474.77
3.转移性支出							1399.68	1541.66	1508.16
#交纳个人收入税							204.84	129.42	137.86
赡养支出	61.43	181.89	258.89	202.43	217.13	268.89	388.32	458.10	543.27
非储蓄性保险支出	1.52	1.78	7.02	5.13	16.12	15.24	73.80	25.76	28.16
4.财产性支出							2.28	16.47	2.42
5.社会保障支出							844.20	940.14	1032.38
五、储蓄借贷支出	681.01	1666.64	2025.14	2278.44	1828.23	2915.12	3317.76	4937.70	4990.92
#存入储蓄款	459.81	1204.70	1370.38	1634.38	1079.68	1879.01	2667.48	3251.91	3736.35
借出款	2.74	15.09	18.20	1.06	194.80	9.12	0.12	90.95	9.18
储蓄性保险支出	13.23	31.90	152.43	160.09	69.99	207.97	58.32	156.05	190.62

11—4 市区主要年份城镇居民家庭人均消费支出

单位:元

项目	1992年	1995年	1998年	1999年	2000年	2001年	2002年	2003年	2004年
消费性支出	2077.25	5195.76	6656.22	6263.46	8290.44	8287.29	8347.80	9210.72	9878.62
一、食品	99.04	2250.33	2594.96	2564.48	2648.85	2895.35	3053.04	3111.36	3462.45
#粮食	83.49	262.46	191.99	186.57	156.58	151.05	140.88	157.32	203.60
肉禽及制品	241.20	505.85	509.90	481.89	465.85	466.58	452.40	487.32	519.24
蛋类	28.36	57.18	56.78	56.68	50.40	43.66	45.00	43.56	47.93
水产品类	61.80	141.96	205.26	229.51	201.08	210.63	224.16	186.00	212.48
菜类	97.99	235.40	235.00	237.53	217.47	211.94	308.16	285.36	311.47
烟草类	64.94	120.52	167.35	168.11	219.81	236.86	195.48	214.08	232.03
酒和饮料	53.52	113.41	159.07	135.56	130.14	163.19	102.72	135.00	115.78
糕点	29.31	79.47	72.99	63.39	68.53	72.66	59.88	71.40	83.01
奶及奶制品	15.43	600.65	65.75	73.48	77.65	106.68	110.52	132.84	121.67
二、衣着	254.02	313.14	593.49	551.35	666.93	701.92	722.64	804.12	937.95
#服装	124.17	111.27	333.99	338.90	459.98	493.25	531.36	589.92	698.87
衣着材料	60.50	632.56	66.70	43.34	41.03	39.42	23.64	23.28	23.72
三、家庭设备用品及服务	233.26	471.00	1104.67	509.32	1798.05	1017.19	584.04	764.28	622.93
#耐用消费品	125.84	79.00	687.85	309.34	1170.68	700.18	355.80	459.60	377.55
室内装饰品	13.21	8.76	24.51	6.40	38.06	7.33	28.44	38.40	19.77
床上用品	11.68	29.16	34.24	38.34	54.64	22.45	47.64	45.24	56.08
四、医疗保健	70.22	166.72	355.90	324.23	372.28	418.38	518.28	870.48	851.13
五、交通和通讯	48.29	356.95	486.07	527.63	650.15	818.57	913.08	877.20	1198.28
#交通	35.71	87.68	263.26	315.88	244.06	338.30	358.20	403.32	683.42
通讯	12.58	269.27	222.81	211.75	406.09	480.27	554.88	473.88	514.86
六、娱乐文教服务	235.88	435.12	572.14	781.92	844.04	916.74	1563.84	1420.32	1698.84
#耐用消费品	97.02	60.92	175.81	324.61	231.08	168.84	532.08	322.92	433.39
教育	84.47	256.01	234.81	310.06	389.92	528.02	730.68	797.88	403.95
文化娱乐	54.39	118.20	161.52	147.24	223.04	219.88	300.96	299.64	861.51
七、居住	119.15	416.33	599.27	657.75	768.40	901.94	761.28	1021.68	805.43
#住房	39.21	244.75	328.66	387.71	499.77	596.17	384.96	546.24	352.64
水电燃料及其他	79.93	171.58	270.61	279.03	268.63	305.77	351.84	420.60	423.58
八、杂项商品和服务	117.44	337.09	349.72	346.78	541.74	557.26	231.72	341.40	301.61

11—5 市区主要年份城镇居民家庭人均主要商品购买量

项　　目		1992年	1995年	1998年	1999年	2000年	2001年	2002年	2003年	2004年
粮食	（千克）	95.80	85.52	71.94	72.67	68.77	65.03	61.32	68.04	66.16
鲜菜	（千克）	95.58	98.71	98.22	100.89	96.52	93.17	118.68	108.72	111.73
食用动物油	（千克）		0.45	0.37	0.31	0.32	0.20	0.12		0.26
食用植物油	（千克）	4.79	5.38	5.17	5.09	4.44	10.67	5.64	6.12	7.76
猪肉	（千克）	19.20	18.05	46.33	16.33	16.56	15.05	21.00	23.04	20.93
牛羊肉	（千克）	1.67	1.16	2.05	1.25	1.23	1.34	0.96	0.96	0.98
家禽	（千克）	6.08	6.59	6.92	8.05	6.98	7.80	8.52	7.68	6.35
鲜蛋	（千克）	5.03	6.72	7.23	9.48	8.88	7.22	7.32	7.92	6.78
鱼虾	（千克）	7.31	8.60	9.90	11.04	10.30	9.91	10.44	11.52	11.44
白酒	（千克）	1.86	1.96	2.29	2.04	1.74	2.68	1.44	1.68	1.68
果酒	（千克）		0.08	0.20	0.23	0.21	0.08		0.36	0.18
啤酒	（千克）		12.21	18.43	17.13	14.26	13.46	12.00	12.60	13.71
其他酒	（千克）	8.54	7.82	7.89	5.09	18.28	16.23	2.40	2.16	1.96
碳酸饮料	（千克）							2.28	4.08	3.29
果蔬饮料	（千克）							0.60	1.80	1.74
瓶装饮用水	（千克）							1.80	0.96	0.80
咖啡可可粉	（千克）			0.01			0.02			0.02
茶叶	（千克）	0.14	0.11	0.21	0.12	0.13	0.12	0.12	0.12	0.13
糕点	（千克）	5.13	5.70	4.73	4.37	4.73	5.03	4.08	5.04	5.25
鲜瓜果	（千克）	65.52	62.89	91.95	76.95	84.34	68.24	67.32	85.80	83.27
干果	（千克）	0.91	0.89	1.57	1.07	1.60	1.68	1.80	1.92	1.54
鲜奶	（千克）	3.57	4.77	8.35	10.11	12.40	16.80	16.08	19.08	17.78
煤炭	（千克）	129.56	76.42	40.26	38.98	25.00	27.50	35.64	28.80	25.47
液化石油气	（千克）	19.65	26.27	29.72	30.08	22.16	24.61	26.88	25.32	25.49

11—6 市区主要年份城镇百户居民家庭主要消费品拥有量

项　　目		1992 年	1995 年	1998 年	1999 年	2000 年	2001 年	2002 年	2003 年	2004 年
成套家俱	（套）	14	22	36	37	41	42	67	83.33	83.33
摩托车	（辆）	3	5	14	19	26	30	30	29.33	31.33
自行车	（辆）	174	189	189	190	162	166	160	140.67	141.33
助力车	（辆）							6	12.67	15.33
家用汽车	（辆）								0.67	1.33
洗衣机	（台）	72	77	88	89	83	84	89	78	82.00
电风扇	（台）	278	278	279	286	266	267	269	260	264.00
电冰箱	（台）	93	96	96	101	98	99	101	98	98.00
彩色电视机	（台）	84	94	117	125	148	148	159	150.67	154.67
影碟机	（台）			12	20	42	47	54	57.33	58.67
录放像机	（台）	11	21	34	34	26	26	20	14.67	14.67
家用电脑	（台）			2	6	15	19	26	30	33.33
组合音响	（台）	3	6	13	14	30	30	30	20	20.67
录音机	（台）	86	83	68	73	49	51	45	37.33	39.33
照相机	（架）	29	41	53	56	56	59	65	48.67	48.67
摄像机	（台）		2	2	2	2		3	0.67	0.67
钢琴	（架）	1	1		1			1	2	2
其他中高栏乐器	（件）	6	8	3	6	5	7	7	6	6
微波炉	（台）			9	11	19	25	28	33.33	36.67
空调器	（台）		18	36	41	55	63	71	78.67	90.67
电炊具	（台）	68	101	101	104	78	84	80	82	85.33
淋浴热水器	（台）	30	53	57	59	70	72	72	67.33	67.33
脱排油烟机	（台）	27	49	65	71	79	77	82	76.67	76.67
消毒碗柜	（台）		0	4	4	9	8	12	9.33	9.33
吸尘器	（台）	4	11	7	8	13	14	17	8	8
健身器材	（件）			11	11	15	15	15	4	4.67
普通电话	（部）		0	87	91	96	96	104	100.67	100.67
移动电话	（部）		0	6	7	40	52	87	104.67	116.67
传真机	（部）							2	2	2.67

11—7 全市历年农村居民收支和居住情况

(1983—2004 年)

年 份	人均纯收入 (元)	人均生活消费性支出 (元)	食品支出	年末人均居住面积 (平方米)
1983	324	315	172	15.5
1984	396	345	189	17.4
1985	472	424	222	20.4
1986	533	498	256	21.6
1987	599	540	273	22.8
1988	699	671	319	22.4
1989	805	755	365	23.0
1990	919	820	424	24.5
1991	1007	920	457	25.4
1992	1093	991	466	26.0
1993	1412	1155	535	23.0
1994	1946	1620	735	24.0
1995	2480	2039	965	27.0
1996	3106	2583	1177	26.0
1997	3371	2979	1249	31.9
1998	3453	2795	1182	30.5
1999	3520	2763	1116	36.0
2000	3725	3090	1180	39.1
2001	3945	3279	1236	43.7
2002	4157	3454	1238	46.1
2003	4506	3999	1419	49.1
2004	5018	4183	1548	49.4

11—8 历年农村住户家庭人均纯收入

（1983—2004 年）

单位:元

年 份	金华市	市 区	兰溪市	义乌市	东阳市	永康市	武义县	浦江县	磐安县
1983	324	365	311	294	299	343	334	288	124
1984	396	434	402	414	370	410	427	358	206
1985	472	455	472	502	473	513	458	429	368
1986	533	569	565	569	566	562	502	476	306
1987	599	610	643	602	596	611	563	601	331
1988	699	683	744	771	717	794	617	699	408
1989	805	784	860	940	858	908	674	822	363
1990	919	952	883	1133	1038	965	704	866	457
1991	1007	1063	1008	1209	1074	1135	773	931	491
1992	1093	1122	952	1360	1223	1267	849	984	574
1993	1412	1469	1232	1724	1670	1621	971	1324	755
1994	1946	1999	1733	2340	2247	2245	1316	2015	960
1995	2480	2603	2098	3292	2870	2940	1692	2406	1343
1996	3106	3158	2644	4196	3772	3622	2099	2803	1745
1997	3371	3325	3046	4459	4106	3800	2460	3097	1790
1998	3453	3463	3201	4573	4234	3920	2548	3194	2035
1999	3520	3531	3280	4712	4503	4039	2676	3202	2158
2000	3725	3684	3382	5014	4775	4260	2822	3286	2333
2001	3945	3822	3603	5349	5034	4578	3009	3421	2530
2002	4157	4043	3803	5688	5354	4868	3202	3576	2727
2003	4506	4387	4128	6147	5782	5412	3518	3820	3029
2004	5018	4963	4591	6969	6422	6015	3919	4298	3232

11—9 历年农村住户家庭人均生活消费支出

(1983—2004 年)　　　　单位:元

年　份	金华市	市　区	兰溪市	义乌市	东阳市	永康市	武义县	浦江县	磐安县
1983	315		322	313	284	320	319	260	
1984	345		344	317	346	380	366	310	182
1985	424		407	430	428	480	413	426	359
1986	498	480	519	466	543	515	507	458	485
1987	540	572	592	525	499	535	488	516	475
1988	671	676	707	704	640	693	661	541	492
1989	755	719	802	253	746	992	670	774	569
1990	820	810	837	955	862	880	755	748	497
1991	920	913	994	1044	975	900	792	890	724
1992	991	1088	980	058	1195	1026	817	928	678
1993	1155	1143	1064	1166	1335	1425	833	1197	1016
1994	1620	1809	1506	1475	1880	1951	1201	1436	1525
1995	2039	2379	2082	2062	2377	2138	1496	1866	1388
1996	2583	2176	2430	2374	3312	2103	1912	1919	2392
1997	2979	2318	2433	3838	3333	3493	2650	2595	2406
1998	2795	2808	2169	3364	3162	3329	2204	2638	2448
1999	2763	2718	2277	3426	2778	3774	2303	2662	2160
2000	3090	3410	2379	3516	3611	3430	2412	2993	2475
2001	3279	3287	2841	3603	3968	4110	2524	2968	2953
2002	3454	3613	3328	4047	3603	4590	2574	3213	3121
2003	3999	5027	3911	4342	4545	4818	2877	3204	3013
2004	4183	5260	3602	5178	3956	4968	3648	3602	3316

11—10 农村住户家庭人均收支情况

（2004 年）

项　　目		金华市	市　区	兰溪市	义乌市	东阳市
调查户数	（户）	870	150	100	260	100
常住人口	（人）	2880	500	356	850	337
户均常住人口	（人）	3.31	3.33	3.56	3.27	3.37
整半劳力	（人）	2184	369	277	647	259
户均劳力	（人）	2.51	2.46	2.77	2.49	2.59
劳动力负担系数	（人）	1.32	1.36	1.29	1.34	1.30
一、全年总收入	（元）	6629	7053	6296	8262	7432
#工资性收入		2260	2417	2849	2646	1792
家庭经营收入		3800	4097	3155	4477	4835
#农业		1284	2024	1114	739	751
牧业		609	296	1049	62	197
二、人均纯收入	（元）	5018	4963	4591	6969	6422
三、全年总支出	（元）	6145	8010	5676	6563	5306
#家庭经营费用		1338	1823	1458	901	770
#农业		433	841	269	155	178
牧业		466	175	727	15	182
缴纳税费款		17	7	3	80	14
购置生产性固定资产		169	397	260	10	26
四、生活消费支出	（元）	4183	5260	3602	5178	3956
#食品		1548	1875	1424	1674	1740
衣着		215	222	205	263	209
居住		739	1345	622	946	413
#住房装饰、装修		81	139	19	85	83
家庭设备用品及服务		261	296	146	255	265
医疗保健		368	348	348	391	289
交通和通讯		418	511	343	759	389
文教娱乐用品及服务		545	593	435	733	513
其他商品及服务		88	70	78	157	138
五、人均年末住房面积	（平方米）	49.40	58.27	32.24	56.90	51.05
人均新建房屋	（平方米）	0.91	0.39	2.32	0.62	1.07
人均年末粮食结存	（千克）	257.35	227.69	346.02	152.21	344.76
人均粮食收入	（千克）	345	430	445	206	323
#家庭生产		225	296	230	113	287
户均经营耕地	（亩）	1.15	1.58	1.72	0.40	0.75
户均年末生产性固定资产原值	（元）	6634	8613	7475	2329	1446

11—10续表 (2004年)

项 目		永康市	武义县	浦江县	磐安县
调查户数	(户)	100	120	100	100
常住人口	(人)	326	355	343	341
户均常住人口	(人)	3.26	2.96	3.43	3.41
整半劳力	(人)	265	269	247	252
户均劳力	(人)	2.65	2.24	2.47	2.52
劳动力负担系数	(人)	1.23	1.32	1.39	1.35
一、全年总收入	(元)	7805	6652	4956	4987
#工资性收入		3024	1731	2484	1330
家庭经营收入		3961	4432	2125	3330
#农业		674	1670	1321	1508
牧业		517	2273	160	349
二、人均纯收入	(元)	6015	3919	4298	3232
三、全年总支出	(元)	7194	6665	4314	5479
#家庭经营费用		1455	2401	412	1589
#农业		113	562	298	798
牧业		640	1714	68	245
缴纳税费款		17	2	1	6
购置生产性固定资产		337	103	16	92
四、生活消费支出	(元)	4968	3648	3602	3316
#食品		1682	1359	1527	1069
衣着		341	200	176	155
居住		638	616	440	524
#住房装饰、装修		79	203	21	17
家庭设备用品及服务		469	215	225	205
医疗保健		427	364	373	326
交通和通讯		532	339	441	320
文教娱乐用品及服务		767	486	348	677
其他商品及服务		113	69	73	40
五、人均年末住房面积	(平方米)	55.90	46.59	50.83	41.99
人均新建房屋	(平方米)	0.49	1.09		0.84
人均年末粮食结存	(千克)	220.96	387.71	155.73	222.49
人均粮食收入	(千克)	367	377	237	321
#家庭生产		132	307	170	218
户均经营耕地	(亩)	0.68	2.11	0.62	0.88
户均年末生产性固定资产原值	(元)	11954	6363	6426	5119

11—11 全市主要年份百户农村住户家庭主要消费品拥有量

名　　称		1990年	1995年	1998年	1999年	2000年	2001年	2002年	2003年	2004年
1.自行车	(辆)	172	197	200	200	196	182	175	164	165
2.缝纫机	(台)	79	88	92	93					
3.钟	(只)	70	95	113	117					
4.手表	(只)	227	207	222	232					
5.电风扇	(台)	129	189	220	224	245	256	262	268	258
6.洗衣机	(台)	0.4	2.2	5.7	7.3	15.1	17.7	17.9	19.6	26.3
7.电冰箱	(台)	1.6	12.0	24.3	27.7	34.2	37.8	40.9	45.3	49.5
8.摩托车	(辆)	0.4	3.9	9.0	12.6	18.2	22.1	29.1	36.8	45.6
9.黑白电视机	(台)	42	61	52	55	47	45	39	32	26
10.彩色电视机	(台)	5	28	51	59	77	84	95	103	108
11.录像机	(台)		2.0	2.6	3.3	7.5	5.6	5.8	8.0	8.0
12.收录机	(台)	17	21	27	28	23	23	21	16	15
13.照相机	(架)	0.6	2.2	4.5	4.8	5.9	6.6	5.8	5.3	6.2
14.抽油烟机	(台)		1.0	2.5	3.2	4.1	6.2	7.3	10.7	12.5
15.吸尘器	(台)		0.6	0.3	0.4	0.1	0.5	0.5	0.5	0.8
16.空调器	(台)		0.3	0.4	0.4	0.5	0.8	1.9	3.5	7.7
17.电话机	(部)				26.8	47.9	59.6	70.6	78.1	87.6
18.移动电话	(部)				2.3	9.7	22.3	34.3	51.7	70.1
19.寻呼机	(只)				13.0	21.2	17.4	10.9	8.5	3.1
20.组合音响	(台)				5.1	9.5	10.3	12.1	11.5	9.8
21.影碟机	(台)				5.4	16.6	24.5	32.5	34.3	40.5
22.热水器	(台)				4.2	7.3	8.8	12.6	17.2	19.7
23.微波炉	(台)					0.4	0.8	1.3	2.5	3.8

主要统计指标解释

城镇居民家庭可支配收入 指调查户可用于最终消费支出和其它非义务性支出以及储蓄的总和，即居民家庭可以用来自由支配的收入。

公式为：可支配收入＝家庭总收入－应纳所得税－个人应纳的社会保障支出－记帐补贴。

家庭总收入：指调查户中生活在一起的所有家庭成员在调查期得到的工薪收入、经营净收入、财产性收入、转移性收入的总和，不包括出售财物和借贷收入。

城镇居民家庭消费性支出 指被调查的城镇居民家庭用于日常生活的全部支出，包括购买商品支出和文化生活、服务等非商品性支出。不包括罚没、丢失款和缴纳的各种税款(如个人所得税、牌照税、房产税等)，也不包括个体劳动者生产经营过程中发生的各项费用。

农村居民家庭纯收入 指农村居民家庭当年从各个来源渠道得到的总收入相应地扣除获得收入所发生的费用后的收入总和。纯收入主要用于再生产投入和当年生活消费支出，也可用于储蓄和各种非义务性支出。纯收入按收入来源的性质划分，可分为工资性收入、家庭经营纯收入、财产性收入和转移性收入，按收入的形态分为现金纯收入和实物纯收入。

"农村居民人均纯收入"指的是按农村人口平均的"农民纯收入"，反映的是一个国家或地区农村居民收入的平均水平。计算方法：

农村居民人均纯收入＝(农村居民家庭总收入－家庭经营费用支出－生产性固定资产折旧－税金和上交承包费用－调查补贴)/农村居民家庭常住人口

农村居民家庭生活消费支出 指农村常住居民家庭用于日常生活的全部开支，是反映和研究农民家庭实际生活消费水平高低的重要指标。

科技、教育、文化、卫生事业及其他

Science and Technology,Education, Culture,Public Health and Others

Chapter 12

12—1 城市建设和公用事业

（2004 年）

指　　标		金华市	市　区	兰溪市	义乌市	东阳市
全年自来水供水总量	（万立方米）	18392	6285	2068	3406	2353
＃生活用水量		7579	2081	510	1585	1536
年末生活用水人口	（万人）	180.98	43.37	22.26	52.13	24.70
年末汽车营运车辆数	（辆）	1090	380	57	275	121
全年汽车客运总量	（万人次）	16555	5257	906	6820	450
年末出租汽车数	（辆）	2851	772	216	987	426
全年液化气供气总量	（吨）	68107	14133	12475	14500	6625
＃家庭用量		59784	12833	11975	14210	6151
年末液化气用气人口	（万人）	175.89	42.40	18.00	52.13	24.70
城市排水管道总长度	（公里）	2919	810	223	721	439
年末铺装道路长度	（公里）	1629	405	128	324	226
年末铺装道路面积	（万平方米）	3430	843	208	906	488
年末城市园林绿地面积	（公顷）	7736	1707	766	1706	979
＃建成区		6974	1707	766	1706	969
公共绿地面积		1896	648	156	433	140
人均公共绿地面积	（平方米）	10.38	14.62	7.01	8.31	5.67
全年生活垃圾清运量	（万吨）	83	29	6	16	11
粪便清运量	（万吨）	6.60	1.50	0.50	1.30	0.30
粪便无害化处理量	（万吨）	6.60	1.50	0.50	1.30	0.30
建成区面积	（平方公里）	241	64	24	52	30

12—1 续表 (2004 年)

指　　标		永康市	武义县	浦江县	磐安县
全年自来水供水总量	(万立方米)	1863	740	1352	325
＃生活用水量		808	380	514	165
年末生活用水人口	(万人)	16.20	9.16	10.00	3.16
年末汽车营运车辆数	(辆)	119	46	48	44
全年汽车客运总量	(万人次)	1860	587	650	25
年末出租汽车数	(辆)	256	104	70	20
全年液化气供气总量	(吨)	9800	3064	5210	2300
＃家庭用量		9300	2935	2380	
年末液化气用气人口	(万人)	16.00	9.30	10.20	3.16
城市排水管道总长度	(公里)	383	149	133	62
年末铺装道路长度	(公里)	217	151	139	39
年末铺装道路面积	(万平方米)	529	206	219	32
年末城市园林绿地面积	(公顷)	1513	553	226	287
＃建成区		903	553	202	169
公共绿地面积		259	115	89	57
人均公共绿地面积	(平方米)	15.99	12.18	8.39	18.04
全年生活垃圾清运量	(万吨)	11	3	6	2
粪便清运量	(万吨)	1.50	0.20	0.20	1.10
粪便无害化处理量	(万吨)	1.50	0.20	0.20	1.10
建成区面积	(平方公里)	30	18	19	4

12—2 环境保护基本情况

（2004 年）

指　　标		金华市	市　区	兰溪市	义乌市	东阳市
工业用水总量	（万吨）	28594.52	7408.87	9265.61	5059.20	3547.37
工业废水排放量	（万吨）	7429.88	1101.05	1266.09	2064.50	1498.66
工业废水排放达标量	（万吨）	7135.64	1044.02	1168.19	2064.50	1486.76
工业废水排放达标率	（%）	96.04	94.82	92.27	100.00	99.21
工业废气排放总量	（万标立方米）	8255926	2944179	4378011	223842	152537
#燃料燃烧中排放的		5212229	2355991	2041914	223842	140799
生产工艺中排放的		3043697	588188	2336097		11738
工业二氧化硫去除量	（吨）	2030.52	337.32	330.83	881.33	445.21
#燃料燃烧中去除量		1600.97	199.50	153.83	881.33	330.48
生产工艺中去除量		429.55	137.82	177.00		114.73
工业二氧化硫排放量	（吨）	33126.13	8718.21	14072.13	4161.15	3164.94
#排放达标量		17264.44	4789.30	4407.08	3768.43	3164.93
烟尘去除量	（吨）	89054.73	45157.01	11346.09	16616.13	8727.66
烟尘排放量	（吨）	13270.32	4795.41	3264.82	1614.85	1934.41
#排放达标量		10841.80	2900.73	3246.84	1614.85	1934.41
工业粉尘去除量	（吨）	334952.55	37010.02	295614.50		8.00
工业粉尘排放量	（吨）	25850.82	2947.96	22402.50	4.70	7.75
#排放达标量		23777.23	2549.02	20862.50	4.70	7.75
工业固体废物产生量	（万吨）	86.78	12.81	17.39	12.79	20.57
工业固体废物处置量	（万吨）	1.66	0.49	0.10		0.27
工业固体废物综合利用量	（万吨）	83.64	12.30	17.30	12.73	21.20
工业固体废物综合利用率	（%）	95.35		99.44	99.57	98.52
工业锅炉数	（台）	495.0	92.0	66.0	122.0	66.0
#烟尘排放达标的		413.0	47.0	66.0	122.0	66.0
工业炉窑	（台）	276	81	61		83
#烟尘排放达标的		231	55	61		83
“三废”综合利用产品产值	（万元）	60372.1	46701.7	2708.4	2.0	6645.0

12—2续表　　　　　　　　　(2004年)

指　　标		永康市	武义县	浦江县	磐安县
工业用水总量	(万吨)	195.28	1418.21	1594.31	105.67
工业废水排放量	(万吨)	82.69	455.79	903.33	57.77
工业废水排放达标量	(万吨)	82.48	416.76	818.90	54.03
工业废水排放达标率	(%)	99.75	91.44	90.65	93.52
工业废气排放总量	(万标立方米)	29589	137781	383327	6660
#燃料燃烧中排放的		28886	43871	370757	6169
生产工艺中排放的		703	93910	12570	491
工业二氧化硫去除量	(吨)	35.83			
#燃料燃烧中去除量		35.83			
生产工艺中去除量					
工业二氧化硫排放量	(吨)	404.83	639.31	1833.12	132.44
#排放达标量		322.54		812.16	
烟尘去除量	(吨)	156.47	2316.88	4608.32	126.17
烟尘排放量	(吨)	501.80	326.40	616.11	216.52
#排放达标量		501.37	52.49	591.11	0.00
工业粉尘去除量	(吨)	3.00	1350.27	960.00	6.76
工业粉尘排放量	(吨)	45.35	30.26	375.00	37.30
#排放达标量		45.27	21.90	285.00	1.09
工业固体废物产生量	(万吨)	1.81	15.54	5.54	0.33
工业固体废物处置量	(万吨)	0.07		0.71	0.01
工业固体废物综合利用量	(万吨)	1.73	13.23	4.84	0.31
工业固体废物综合利用率	(%)	95.84	85.14	87.24	95.85
工业锅炉数	(台)	45.0	37.0	51.0	16.0
#烟尘排放达标的		45.0	15.0	50.0	2.0
工业炉窑	(台)	15	6	15	15
#烟尘排放达标的		15	2	15	
"三废"综合利用产品产值	(万元)	3322.1	692.8	284.8	15.3

12—3　各类科学技术专业人员

（2004 年）

单位：人

指　　标	金华市	市 区	兰溪市	义乌市	东阳市
总　计	68761	18453	7777	11464	9991
△按职称分组					
高级	3945	1709	388	506	453
中级	25435	6861	2979	3867	3877
初级	35861	9253	4019	6233	5147
△按学科分组					
1. 工程技术人员	6733	2485	478	1165	663
2. 农业技术人员	2333	434	337	320	298
3. 科学研究人员	109	49		1	
4. 卫生技术人员	14045	4027	1056	2655	2340
5. 教学人员	37019	7866	5072	6036	6110
△按国民经济行业分组					
1. 农、林、牧、渔业	2971	715	111	576	572
2. 制造业	2270	1907			
3. 电力、燃气及水的生产和供应业	536	43	183	69	31
4. 建筑业	135	16	69		
5. 交通运输、仓储和邮政业	1373	496	79	375	35
6. 批发和零售业	720	311	142	8	156
7. 金融业	617	611		6	
8. 房地产业	372	29	28	187	68
9. 租赁和商务服务业	49	19	5	22	3
10. 科学研究、技术服务和地质勘查业	672	280	87	64	109
11. 水利、环境和公共设施管理业	1452	439	130	165	280
12. 居民服务和其他服务业	652	62	459	31	15
13. 教育	37490	8130	5097	6107	6100
14. 卫生、社会保障和社会福利业	13853	4055	1088	2691	2310
15. 文化、体育和娱乐业	2314	817	226	436	198

12—3续表　　(2004年)　　单位:人

指　　标	永康市	武义县	浦江县	磐安县
总　计	7677	4894	5564	2941
△按职称分组				
高级	380	179	226	104
中级	3057	1797	1988	1009
初级	3823	2552	3080	1754
△按学科分组				
1.工程技术人员	615	519	437	371
2.农业技术人员	342	209	263	130
3.科学研究人员		57		2
4.卫生技术人员	1546	863	1030	528
5.教学人员	4323	2722	3260	1630
△按国民经济行业分组				
1.农、林、牧、渔业	161	395	159	282
2.制造业	351		12	
3.电力、燃气及水的生产和供应业	70	140		
4.建筑业	47		3	
5.交通运输、仓储和邮政业	213	52	60	63
6.批发和零售业	86		17	
7.金融业				
8.房地产业	26		23	11
9.租赁和商务服务业				
10.科学研究、技术服务和地质勘查业	8	52	47	25
11.水利、环境和公共设施管理业	73	114	161	90
12.居民服务和其他服务业	19	25	41	
13.教育	4307	2810	3288	1651
14.卫生、社会保障和社会福利业	1517	546	1095	551
15.文化、体育和娱乐业	115	195	196	131

12—4 全市及市区研究和开发成果获奖情况

（2004 年）　　　　单位:项

指　　标	金华市	市　区
科技进步奖	73	30
#省级		
市地级	73	30

12—5 全市专利情况

（2004 年）　　　　单位:项

指　　标	当年实绩	从专利法实施以来累计
申请数	3430	11826
授权数	2027	9568
△授权专利分类		
1.发明	27	562
2.实用新型	631	3586
3. 外观设计	1369	5420

12—6 全市历年各类在校生、专任教师情况

（1978—2004 年）

单位:人

年份	高等学校		中等专业学校		普通中学		小学	
	在校学生数	专任教师数	在校学生数	专任教师数	在校学生数	专任教师数	在校学生数	专任教师数
1978	2023	261	2431	143	262336	11301	513011	17312
1979	2472	320	3252	272	215769	10439	497541	17885
1980	2952	385	3350	305	210412	10004	505247	17332
1981	3370	394	3038	322	196761	9988	488508	17434
1982	3022	504	3224	339	195123	9533	468094	16148
1983	3406	533	3096	349	200085	9567	446890	15675
1984	3782	581	3345	388	212978	9597	432688	15391
1985	4368	704	3885	450	224582	10083	422981	15393
1986	4336	676	5098	529	234963	10383	414832	14936
1987	4215	680	5843	618	237775	10878	396406	14900
1988	3904	692	6184	664	240110	11609	384537	14941
1989	3762	706	5883	663	236595		383323	
1990	3734	708	5689	642	235024	12071	373414	
1991	3644	704	5351	645	238043	12002	348595	13015
1992	3638	708	5702	627	233991	12116	332072	13020
1993	4490	690	6896	624	233317	12454	321855	12766
1994	5097	677	9745	665	241042	12776	315081	12963
1995	5185	678	14697	698	246423	13481	312924	13305
1996	7000	659	19228	718	242732	13909	322254	13792
1997	10945	800	14948	772	228369	14372	337935	14249
1998	7228	944	15835	699	226513	14629	339700	14690
1999	9303	1231	16084	740	240492	14764	357591	15115
2000	14458	1337	8442	107	257171	15337	350643	15147
2001	21509	1475	11968	310	268165	15812	344021	15008
2002	27686	1975	14290	403	275838	16121	333530	14884
2003	43683	2510	12634	122	272850	16482	332283	14746
2004	41418	2643	13614	149	261989	16745	336796	14818

12—7　全市各级各类学校基本情况

（2004 年）　　　　单位:所、班、人

指　　标	学校数	班级数	毕业生数	招生数	在校生数	教职工数	#专任教师
高等学校	6	1049	9988	15164	41418	4405	2643
成人高校	2	106	2209	2207	5009	439	281
普通中专	7	325	3171	4691	13614	271	149
技工学校	8		2301		11465		692
成人中专	8	22	501	301	741	58	34
职业高中	46	1470	19587	24449	71694	3709	3161
普通高中	65	1661	25205	30732	85460		5500
普通初中	210	3591	64932	49303	176529		11245
小学	735	8293	47821	46883	336796	15883	14818
幼儿园	1972	5645	51060	49890	132520	9771	6613
特殊教育学校	7	61	115	161	1031	140	117
成人中等专业学校	8	22	501	301	741	58	34
职业技术培训学校	16	433	35640			251	160
农村成人文化技术培训学校	1072	4356	505281			2435	487
其他培训机构	106	659	57650			793	515

12—8 教育事业基本情况

（2004 年）

单位：所、人

指　　标	金华市	市　区	兰溪市	义乌市	东阳市
一、学校数					
1.高等学校	6	4		1	1
2.中等专业学校	7	5			1
3.技工学校	8	5	1	1	
4.普通中学	275	53	46	37	53
5.职业中学	46	16	7	4	9
6.普通小学	735	123	137	90	154
7.特殊教育学校	7	2	1	1	1
8.幼儿园	1972	432	375	341	191
二、成人学校数					
1.中学	3				
2.小学	73				
3.职工技术培训学校	1194				
三、各类学校毕业人数					
1.高等学校	9988	9194		723	71
2.中等专业学校	3171	3034			137
3.技工学校	2301	1188	182	356	
4.普通中学	90137	17243	13259	14102	14819
#初中	64932	12510	9799	9909	10427
高中	25205	4733	3460	4193	4392
5.职业中学	19587	7543	813	3016	3971
6.普通小学	47821	7969	8683	8482	7903
7.成人中学	258				
8.成人小学	2904				
四、各类学校在校生人数					
1.高等学校	41418	34994		3178	3246
2.中等专业学校	13614	11001			2324
3.技工学校	11465	7924	428	1758	

12—8续表1　　(2004年)　　单位:所、人

指　标	永康市	武义县	浦江县	磐安县
一、学校数				
1.高等学校				
2.中等专业学校	1			
3.技工学校		1		
4.普通中学	31	15	25	15
5.职业中学	4	3	1	2
6.普通小学	82	41	75	33
7.特殊教育学校	2			
8.幼儿园	222	148	185	78
二、成人学校数				
1.中学				
2. 小学				
3.职工技术培训学校				
三、各类学校毕业人数				
1.高等学校				
2. 中等专业学校				
3.技工学校		575		
4.普通中学	12910	6845	7599	3360
#初中	9611	4885	5306	2485
高中	3299	1960	2293	875
5.职业中学	1818	1111	524	791
6.普通小学	4123	3815	5150	1696
7.成人中学				
8.成人小学				
四、各类学校在校生人数				
1.高等学校				
2.中等专业学校	289			
3.技工学校		1355		

12—8续表2　　(2004年)　　单位:所、人

指　　标	金华市	市　区	兰溪市	义乌市	东阳市
4.普通中学	261989	46415	40127	44084	43777
#初中	176529	29106	28474	29902	28816
高中	85460	17309	11653	14182	14961
5.职业中学	71694	26980	5257	10387	11187
6.普通小学	336796	57688	50340	67334	58731
7.幼儿园在园人数	132520	24973	12870	33840	21949
8.成人中学	369				
9.成人小校	2605				
五、各类学校专任教师人数					
1.高等学校	2643	2643			
2.中等专业学校	149	123			
3.技工学校	692	548	22	53	
4.普通中学	16745	3365	2264	2716	2941
5.职业中学	3161	944	246	606	656
6.普通小学	14818	3065	2160	2361	2510
7.幼儿园	6613	1375	668	1786	878
8.成人中学	11				
9.成人小学					
六、学生入学、升学毕业情况					
1.初中毕业升高中段学生数	59040	11422	8396	9499	9697
#升入普通高中学生数	29142	5476	4184	4748	4832
初中升高中段比例(%)	90.93	91.30	85.68	95.86	93.00
#升入普通高中比例(%)	44.88	43.77	42.70	47.92	46.34
2.普通高校录取人数	26360	5063	3102	4707	5335

12—8 续表 3　　　　　　　　　　(2004 年)　　　　　　　　　　单位:所、人

指　　标	永康市	武义县	浦江县	磐安县
4.普通中学	35518	20372	22372	9324
#初中	23367	14026	16311	6527
高中	12151	6346	6061	2797
5.职业中学	7438	3814	3939	2692
6.普通小学	37765	20799	30739	13400
7.幼儿园在园人数	16534	6417	10630	5307
8.成人中学				
9.成人小校				
五、各类学校专任教师人数				
1.高等学校				
2.中等专业学校	26			
3.技工学校		69		
4.普通中学	2261	1153	1414	631
5.职业中学	342	109	101	157
6.普通小学	1688	1055	1368	611
7.幼儿园	840	361	459	246
8. 成人中学				
9. 成人小学				
六、学生入学、升学毕业情况				
1.初中毕业升高中段学生数	8645	4365	4777	2239
#升入普通高中学生数	4361	2308	2150	1083
初中升高中段比例(%)	89.95	89.36	90.03	90.10
#升入普通高中比例(%)	45.38	47.25	40.52	40.52
2.普通高校录取人数	3007	1708	2329	1109

12—9 全市普通中等专业学校和成人中专学校情况

(2004 年)　　单位:人

学　校	毕业生数	招生数	在校生数	教职工数	专任教师
一、普通中等专业学校	**3171**	**4691**	**13614**	**271**	**149**
浙江贸易学校	565	868	2339		
金华商业学校	212	667	1386	98	61
浙江广厦建设职业技术学院中专部	137	303	2324		
金华体育运动学校	126	150	394		
金华铁路司机学校	912	1131	3277	139	62
永康卫生学校		289	289	34	26
金华职业技术学院中专部	1219	1283	3605		
二、成人中专学校	**501**	**301**	**741**	**194**	**126**
金华工业职工中专	50	104	207	33	19
金华职工中专卫校	249	137	429	25	15
金华广播电视中专	202	60	105		
永康教师进修学校				25	17
东阳教师进修学校				39	26
兰溪教师进修学校				31	22
浦江教师进修学校				15	9
武义教师进修学校				26	18

12—10 文化事业及活动情况

(2004年)

指标		金华市	市区	兰溪市	义乌市	东阳市
一、影剧院电影放映情况						
电影放映场次	(场次)	13378	5431	997	3139	751
电影观众人数	(万人次)	29.10	7.80	2.00	11.50	2.20
票房收入	(万元)	593.00	168.00	25.00	282.00	30.00
二、艺术表演场所	(所)	7	2	1	1	1
演出场次	(场)	497	29	30	41	58
观众人数	(千人次)	215	29	20	42	29
三、艺术表演团体	(个)	5	2	1	1	1
演出场次	(场)	1120	544	164	190	222
观众人数	(千人次)	2124	1294	164	400	266
四、公共图书馆	(个)	9	2	1	1	1
公共图书馆总藏量	(册)	1795285	878627	84528	187000	177410
#古籍		77441			45875	17000
图书		1584201	822379	78235	167348	133390
公用图书馆面积	(平方米)	47408	20465	5553	3900	5150
五、群艺馆、文化馆数		9	2	1	1	1
文化站数	(个)	141	11	15	13	18
#乡镇文化站		30	9	9		12
组织文艺活动次数	(次)	432	92	34	150	60
群艺馆、文化馆面积	(平方米)	10117	894	3441		1707
六、文物事业单位数	(个)	12	3	1	2	1
#国家级文物保护		10	3	1	2	1

12—10续表　　　　　　　　　　　（2004年）

指　　标		永康市	武义县	浦江县	磐安县
一、影剧院电影放映情况					
电影放映场次	（场次）	1982	469	609	
电影观众人数	（万人次）	4.40	0.70	0.50	
票房收入	（万元）	75.00	5.00	8.00	
二、艺术表演场所	（所）		1	1	
演出场次	（场）		61	278	
观众人数	（千人次）		45	50	
三、艺术表演团体	（个）				
演出场次	（场）				
观众人数	（千人次）				
四、公共图书馆	（个）	1	1	1	1
公共图书馆总藏量	（册）	160000	106469	154928	46323
#古籍		2816	1913	9824	13
图书		120000	82206	137106	43357
公用图书馆面积	（平方米）	1295	6800	1815	2430
五、群艺馆、文化馆数		1	1	1	1
文化站数	（个）	11	18	35	20
#乡镇文化站					
组织文艺活动次数	（次）	40	14	17	25
群艺馆、文化馆面积	（平方米）		1750	1085	1240
六、文物事业单位数	（个）	1	2	1	1
#国家级文物保护			2	1	

12—11　体育事业发展情况

（2004 年）

指　　标		金华市	市　区	兰溪市	义乌市	东阳市
一、体育局系统从业人员	（人）	193	134	3	8	6
二、业余体校在训人数	（人）	465	330			
三、体育运动学校运动班人数	（人）	286	286			
四、等级运动员数	（人）	151	48	2	45	2
#一级以上						
五、等级裁判数	（人）	58	38		14	
#一级以上						
六、社会体育指导员数	（人）	1045	731	60		96
七、室外全面健身公园、广场	（个）					
#乒乓球台		89	9			
八、室内全民健身中心	（个）					
#蓝排球房		9	2	1	1	1
羽毛球房		13	4	1	2	2
九、青少年体育俱乐部	（个）	2	1	1		
十、举办综合运动会次数	（次）	7	3	2	1	1
十一、举办全民健身活动次数	（次）	92	46	3	20	6
十二、本年体育彩票发行额	（万元）	10982	2857	629	3754	1410
十三、在校中小学体育锻炼达标率	（%）	98.5	98.0	99.2	99.4	98.2

12—11续表　　　　　　　　　　(2004年)

指　　标		永康市	武义县	浦江县	磐安县
一、体育局系统从业人员	(人)	10	8	19	5
二、业余体校在训人数	(人)			135	
三、体育运动学校运动班人数	(人)				
四、等级运动员数	(人)	29	3	22	
＃一级以上					
五、等级裁判数	(人)	3		3	
＃一级以上					
六、社会体育指导员数	(人)			158	
七、室外全面健身公园、广场	(个)				
＃乒乓球台		46	34		
八、室内全民健身中心	(个)				
＃蓝排球房		1	1	1	1
羽毛球房		1	1	1	1
九、青少年体育俱乐部	(个)				
十、举办综合运动会次数	(次)				
十一、举办全民健身活动次数	(次)		2	8	7
十二、本年体育彩票发行额	(万元)	1154	407	613	158
十三、在校中小学体育锻炼达标率	(%)	95.1	98.0	99.0	99.0

12—12 全市历年医疗机构、卫生机构、床位和人员数

（1978—2004 年）

年 份	医疗机构数（个）	卫生机构数（个）		床位数（张）		人员数（人）	
			医院		医院		医院
1978	694		368	4309	3842	6252	2744
1979	728		372	4501	4176	6576	2676
1980	746		373	4963	4659	7257	2805
1981	776		375	5164	4763	8219	3276
1982	800		377	5447	5032	9159	3535
1983	816		381	5780	5339	10491	3666
1984	835		381	6127	5597	12220	3843
1985	847		381	6801	6077	10893	3834
1986	851		381	6801	6077	10893	3834
1987	867		381	7072	6331	11273	4106
1988	868		381	7499	6674	11636	5122
1989	880		49	8186	5221	11963	5621
1990	897		381	8444	7535	13107	5757
1991	898		388	8570	7752	13804	5998
1992	904		384	8978	8138	14207	6256
1993	906		344	9239	8304	13889	6063
1995	910		384	9377	8790	14286	6976
1996		430	382	9499	6864	14581	6258
1997		429	38	9531	6819	11876	5785
1998		408	40	9704	7101	12705	5871
1999		404	43	9955	7441	12970	7858
2000		399	44	10442	7602	13297	8042
2001		343	45	10645	8004	13900	8670
2002		440	50	11443	8950	14511	9171
2003	1217	433	51	11864	9317	15248	9826
2004	1274	431	60	12020	9642	15937	10135

注：医疗机构包括卫生机构、诊所、卫生所、医务室、社区卫生服务站。

12—13 卫生事业情况

（2004 年）

指　　标		金华市	市　区	兰溪市	义乌市	东阳市
一、医疗机构数	**（个）**	**431**	**103**	**63**	**59**	**64**
△1. 市		337	103	63	59	64
2. 县		94				
△1. 医院		60	22	6	8	8
＃综合医院		38	16	4	5	5
中医医院		10	4	1	1	1
专科医院		11	6	1	2	2
2. 卫生院		282	39	50	45	51
3. 门诊部		26	22			
4. 采供血机构		4	1		1	
5. 妇幼保健机构		10	3	1	1	1
6. 专科疾病防治院		6	3	1		
7. 疾病预防控制中心		11	3	1	1	1
8. 卫生监督所		10	3	1	1	1
9. 卫生监督检验所						
10. 其他卫生机构		13	8	1	1	1
二、床位数	**（张）**	**12020**	**3911**	**1208**	**2002**	**1679**
△1. 市		10238	3911	1208	2002	1679
2. 县		1782				
△1. 医院		9642	3414	679	1717	1393
2. 卫生院		1758	351	437	200	226
3. 妇幼保健机构		444	62	30	85	60
三、卫生技术人员数	**（人）**	**15937**	**4593**	**1634**	**3094**	**2306**
＃执业医师		5980	1720	547	1129	943
执业助理医师		1566	338	239	255	279
注册护士		4650	1502	430	914	593
药剂人员		1530	452	159	320	205
检验人员		749	217	70	133	125

12—13 续表　　　　　　　　　　　　　　（2004 年）

指　　标		永康市	武义县	浦江县	磐安县
一、医疗机构数	（个）	48	31	36	27
△1.市		48			
2.县			31	36	27
△1.医院		6	2	6	2
＃综合医院		5	1	1	1
中医医院		1		2	
专科医院					
2.卫生院		37	20	20	20
3.门诊部				3	1
4.采供血机构		1		1	
5.妇幼保健机构		1	1	1	1
6.专科疾病防治院			1	1	
7.疾病预防控制中心		1	2	1	1
8.卫生监督所		1	1	1	1
9.卫生监督检验所					
10.其他卫生机构			2		
二、床位数	（张）	1438	705	626	451
△1.市		1438			
2.县			705	626	451
△1.医院		1120	547	533	239
2.卫生院		153	135	93	163
3.妇幼保健机构		165	23		19
三、卫生技术人员数	（人）	1667	1015	1127	501
＃执业医师		675	391	393	182
执业助理医师		141	105	133	76
注册护士		414	307	361	129
药剂人员		142	101	118	33
检验人员		85	42	51	26

12—14 广播、电视基本情况

（2004 年）

指　　标		金华市	市　区	兰溪市	义乌市	东阳市
一、中、短波广播发射机情况						
调频发射机台数	（座）	9	3	1	1	1
调频发射机功率	（千瓦）	2.95	1.15	0.3	0.3	0.3
二、有线广播电视网络情况						
网络总长	（公里）	14230.5	360.0	3036.0	1400.0	1400.0
＃县及县以下网络总长		13815.47		3036	1400.0	1400.0
总用户数	（万户）	66.20	6.0	10.0	17.5	12.0
三、全年播出时间						
无线广播播音时间	（时:分）	53696:25	16241:00	6022:30	6387:30	5840:00
＃制作节目播出时间	（时:分）	34408:25	13625:00	4562:30	5657:30	2913:00
四、全年播出时间						
无线电视播出时间	（时:分）	45339:30	14036:00	4051:30	6205:00	2798:00
＃制作节目播出时间		17511:23	5329:00	1789:00	730:53	638:30
本年制作电视节目	（小时）	5138	1487	1059	357	586
＃新闻		1539	646	164	143	91
专题		1467	697	167	109	115
五、广播电视覆盖率						
广播综合覆盖率	（%）	98.57	98.00	100.00	99.50	99.60
电视综合覆盖率	（%）	99.34	99.66	100.00	99.79	99.57
六、从业人员数	（人）	1787	450	250	232	267
七、乡镇广播电视站	（个）	119	27	22	6	12
通广播电视行政村	（个）	5730	1104	646	739	1202

12—14 续表 (2004年)

指　　标		永康市	武义县	浦江县	磐安县
一、中、短波广播发射机情况					
调频发射机台数	（座）	1	1	1	
调频发射机功率	（千瓦）	0.3	0.3	0.3	
二、有线广播电视网络情况					
网络总长	（公里）	3105.7	1105.2	3575.0	248.6
#县及县以下网络总长		3050.7	1105.2	3575.0	248.6
总用户数	（万户）	13.0	4.5	1.2	2
三、全年播出时间					
无线广播播音时间	（时:分）	6022:30	5566:15	5840:00	1776:40
#制作节目播出时间	（时:分）	1642:30	3011:15	1950:00	1046:40
四、全年播出时间					
无线电视播出时间	（时:分）	5840:00	4015:00	4927:00	3467:00
#制作节目播出时间		2340:30	1642:30	3947:00	1094:00
本年制作电视节目	（小时）	856	286	219	288
#新闻		305	65	79	46
专题		190	52	45	92
五、广播电视覆盖率					
广播综合覆盖率	（%）	100.00	98.29	95.01	93.02
电视综合覆盖率	（%）	98.25	98.29	99.00	98.45
六、从业人员数	（人）	143	156	156	133
七、乡镇广播电视站	（个）	5	15	12	20
通广播电视行政村	（个）	710	544	422	363

12—15 全市及市区民政事业情况

（2004年）

指　　标		金华市	市　区
一、收养性福利类单位	（个）	92	20
#社会福利院		9	2
床位数	（张）	8841	1886
#社会福利院		1278	280
年住院总人天数	（人天）	1255644	324994
二、优待优抚对象户数	（户）	13719	1816
三、革命伤残人员			
享受伤残保健金人数	（人）	1882	498
享受伤残抚恤金人数	（人）	1000	190
四、登记结婚数	（对）	37263	8613
初婚人数	（人）	69315	15353
再婚人数	（人）	4887	1549
复婚数	（对）	167	86
离婚数	（对）	4295	1221
涉外、华侨、港澳台居民登记结婚	（对）	162	162
五、福利企业职工人数	（人）	20353	7428
#残疾职工人数		9232	3308
六、城镇低保人数	（人）	4398	1373
城镇低保家庭数	（户）	2469	792
七、农村低保人数	（人）	46556	7445
农村低保家庭数	（户）	31091	5653
八、城镇社区服务设施数	（个）	663	161

12—16 全市及市区质量技术监督情况

(2004年)

指　　标		金华市	市　区
机构数	(个)	17	3
职工人数	(人)	472	121
行政执法人员数	(人)	244	69
抽查计量器具	(台件)	248	124
合格计量器具	(台件)	236	114
已强检的计量标准器具	(台件)	886	290
抽查定量包装商品批次	(批次)	2672	822
抽查定量包装合格批次	(批次)	2491	741
年内检测计量仪器	(台件)	65554	19112
1.长度		18878	4408
2.温度		3652	1898
3.力学		32670	6738
4.电磁		2672	1739
5.光学		97	30
6.化学		296	287
7.声学		54	
8.电离辐射		146	
9.无线电		105	
10.时间频率			
11.其他		6984	4012
立案受理案件	(件)	1154	350
现场处罚案件	(件)	892	251
罚没金额	(万元)	1825	616

12—17 全市及市区档案事业情况

（2004 年）

指　　标		金华市	市　区
一、档案馆个数	（个）	8	1
年末专业人员数	（人）	99	27
二、馆藏档案			
全宗	（个）	1719	427
案卷：卷数	（卷）	968596	205783
长度	（米）	19855	3487
已整编			
△1.建国前	（卷）	43894	8553
2.建国后	（卷）	924702	197302
△照片档案	（张）	1564	6675
△馆藏资料	（册）	95336	22655
三、年内接收档案	（卷）	106143	20456
四、开放档案案卷	（卷）	170834	21588
五、查阅人数	（人次）	19653	3589
利用档案	（卷次）	53838	9756
利用资料	（册次）	938	195
六、设备			
电子计算机	（台）	81	15
空调器	（台）	96	29
去湿机	（台）	34	6
七、库房面积	（平方米）	8758	1868

注：本表不包括城市建设档案馆

12—18 旅游事业发展情况

（2004 年）

项目		金华市	市区	兰溪市	义乌市	东阳市
一、国际旅游者人数合计	（人次）	234559	20105	3842	182701	3334
外国人		190647	15000	1896	154060	2489
香港同胞		19057	2167	391	13005	384
港澳同胞		794	144	16	521	31
台湾同胞		24061	2814	1539	15115	430
二、国际旅游者人天数	（人天）	633677	53037	4928	516765	9593
外国人		539285	42188	2839	452497	6471
香港同胞		40825	4762	423	27993	1403
澳门同胞		2390	369	24	1711	74
台湾同胞		51177	5718	1642	34564	1645
三、旅游创汇收入合计	（万美元）	12280.98	1030.00	94.51	10010.00	186.90
＃宿费		1052.80	89.00	7.00	861.00	14.00
长途交通费		2547.80	214.00	17.00	2082.00	35.00
四、国内旅游事业						
国内旅游接待人次	（万人）	1198.85	213.75	88.16	309.15	280.75
国内旅游收入	（亿元）	84.15	20.16	6.19	21.70	19.71
五、旅游涉外饭店情况						
星级饭店个数	（座）	108	33	9	25	15
星级饭店客房总数	（间）	9450	2571	547	2637	2020
星级饭店床位数	（张）	17611	4863	974	4647	3909
六、旅游区（点）情况						
AAAA 级	（个）	2	1			1

12—18续表　　　　　　　　　　(2004年)

项　　目		永康市	武义县	浦江县	磐安县
一、国际旅游者人数合计	**(人次)**	**21819**	**1389**	**835**	**534**
外国人		15268	925	616	393
香港同胞		2790	161	84	75
港澳同胞		58	13	6	5
台湾同胞		3683	290	129	61
二、国际旅游者人天数	**(人天)**	**44212**	**2476**	**1721**	**945**
外国人		31637	1773	1206	674
香港同胞		5602	302	207	133
澳门同胞		171	13	16	12
台湾同胞		6802	388	292	126
三、旅游创汇收入合计	**(万美元)**	**860.00**	**48.14**	**33.43**	**18.00**
#宿费		74.00	4.00	2.20	1.60
长途交通费		179.00	10.00	7.00	3.80
四、国内旅游事业					
国内旅游接待人次	(万人)	148.46	50.62	81.58	26.38
国内旅游收入	(亿元)	10.42	3.55	0.57	1.85
五、旅游涉外饭店情况					
星级饭店个数	(座)	12	6	5	3
星级饭店客房总数	(间)	911	374	236	154
星级饭店床位数	(张)	1712	741	467	298
六、旅游区(点)情况					
AAAA级	(个)				

主要统计指标解释

工业废水排放量 指经过企业厂区所有排放口到企业外部的工业废水量。包括生产为水、外排的直接冷 水、超标排放的矿井地下水和与工业废水混排的厂区生活污水，不包括外排的间接冷却水(清污不分流的间按冷却水应计算在内)。

工业废水排放达标量 指各项指标都达到国家或地方排放标准的外排工业废水量，包括未经处理外排达标的和经过处理后外排达标的和两部分。国家排放标准风 GB8978-88。

工业废水处理量 指报告期内各种水治理设施实际处理的工业废水量，包括处理后外排的和处理后回用的工业废水量。虽然处理但未达到国家或地方排放标准的废水量也应计算在内。计算时，如遇有车间和厂排放口均有治理设施，并对同一废水分级处理时，不应重复计算工业废水处理量。

工业废气排放量 指企业厂区内燃料燃烧和生产工艺过程中产生的各种排入空气的含有污染物的气体的总量，以标准状态(273K，101325Pa)计。

工业固体废物产生量 指企业在生产过程中产生的固体状、半固体状和高浓度液体状废弃物的总量，包括危险废物、冶炼废渣、粉煤灰、炉渣、煤矸石、尾矿、放射性废物和其他废物等；不包括矿山开采的剥离废石和掘进废石(煤矸石和呈酸性或碱性的废石除外)。酸性或碱性废石是指采掘的废石其流经水、雨淋水的 pH 值小于 4 或 pH 值大于 10.5 者。

工业固体废物综合利用量 指通过回收、加工、循环、交换等方式，从固体废物中提取或者使其转化为可以利用的资源、能源和其他原材料的固体废物量(包括当年利用往年的工业固体废物累计贮存量)。如用作农业肥料、生产建筑材料、筑路等。综合利用量由原产生固体废物的单位统计。

“三废”综合利用产品产值 指利用“三废”(废液、废气、废渣)作为主要原料生产的产品产值(现行价)，已经销售或准备销售的，应计算产品产值；但留作生产上自用的，不应计算产品产值。

专业技术人员 指已取得科学技术职称，或大学、中专的理、工、农、医科系毕业，以及国民经济各部门从工作实践中提拔，从事理、工、农、医等自然科学技术的研究、教学、生产的专业人员和在机关、企业、事业中从事科学技术业务管理工作的专业人员。

普通高等学校 指按照国家规定的设置标准和审批程序批准举办，通过国家统一招生考试，招收高中毕业生为主要培养对象，实施高等教育有全日制大学、独立设置的学院和高等专科学校、短期职业大学。

成人高等学校 指按照国家有关规定审批，招收通过全国成人高教统一招生考试的具有高中毕业或同等学历的在职从业人员利用脱产、半脱产、业余或函授等多种形式对其实施高等学历教育，培养高等教育专科或本科毕业水平的专门人才，修业年限、课程设置和总学时数均按商等学历教育要求付诸实施的学校。包括广播电视大学、职工高等学校、农民高等学校、管理干部学院、教育学院、独立设置的函授学院等。

艺术表演团体 指从事戏曲、音乐、舞蹈、杂技等专业艺术表演，有独立帐户，实行单独核算的团体。不包括半工半艺、半农半艺和民间职业剧团。

等级运动员人数 指经考核正式批准授予等级运动员称号的人数。运动员等级分为国际级运动健将、运动健将、一级运动员、二级运动员、三级运动员、少年运动员。

等级裁判员人数 指经考核正式批准授予等级裁判员称号的人数。裁判员等级分为国际裁判、国家级裁判、一级裁判、二级裁判、三级裁判。

医院 指名称为医院，设有固床位能收容病人住院并能为病人提供医疗、护理服务的医疗机构。包括县及县以上医院、农村乡卫生院、其他医院三部分。按所属性质分为卫生部门、工业及其他部门，集体经济单位三类。其中县及县以上医院按业务性质分为综合医院和专科医院。

卫生技术人员 指卫生事业机构支付工资的全部固定职工和合同制职工中现任职务为卫生技术工作的专业人员。包括中医师、西医师、中西医结合高级医师、护师、中药师、西药师、检验师、其他技师、中医士、西医士、护士、助产士、中药剂士、西药剂士、检验士;其他技士、其他中医、护理员、中药剂员、西药剂员、检验员，其他初级卫生技术人员。

医生 指经卫生部门审查合格，从事医工作的专业人员。分为中医医生和西医医生。包括卫生技术人员中的中医师、西医师、中西结合高级医师、中医士、西医士和其他中医。

社会福利事业单位 指集中收养社会孤老，残，幼的机构。包括由民政部门管理的社会福利院、儿童福利院、精神病人福利院和城镇集体办的福利院，以及农村集体举办的敬老院。

市区基本情况

Basic Statistics on the City Proper

Chapter 13

13—1 市区人口情况

（2004年末）

地　　区	总户数（户）	总人口（人）	一、按性别分		二、按农业和非农业分	
			男性	女性	农业人口	非农业人口
市区	349127	922084	472281	449803	612186	309898
婺城区	227947	622424	319747	302677	336714	285710
城东街道	11429	30523	15669	14854		30523
城中街道	11444	32725	16093	16632		32725
城西街道	6927	18191	9753	8438	2	18189
城北街道	16156	61238	29452	31786	1243	59995
江南街道	12570	33281	16722	16559	2	33279
三江街道	12153	32946	16528	16418	3	32943
西关街道	6004	17146	9133	8013	10	17136
秋滨街道	6464	21930	9714	12216	3992	17938
新狮街道	6069	15183	7553	7630	7325	7858
罗店镇	7021	17383	8857	8526	16011	1372
蒋堂镇	8093	27092	16584	10508	24459	2633
汤溪镇	17002	43999	22609	21390	40628	3371
罗埠镇	13164	35261	17996	17265	33684	1577
雅畈镇	7868	21900	11260	10640	21227	673
琅琊镇	6686	18107	9431	8676	17385	722
洋埠镇	5611	15638	7996	7642	14969	669
安地镇	5781	15552	8148	7404	15258	294
白龙桥镇	27065	61757	33029	28728	47048	14709
乾西乡	7808	18730	9381	9349	13259	5471
竹马乡	4298	11034	5652	5382	10768	266
长山乡	5042	12732	6493	6239	12247	485
箬阳乡	1383	4134	2230	1904	4060	74
沙畈乡	4962	13198	7115	6083	13029	169
苏孟乡	6646	16091	8067	8024	13885	2206
岭上乡	3591	8589	4449	4140	8471	118
塔石乡	4400	11660	6319	5341	11437	223
莘畈乡	2310	6404	3514	2890	6312	92
金东区	121180	299660	152534	147126	275472	24188
多湖街道	8836	21106	10370	10736	15595	5511
东孝街道	6450	16010	7860	8150	10660	5350
傅村镇	9593	23507	11880	11627	22855	652
孝顺镇	26735	63622	32345	31277	56265	7357
曹宅镇	16184	40981	21103	19878	39367	1614
塘雅镇	11234	28773	14728	14045	27942	831
岭下镇	5985	15216	7826	7390	14839	377
源东乡	6587	16277	8529	7748	15990	287
赤松镇	11332	28614	14452	14162	28040	574
澧浦镇	13770	34160	17638	16522	32911	1249
江东镇	4474	11394	5803	5591	11008	386

13—2 市区农业基本情况

（2004 年）

指标		市区	市直	开发区	婺城区	金东区
一、农村基层组织情况						
乡镇个数	（个）	27		1	17	9
（1）乡政府		10		1	8	1
（2）镇政府		17			9	8
农村街道办事处	（个）	4		1	1	2
村民委员会个数	（个）	1078		38	547	493
村民小组个数	（万个）	0.76		0.02	0.35	0.39
二、农村住户数、人口						
农村住户数	（万户）	23.82		0.7	11.76	11.36
农村人口数	（万人）	63.66		1.87	32.42	29.37
三、农村劳动力资源总数	（万人）	41.79		1.08	21.35	19.36
劳动年龄内的人口数		39.35		1	20.06	18.29
农村实有劳动力合计		40.42		1.04	20.69	18.69
#女劳动力		18.88		0.49	9.72	8.67
△按部门分						
1.农、林、牧、渔业劳动力		24.6		0.73	12.37	11.5
（1）农业		22.46		0.67	11.17	10.62
（2）林业		0.55			0.49	0.06
（3）牧业		1.35		0.05	0.61	0.69
（4）渔业		0.24		0.01	0.1	0.13
2.工业劳动力		4.31		0.08	1.8	2.43
3.建筑业劳动力		1.78		0.05	1.01	0.72
4.交通运输、仓储业及邮电通讯业		1.5		0.05	0.82	0.63
5.批发、零售贸易业、餐饮业劳动力		2.68		0.07	1.32	1.29
6.其他非农行业劳动力		5.55		0.06	3.37	2.12
四、耕地面积	（公顷）					
上年年末数		38316.6	305.5	1173.8	21390.5	15446.8
本年内增加数合计		526.6	19.7		376.8	130.1
本年内减少数合计		617.7		128.7	348.2	140.8
本年年末数合计		38225.5	325.2	1045.1	21419.1	15436.1
五、农村能源和农业物资消耗						
农村用电量	（万千瓦小时）	26563	94	1313	8362	16794
农村化肥施用量						
按标准量计算	（吨）	101236	450	2714	59997	38075
按折纯量计算	（吨）	21290	93	544	12723	7930
农用薄膜使用量	（吨）	950	1	9	406	534
农用柴油	（吨）	5860	1	98	2762	2999
农药使用量	（吨）	1671	11	29	947	684
六、农作物播种面积总计	（公顷）	50612	59	1303	34577	14673
（一）粮食作物合计		26327	2	346	20120	5859
1.谷物		23464	2	299	18317	4846
#稻谷		22338	2	254	17511	4571
小麦		261			242	19
大麦		11			10	1
玉米		742		45	519	178
2.豆类		1998		28	1220	750
#大豆		1482		22	945	515
3.蕃薯		865		19	583	263
（二）油料		4110		54	3020	1036
#油菜籽		3636		44	2810	782
（三）棉花（皮棉）		1382			957	425
（四）甘蔗		724		5	574	145
（五）药材类		26			23	3

13—2 续表 （2004 年）

指标		市区	市直	开发区	婺城区	金东区
（六）蔬菜		8404		251	4781	3372
（七）果用瓜		1602		29	915	658
（八）花卉园艺		6319	57	615	2849	2798
（九）其他作物		1718		3	1338	377
七、茶、桑、水果面积与总产量						
桑园总面积	（公顷）	61		1	19	41
蚕茧总产量	（吨）	58		2	27	29
茶园总面积	（公顷）	2549	232	52	2147	118
茶叶总产量	（吨）	3648	668	144	2637	199
水果生产						
（一）果园面积合计	（公顷）	7443	22	102	2287	5032
1.柑桔园		4910	17	59	1777	3057
2.梨园		181	1	21	88	71
3.桃园		723		19	141	563
4.葡萄园		1213	2		58	1153
（二）水果总产量	（吨）	155523	50	1328	50218	103927
1.柑桔		75797	40	402	21773	53582
2.梨头		1823	3	146	730	944
3.桃子		8599		48	1143	7408
4.葡萄		24854	7	2	1081	23764
八、畜牧业生产情况						
1.年末存栏头数（含未断奶小猪）	（万头）	42.68	1.69	1.42	24.05	15.52
＃能繁殖的母猪		3.3	0.29	0.07	1.37	1.57
年内肥猪出栏头数	（万头）	51.42	2.02	1.56	28.16	19.68
2.牛年末存栏头数	（头）	44323	3887	3131	22578	14727
＃良种及改良种乳牛		33368	3887	2897	15141	11443
年内牛出栏头数	（头）	12076		540	7367	4169
3.年末羊存栏只数	（万只）	2.58		0.13	1.05	1.4
年内羊出栏只数	（万只）	2.45		0.08	1.11	1.26
4.家禽年末存栏只数	（万只）	304.76		16.93	148.09	139.74
年内家禽出栏只数	（万只）	657.29		29.03	234.58	393.68
5.兔年末存栏只数	（万只）	1.61			1	0.61
6.养蜂年末箱数	（箱）	39936			23250	16686
7.畜禽产品产量	（吨）					
肉类产量		53638	1100	1711	33902	16925
（1）猪肉		42822	1100	1085	29258	11379
（2）牛肉		1373		71	923	379
（3）羊肉		347		11	203	133
（4）禽肉		9075		544	3506	5025
禽蛋产量		8443		153	3182	5108
牛奶产量		101736	19096	2561	44140	35939
九、农、林、牧、渔业总产值（当年价）	（万元）	**272224**	**7613**	**5685**	**133908**	**125018**
1.农业		140626	1365	2092	68768	68401
2.林业		7239			5796	1443
3.牧业		97219	6229	2843	45572	42575
4.渔业		20818	19		8672	12127
附：淡水养殖面积	（公顷）	4741	715		1915	2111
淡水产品产量	（吨）	12035	645		7040	4350
＃鱼类	（吨）	9382	555		4740	4087
淡水珍珠	（公斤）	35440			5000	30440

13—3 市区年销售收入500万元以上工业情况

（2004年） 单位：万元

指　　标	市 区	市 直	开发区	婺城区	金东区
企业单位数（个）	436	43	124	143	126
＃亏损企业	144	16	37	51	40
工业总产值（按当年价格计算）	1634748	310833	511360	419973	392581
＃国家、省级新产品产值	138735	11054	82843	10225	34613
工业销售产值（按当年价格计算）	1582222	302705	486688	404891	387938
＃出口交货值	451888	14003	123685	141871	172330
工业中间投入合计	1271725	241789	394519	329515	305902
年末资产总计	2056370	605887	691700	456405	302378
＃应收帐款净额	315687	66337	118590	68250	62511
产存品存货	148072	31064	69443	30449	17116
流动资产年平均余额	953844	214034	341949	239131	158730
固定资产净值年平均余额	601550	209240	179517	125923	86870
年末负债合计	1293484	370479	405505	305236	212265
年末所有者权益合计	762886	235409	286195	151169	90113
产品销售收入	1606566	339171	467175	413270	386951
产品销售成本	1365629	280008	369498	364044	352079
产品销售费用	68805	16332	30125	12006	10343
产品销售税金及附加	7416	1238	4114	1070	993
产品销售利润	164716	41592	63439	36150	23535
管理费用	91654	24717	33353	19313	14270
本年折旧	52528	15696	16071	12787	7974
财务费用	29611	6743	11831	7094	3944
＃利息支出	27493	6440	10439	6854	3761
利润总额	76304	22258	30751	12836	10458
＃亏损企业亏损额	14857	4361	4997	3209	2290
利税总额	142297	36878	52468	27727	25224
本年应交增值税	58577	13381	17603	13821	13772
全部职工年平均人数（人）	72388	9648	23588	21823	17329
工业增加值（按当年价格计算）	421600	82425	134444	104280	100451

13—4 市区全社会固定资产投资完成额

（2004年）　　　　单位：万元

指　　标	市　区	市　直	开发区	婺城区	金东区
全社会固定资产投资完成额	1440943	393461	393851	341707	311924
一、全部限额以上投资	1324449	391734	380681	284979	267055
＃住宅	338301	47209	180163	63830	47099
△按经济类型分					
1.国有经济	457816	193926	37420	95801	130669
2.集体经济	24452	82	21860	2190	320
△按报表种类分					
1.投资项目(单位)	903300	348246	158377	177699	218978
2.房地产开发	421149	43488	222304	107280	48077
△按国有控股情况分					
1.国有及国有控股企业投资	508842	238628	46894	95801	127519
2.非国有投资	815607	153106	333787	189178	139536
＃民间投资	623853	125051	223989	153989	120824
△按三次产业分					
1.第一产业	3815	755			3060
2.第二产业	378049	129014	95214	81878	71943
3.第三产业	942585	261965	285467	203101	192052
本年新增固定资产	574044	164941	232476	76507	100120
二、限额以下投资	52224	1727	2818	34576	13103
三、城乡私人投资	64270		10352	22152	31766
1.城镇					
2.乡村	64270		10352	22152	31766

13—5 市区全部限额以上投资房屋建筑施工竣工面积

（2004 年）

单位:平方米

指 标	市 区	市 直	开发区	婺城区	金东区
全部限额以上投资房屋建筑施工面积	**8753021**	**1378553**	**3624191**	**2309507**	**1440770**
1. 投资项目(单位)	3598933	750174	768964	1166219	913576
#限额以上工业投资	2039477	63083	641661	964536	370197
2. 房地产开发	5154088	628379	2855227	1143288	527194
全部限额以上投资住宅建筑施工面积	**4220507**	**719353**	**2189790**	**789255**	**522109**
1. 投资项目(单位)	212635	190643	11274	6218	4500
#限额以上工业投资	21992		11274	6218	4500
2. 房地产开发	4007872	528710	2178516	783037	517609
全部限额以上投资房屋建筑竣工面积	**2334594**	**426268**	**1238948**	**472434**	**196944**
1. 投资项目(单位)	884877	170714	385496	131723	196944
#限额以上工业投资	467873	30970	278329	51536	107038
2. 房地产开发	1449717	255554	853452	340711	
全部限额以上投资住宅建筑竣工面积	**1202392**	**271792**	**720297**	**210303**	
1. 投资项目(单位)	82727	74953	7774		
#限额以上工业投资	7774		7774		
2. 房地产开发	1119665	196839	712523	210303	
附:土地开发面积	138592	19474	4710	8808	105600
商品房销售面积	1146915	207507	752684	186724	

13—6 市区全部限额以上固定资产投资完成情况

（2004年）　　　　单位：万元

指　标	市　区	市　直	开发区	婺城区	金东区
全年累计完成投资	1324449	391734	380681	284979	267055
△按投资、房地产分：					
1.房地产开发完成投资	421149	43488	222304	107280	48077
2.投资项目(单位)完成投资	903300	348246	158377	177699	218978
#国家、省重点项目投资	231225	204170	21860	5195	
#省重点项目投资	231225	204170	21860	5195	
园区建设项目投资	165151		118104	2730	44317
基础设施投资	595553	317292	69130	89025	120106
农村投资	197786			122463	75323
工业投资	378049	129014	95214	81878	71943
施工项目个数(个)	340	79	91	53	117
#本年新开工	138	26	37	19	56
全部投产项目个数(个)	65	27	24	12	2
△按构成分：					
建筑工程	766431	170874	222456	194504	178597
安装工程	90727	48948	27057	6949	7773
设备工器具购置	166141	89069	32149	24722	20201
其他费用	301150	82843	99019	58804	60484
#土地购置费	223128	44905	77113	50772	50338
△按国民经济行业分组					
1.农、林、牧、渔业	3815	755			3060
2.采矿业					
3.制造业	246846	13989	85364	75550	71943
4.电力、燃气及水的生产和供应业	131203	115025	9850	6328	
5.建筑业					
6.交通运输、仓储和邮政业	123517	82740		39300	1477
7.信息传输、计算机服务和软件业	44401	44401			
8.批发和零售业	15259	600			14659
9.住宿和餐饮业					
10.金融业	4618	4618			
11.房地产业	425802	43488	226187	107280	48847
12.租赁和商务服务业					
13.科学研究、技术服务和地质勘查业	4146	4146			
14.水利、环境和公共设施管理业	222095	25856	37251	41655	117333
15.居民服务和其他服务业					
16.教育	47160	44122		1742	1296
17.卫生、社会保障和社会福利业	26571	4542	22029		
18.文化、体育和娱乐业	606	606			
19.公共管理和社会组织	28410	6846		13124	8440
本年资金来源小计	1536794	349676	535117	374533	277468
#国内贷款	365748	144558	97651	74954	48585
利用外资	45903		31817	12856	1230

13—7 市区限额以上工业投资完成情况

（2004 年）　　　　单位:万元

指　　标		市　区	市　直	开发区	婺城区	金东区
全年累计完成投资		378049	129014	95214	81878	71943
△按构成分						
建筑工程		142060	13659	39299	48122	40980
安装工程		44746	26548	14874	2274	1050
设备工器具购置		128268	61604	23264	23451	19949
其他费用		62975	27203	17777	8031	9964
#土地购置费		29805	2367	11027	7749	8662
本年新增固定资产		141923	45787	56419	18399	21318
房屋施工面积	（平方米）	2039477	63083	641661	964536	370197
#住宅		21992		11274	6218	4500
房屋竣工面积	（平方米）	467873	30970	278329	51536	107038
#住宅		7774		7774		
施工项目个数	（个）	187	13	67	37	70
#本年新开工		92	2	34	14	42
全投项目个数	（个）	33	1	23	8	1
本年资金来源小计		359023	94100	92102	103688	69133
#国内贷款		72875	40066	19685	9153	3971
利用外资		38711		24985	12856	870
自筹资金		224351	53134	35108	71817	64292
#企、事业单位自有资金		203701	32484	35108	71817	64292

13—8 市区房地产开发投资情况

（2004 年）

指　　标		市　区	市　直	开发区	婺城区	金东区
房地产开发企业数	（个）	118	16	55	39	8
本年完成开发投资额	（万元）	421149	43488	222304	107280	48077
#住宅		325454	37914	178531	62790	46219
办公楼		10137		3718	5547	872
商业营业用房		61254	4022	18902	37344	986
其他		24304	1552	21153	1599	
全年新增固定资产	（万元）	224018	35938	150314	37766	
房屋施工面积	（平方米）	5154088	628379	2855227	1143288	527194
#住宅		4007872	528710	2178516	783037	517609
房屋竣工面积	（平方米）	1449717	255554	853452	340711	
#住宅		1119665	196839	712523	210303	
全年销售面积	（平方米）	1146915	207507	752684	186724	
#住宅		1003961	175797	664462	163702	
全年销售金额	（万元）	247865	53694	141562	52609	
#住宅		181158	36548	115684	28926	
全年购置土地面积	（平方米）	1494611	246673	729034	184457	334447
全年土地成交价款	（万元）	191279	13421	75364	40991	61503
年末房屋空置面积	（平方米）	105164	15282	51526	38356	
#住宅		43162	3805	20558	18799	
本年资金来源小计	（万元）	702040	58563	407218	145633	90626
#国内贷款		118608	15250	75566	12252	15540
自筹资金		174508	9054	114049	17895	33510
#自有资金		81955	2865	50785	17395	10910
其他资金来源		405832	34259	214871	115486	41216
#定金及预收款		355559	27430	199757	98433	29939

乡镇基本情况
Basic Statistics on Towns and Townships

Chapter 14

14—1 全市乡镇基本情况

(2004 年)

乡镇名称	村民委员会个数(个)	总人口(人)	农村人口(人)	农村劳动力人数(人)	#农业劳动力(人)	#工业劳动力(人)	年末耕地面积(亩)	农林牧渔业总产值(现价,万元)
婺城区罗店镇	33	16565	16227	10464	6384	1431	10493	7512
婺城区雅畈镇	37	21900	21207	13943	9639	793	21029	11487
婺城区安地镇	37	15064	15010	9458	5586	402	8821	10352
婺城区白龙桥	48	73860	49221	31456	20084	2809	54131	19209
婺城区琅琊镇	31	18194	17472	11687	7174	1433	22740	9283
婺城区蒋堂镇	36	29238	17648	11593	7244	1385	24831	7399
婺城区汤溪镇	70	43999	41206	26158	15912	1953	46035	11305
婺城区罗埠镇	61	34240	33240	21718	15383	1530	36558	9885
婺城区洋埠镇	24	15265	14753	9621	4767	1719	13595	5028
婺城区乾西乡	11	19720	19698	11805	5619	749	15057	6863
婺城区竹马乡	16	11145	11122	7113	4763	745	12425	4414
婺城区新狮街道	6	9890	9867	6263	1450	938	1859	1309
婺城区长山乡	21	11849	10849	7084	5892	232	17306	6017
婺城区箬阳乡	14	4138	3389	1862	844	72	2163	1146
婺城区沙畈乡	32	12884	12809	8457	4764	230	5727	3348
婺城区塔石乡	30	11586	11372	7053	3711	383	8728	4450
婺城区岭上乡	21	8589	8458	5246	1814	433	3572	1913
婺城区莘畈乡	14	6371	6294	3908	1435	664	3325	2367
金东区傅村镇	35	23485	21662	13896	6188	4923	13877	15572
金东区孝顺镇	115	64489	61052	37203	22240	5954	51339	46044
金东区曹宅镇	63	40981	37934	24668	14971	3391	31409	15069
金东区塘雅镇	48	28773	27701	17828	13056	877	30280	11813
金东区澧浦镇	63	34160	33114	20771	16532	1010	30500	4453
金东区岭下镇	34	15604	14934	9951	6585	621	11822	3033
金东区江东镇	24	11720	11720	7141	5167	805	8608	3474
金东区赤松镇	40	28563	27986	18766	8181	2788	18767	11068
金东区多湖街道	27	21482	21482	13042	8305	1170	14527	10979
金东区源东乡	27	16277	16020	10179	8040	302	10506	6165
金东区东孝街道	17	19844	19844	13353	5748	2371	9929	6132
开发区秋滨街道	4	37436	4500	2761	1693	501	1010	1391
开发区苏孟乡	34	14245	14245	7618	5585	235	14667	4023
兰溪市兰江街道	68	97308	56261	35020	14699	7530	37292	10258
兰溪市云山街道	25	81239	25522	15112	7516	2904	13633	9477
兰溪市上华街道	21	44083	22864	14991	7936	2791	28187	11413
兰溪市永昌街道	64	47249	47197	28232	15851	2532	49201	14362
兰溪市女埠街道	36	38033	37672	21825	11624	2003	26801	9206

14—1续表1

(2004年)

乡镇名称	村民委员会个数（个）	总人口（人）	农村人口（人）	农村劳动力人数（人）	#农业劳动力（人）	#工业劳动力（人）	年末耕地面积（亩）	农林牧渔业总产值（现价,万元）
兰溪市赤溪街道	23	17108	16900	10048	4710	2658	21309	7194
兰溪市游埠镇	47	38627	36275	22129	8206	4983	43423	12136
兰溪市诸葛镇	27	27063	27063	16641	5994	3612	20186	7037
兰溪市黄店镇	46	37087	36850	21972	11418	1230	22453	7263
兰溪市香溪镇	43	35749	35740	20681	12260	3684	24177	8435
兰溪市马涧镇	66	49250	47380	29807	17166	2310	32048	12037
兰溪市梅江镇	78	69663	67512	39270	23272	3938	36277	12530
兰溪市灵洞乡	15	21196	20492	12549	3796	6703	15060	17438
兰溪市水亭畲族乡	37	22829	22484	14556	7235	1994	26700	7199
兰溪市柏社乡	38	29945	29125	17407	10950	1022	19813	6153
东阳市吴宁街道	0	122284	7935	4647	2271	661	6021	1426
东阳市南市街道	31	47752	46407	26192	13098	4380	23688	5914
东阳市白云街道	0	34664	34664	20220	3059	4984	8928	1266
东阳市江北街道	5	52687	52687	36093	9988	8265	19517	5146
东阳市城东街道	18	40889	32887	25470	8383	5254	24087	8950
东阳市六石街道	22	42589	42589	23621	8061	5027	21357	7383
东阳市歌山镇	22	43822	40069	28636	15649	4736	23006	7786
东阳市巍山镇	28	69528	64128	37163	16715	6894	39187	11821
东阳市虎鹿镇	18	30009	29481	20533	14335	2194	15176	6642
东阳市佐村镇	25	25820	25096	14738	8198	1164	19867	4813
东阳市三单乡	15	11818	11628	7289	4788	329	6796	2358
东阳市东阳江镇	27	21596	21596	13976	8741	597	13309	7075
东阳市湖溪镇	28	41776	40285	27123	14607	3853	22942	8661
东阳市横店镇	6	85504	85504	44993	7783	26534	23235	12623
东阳市马宅镇	17	25597	25222	15360	7566	2786	13846	6159
东阳市千祥镇	33	44574	44574	27991	14684	7585	21997	9888
东阳市南马镇	36	69521	66967	39627	14289	14201	31484	9679
东阳市画水镇	18	53034	53034	28082	17066	3946	25792	11002
义乌市稠城街道	66	252001	63274	49452	21406	12318	23689	6682
义乌市江东街道	52	189089	79014	52065	27973	7705	23040	10614
义乌市稠江街道	33	85001	77933	65052	13557	38299	16352	5785
义乌市北苑街道	26	142156	44368	30499	4649	14916	14889	4040
义乌市后宅街道	48	79829	60109	41306	9121	24146	19905	6548
义乌市佛堂镇	96	106872	77398	74057	19203	38044	47031	33361
义乌市赤岸镇	66	39397	39397	24904	12795	4340	30617	14958
义乌市义亭镇	63	69023	59494	31269	17406	5059	38053	24818

14—1续表2 （2004年）

乡镇名称	村民委员会个数（个）	总人口（人）	农村人口（人）	农村劳动力人数（人）	#农业劳动力（人）	#工业劳动力（人）	年末耕地面积（亩）	农林牧渔业总产值（现价，万元）
义乌市城西街道	47	52193	52193	32881	11153	11554	23449	11368
义乌市上溪镇	76	61806	49140	26631	15060	3978	22780	11507
义乌市苏溪镇	68	61737	56097	37094	7809	17162	25953	7125
义乌市大陈镇	48	70706	53254	44431	9335	30393	15346	4310
义乌市廿三里街道	35	88646	88646	64851	6479	44813	24536	11417
永康市东城街道	30	61785	26041	27659	4788	16911	10137	10506
永康市西城街道	70	64833	49100	31569	5346	19641	30206	12818
永康市江南街道	49	53436	34579	31899	6294	17477	17691	11564
永康市芝英街道	64	53461	53311	27260	5878	12496	25042	11853
永康市石柱镇	105	67963	65699	26020	12042	5787	49811	21082
永康市古山镇	94	77453	73952	37204	11082	19643	25700	18839
永康市龙山镇	81	60399	60199	31445	10309	12079	33015	18659
永康市象珠镇	112	82804	82801	40518	13259	16145	38202	26320
永康市花街镇	62	23610	23598	15836	5960	5529	19447	21435
武义县白洋街道	49	45043	29808	18514	8748	4052	20764	7561
武义县壶山街道	34	48095	14386	9693	5324	2202	18132	7650
武义县熟溪街道	34	47052	14050	8894	3580	2006	13491	5039
武义县柳城镇	53	27782	24590	15693	9163	2144	18084	10523
武义县履坦镇	31	13650	12624	8257	3971	2815	15718	5632
武义县桐琴镇	44	29414	28404	18946	7030	8226	16341	7858
武义县泉溪镇	47	20499	18846	10772	4403	3632	17059	7732
武义县新宅镇	45	23165	15896	10512	4089	1773	13041	9617
武义县王宅镇	46	27280	25280	17105	10782	2319	33132	11149
武义县桃溪镇	27	18808	16808	10959	3733	1244	12628	4676
武义县茭道镇	12	11944	10544	6332	2421	1546	9453	3303
武义县大田乡	16	10364	8917	5775	3941	309	12654	3912
武义县白姆乡	28	12058	9058	5846	2388	1440	10574	3547
武义县俞源乡	21	11452	11452	7300	3215	537	8470	3427
武义县坦洪乡	16	7213	6313	4162	2044	344	6663	2664
武义县西联乡	19	7153	6402	4225	2522	193	5047	2233
武义县三港乡	11	4984	4274	2920	1571	88	3338	1881
武义县大溪口乡	10	6003	4983	2944	560	674	4604	2741
浦江县浦阳街道	14	72850	34298	20647	6848	9539	8068	7805
浦江县仙华街道	26	38740	33740	19162	10539	4417	19697	6129
浦江县浦南街道	27	43185	43185	23692	7988	8240	26667	7883
浦江县黄宅镇	67	69149	69149	38731	20905	10175	34272	8103

14—1 续表 3　　　　　　　　　　（2004 年）

乡镇名称	村民委员会个数（个）	总人口（人）	农村人口（人）	农村劳动力人数（人）	＃农业劳动力（人）	＃工业劳动力（人）	年末耕地面积（亩）	农林牧渔业总产值（现价，万元）
浦江县岩头镇	41	25930	25930	13988	7368	3250	15020	5121
浦江县郑宅镇	34	30179	30179	20445	7400	9835	13831	3540
浦江县白马镇	30	28909	27903	18727	7945	6967	11364	4798
浦江县郑家坞镇	18	11795	11250	7166	659	5800	5261	1807
浦江县前吴乡	18	13574	13574	8409	4078	3098	6098	2529
浦江县花桥乡	18	9451	9154	6037	3875	743	4439	2006
浦江县杭坪镇	31	20979	20979	11048	7582	1206	11375	4548
浦江县于宅乡	19	11622	11622	5660	1100	1247	6015	1874
浦江县大畈乡	15	10109	10109	6626	2841	2382	4708	1924
浦江县檀溪镇	29	16311	16300	10536	7196	928	9197	2421
浦江县中余乡	22	13282	13282	7752	3152	2775	4840	2625
磐安县安文镇	23	33712	12954	7875	4602	1299	4635	2721
磐安县新渥镇	19	15272	14827	9879	7449	476	8279	5780
磐安县尖山镇	22	12651	12300	8125	3538	1828	8106	2756
磐安县深泽乡	21	12768	12618	7997	4097	1410	4360	2937
磐安县双峰乡	9	4925	4875	3340	1906	210	1915	2842
磐安县冷水镇	17	8805	8707	5982	3570	1400	4670	2348
磐安县仁川镇	28	14574	14466	9591	6095	238	5413	5473
磐安县双溪乡	17	6535	6475	4164	2160	889	4285	2082
磐安县墨林乡	6	3149	3092	1958	884	50	2091	1834
磐安县窈川乡	8	3997	3930	2150	840	160	2314	3079
磐安县大盘镇	19	7457	7412	4675	3064	721	4421	3745
磐安县盘峰乡	13	3811	3751	2308	655	536	1879	4719
磐安县维新乡	8	2513	2442	1610	1063	172	1502	1255
磐安县高二乡	13	3601	3542	2399	1391	603	2411	2138
磐安县方前镇	34	10948	10741	6851	3806	1640	6506	2956
磐安县玉山镇	22	15938	15789	10177	7817	310	11832	3712
磐安县胡宅乡	18	10701	10625	7425	5679	237	6039	3113
磐安县万苍乡	13	9021	8931	5706	4316	365	7383	3509
磐安县尚湖镇	32	17119	17019	10016	7536	492	10425	5447
磐安县九和乡	21	5895	5837	3714	2516	237	4035	2251

14—1 续表 4 （2004 年）

乡镇名称	农民人均所得(元)（农经）	粮食播种面积（亩）	粮食总产量（吨）	水果产量（吨）	生猪出栏头数（头）	肉类总产量（吨）	财政各项税收（万元）	乡镇企业个数（个）
婺城区罗店镇	5206	2537	885	525	4561	718	1217	251
婺城区雅畈镇	3409	10141	4053	5900	21551	1772	1330	130
婺城区安地镇	3015	2975	1053	3265	9000	780	697	55
婺城区白龙桥	3740	60627	25440	4139	47796	4195	14946	372
婺城区琅琊镇	3827	23878	9576	5441	22677	1850	1284	319
婺城区蒋堂镇	4043	34672	14061	6538	19284	1764	3554	227
婺城区汤溪镇	3331	60919	25112	9953	27153	2473	2767	737
婺城区罗埠镇	3600	38988	15055	1430	20704	1807	1202	102
婺城区洋埠镇	3383	9978	4007	207	12089	10965	1519	114
婺城区乾西乡	4790	6247	2351	13	12031	1414	1970	58
婺城区竹马乡	4384	5037	1979	502	6525	551	1581	412
婺城区新狮街道	4803	562	237	368	4758	647	4387	125
婺城区长山乡	3672	14268	5582	3800	18193	1136	745	42
婺城区箬阳乡	1847	1890	1061	74	140	217	208	20
婺城区沙畈乡	2106	5493	1564	409	3109	283	398	351
婺城区塔石乡	1950	10652	3353	1485	13050	968	445	182
婺城区岭上乡	2304	4378	1221	175	1042	103	194	49
婺城区莘畈乡	1795	5304	1975	285	3200	298	604	29
金东区傅村镇	4936	9012	3665	5513	33687	4325	2516	223
金东区孝顺镇	4408	22674	9017	20416	44714	4739	10360	2473
金东区曹宅镇	5571	19215	8890	18780	25005	1820	4142	330
金东区塘雅镇	4100	9526	3693	15937	17226	1530	1944	120
金东区澧浦镇	4350	3655	1682	4310	2089	273	2149	158
金东区岭下镇	3614	3048	1118	4221	2351	258	949	120
金东区江东镇	4753	3097	1216	5229	4650	369	811	140
金东区赤松镇	3951	6866	2911	6639	32010	2440	2698	588
金东区多湖街道	4726	2730	1088	4269	7935	1359	1359	434
金东区源东乡	3766	4145	1870	14464	23012	1622	859	51
金东区东孝街道	4807	3851	1217	4148	4090	10	1602	903
开发区秋滨街道	4903	1911	782	136	2790	346	1204	799
开发区苏孟乡	4635	3288	1415	1192	12788	1365	1204	599
兰溪市兰江街道	3950	29523	10048	2472	30641	2357	3560	840
兰溪市云山街道	4258	10218	4205	4499	38067	3007	9771	955
兰溪市上华街道	3743	22405	8532	3669	11328	1500	3584	163
兰溪市永昌街道	3195	33284	11655	4215	22946	2655	2164	445
兰溪市女埠街道	3125	19363	7228	9179	18807	2121	795	473

14—1续表5 (2004年)

乡镇名称	农民人均所得(元)(农经)	粮食播种面积(亩)	粮食总产量(吨)	水果产量(吨)	生猪出栏头数(头)	肉类总产量(吨)	财政各项税收(万元)	乡镇企业个数(个)
兰溪市赤溪街道	2721	16636	6505	2279	19708	1600	1068	154
兰溪市游埠镇	3780	32617	12057	4616	14044	1325	1546	1118
兰溪市诸葛镇	3708	15797	5992	1543	13402	1230	1417	397
兰溪市黄店镇	2942	21199	8077	6445	22506	1790	2299	341
兰溪市香溪镇	3041	18914	6760	18019	19996	1795	1932	391
兰溪市马涧镇	2621	28178	10888	25244	13940	1231	3688	325
兰溪市梅江镇	2414	36185	11672	5598	12295	994	2673	833
兰溪市灵洞乡	6151	11397	4704	714	13899	1194	15059	79
兰溪市水亭畲族乡	3356	29005	12391	2050	7921	582	1169	240
兰溪市柏社乡	2409	20199	6892	5791	13880	1190	975	244
东阳市吴宁街道	7053	3952	1446	25	4818	414	11193	600
东阳市南市街道	6328	28788	12344	1000	9912	851	4061	515
东阳市白云街道	5800	4588	1805	16	1352	125	8857	590
东阳市江北街道	6170	25797	10169	991	9423	894	4020	700
东阳市城东街道	6405	23703	9174	3687	12502	1104	3028	491
东阳市六石街道	6541	28101	10370	4373	10987	1099	1628	1187
东阳市歌山镇	5826	33943	11724	2518	10941	1133	2586	810
东阳市巍山镇	4882	59520	21342	2804	19329	1660	6780	1408
东阳市虎鹿镇	4967	28888	9148	2592	10916	934	1168	229
东阳市佐村镇	2835	33285	8161	973	4798	419	530	62
东阳市三单乡	2688	5539	1667	73	2253	210	253	24
东阳市东阳江镇	4630	16450	5545	1371	5920	534	1175	263
东阳市湖溪镇	6346	28778	11876	2790	10567	942	4130	586
东阳市横店镇	9510	29203	13031	2461	12286	1206	25710	2748
东阳市马宅镇	4376	17527	6293	1637	6696	560	853	381
东阳市千祥镇	5052	25458	9585	1272	8893	786	3618	1320
东阳市南马镇	6650	30612	15469	1403	12346	1185	6897	2324
东阳市画水镇	5383	27431	10485	7266	8005	892	2516	1354
义乌市稠城街道	7200	18164	9767	1780	15574	1200	113057	2452
义乌市江东街道	6485	18343	7548	2042	44344	3382	8679	1307
义乌市稠江街道	6431	15908	6851	2838	2584	423	30184	1701
义乌市北苑街道	7327	3206	1156	1116	19968	1473	2475	1439
义乌市后宅街道	5781	20109	8751	2049	18065	1448	19248	859
义乌市佛堂镇	5548	43850	19870	12166	69950	6708	16265	1603
义乌市赤岸镇	4540	19435	8396	20794	16659	1480	11816	405
义乌市义亭镇	5257	29540	13991	3778	124495	12043	5258	997

14—1 续表 6　　　　　　　　　　　　(2004 年)

乡镇名称	农民人均所得(元)(农经)	粮食播种面积(亩)	粮食总产量(吨)	水果产量(吨)	生猪出栏头数(头)	肉类总产量(吨)	财政各项税收(万元)	乡镇企业个数(个)
义乌市城西街道	4666	14688	5416	4169	49064	3772	4805	803
义乌市上溪镇	5062	12159	4602	5698	41102	3704	11527	839
义乌市苏溪镇	6374	23885	9266	1876	12007	1070	6790	965
义乌市大陈镇	5303	14407	5367	3111	5438	386	10627	633
义乌市廿三里街道	6998	21302	8203	4584	16321	1385	14474	1479
永康市东城街道	5400	2773	1661	3	2123	186	22296	700
永康市西城街道	4820	10748	6385		7577	718	30782	1027
永康市江南街道	4573	5021	6704	1171	8923	822	7647	504
永康市芝英街道	5467	7041	6927	609	4022	345	18521	1189
永康市石柱镇	3876	13119	7857	4618	6573	1347	10098	970
永康市古山镇	5013	6589	3944	4098	5789	863	19406	2998
永康市龙山镇	4481	10694	6034	5489	7833	851	8133	1633
永康市象珠镇	4701	14085	6572	3718	15509	1642	10085	1282
永康市花街镇	3852	5468	3271	12674	5149	435	3659	203
武义县白洋街道	4010	20123	6387	7608	17760	1694	10374	503
武义县壶山街道	3919	16274	6261	3952	19657	1807	7559	673
武义县熟溪街道	3639	14769	5658	1731	11969	1692	1166	375
武义县柳城镇	2469	26413	8635	1862	14810	1193	1242	585
武义县履坦镇	3269	12337	4704	4312	10618	1147	958	216
武义县桐琴镇	3860	18379	7205	3500	17845	1613	7294	462
武义县泉溪镇	3705	17538	7051	2360	21488	1873	1893	483
武义县新宅镇	2378	18043	4867	2841	7477	1082	488	456
武义县王宅镇	3380	32613	13148	4385	13193	1249	1718	507
武义县桃溪镇	2584	16338	5876	1362	6337	464	873	256
武义县茭道镇	2824	6398	2253	3040	7190	561	3211	108
武义县大田乡	2367	12004	4388	472	7990	589	197	83
武义县白姆乡	2771	12349	4471	681	4587	352	331	277
武义县俞源乡	2745	10537	3643	641	5778	613	364	245
武义县坦洪乡	1996	7143	2309	222	2471	196	243	105
武义县西联乡	2028	5255	1719	43	1239	100	400	48
武义县三港乡	1925	4505	1239	61	1230	170	153	50
武义县大溪口乡	1890	6169	1663	53	1462	145	345	103
浦江县浦阳街道	4635	6173	2463	3829	25186	1906	14018	461
浦江县仙华街道	4180	23668	9185	13810	15834	1311	796	146
浦江县浦南街道	3979	30120	11398	5390	20000	1431	2065	332
浦江县黄宅镇	4120	38448	13897	6279	20214	1764	1713	594

14—1 续表 7 (2004 年)

乡镇名称	农民人均所得(元)(农经)	粮食播种面积(亩)	粮食总产量(吨)	水果产量(吨)	生猪出栏头数(头)	肉类总产量(吨)	财政各项税收(万元)	乡镇企业个数(个)
浦江县岩头镇	3390	21650	6506	385	15120	1261	663	84
浦江县郑宅镇	3980	18240	6691	930	15000	1506	917	303
浦江县白马镇	3812	15735	5903	882	19000	1513	1828	337
浦江县郑家坞镇	3660	6050	2395	494	3850	433	829	560
浦江县前吴乡	3113	11505	2791	291	5130	599	223	24
浦江县花桥乡	3130	6100	2794	589	830	147	259	64
浦江县杭坪镇	3398	14030	5077	851	3450	346	204	53
浦江县于宅乡	3276	7040	2231	1199	1670	135	279	141
浦江县大畈乡	3258	6039	1812	686	2492	207	792	70
浦江县檀溪镇	3080	9942	3953	363	7072	512	249	48
浦江县中余乡	3127	9106	4136	224	4014	413	140	142
磐安县安文镇	3890	4681	1439	429	4130	676	1606	360
磐安县新渥镇	4327	9938	2706	1455	5997	520	375	191
磐安县尖山镇	3808	11050	4005	569	1537	116	791	258
磐安县深泽乡	3006	7950	2477	949	2704	340	751	292
磐安县双峰乡	2446	2518	738	321	1021	103	464	110
磐安县冷水镇	4312	3720	1148	638	1000	102	577	177
磐安县仁川镇	2398	6831	1957	623	3170	291	1031	102
磐安县双溪乡	2436	4712	1343	574	1291	165	450	66
磐安县墨林乡	2445	2566	631	794	1513	149	474	17
磐安县窈川乡	2213	3559	1137		862	106	129	29
磐安县大盘镇	2450	5925	1848	3578	4078	600	540	174
磐安县盘峰乡	1993	2957	701	309	957	114	168	39
磐安县维新乡	2372	2455	589	900	490	61	896	42
磐安县高二乡	2188	5305	1254	964	999	130	281	13
磐安县方前镇	2270	11672	3260	544	3143	392	757	73
磐安县玉山镇	2385	9577	3068	472	2072	249	1507	159
磐安县胡宅乡	2340	6093	1881	122	1722	178	525	94
磐安县万苍乡	2810	5989	2217	249	4546	516	684	79
磐安县尚湖镇	2558	17143	5078	314	3689	456	805	94
磐安县九和乡	1869	4795	1436	241	980	139	258	44

全省及地级市与市区基本情况

Basic Statistics on City and City proper in zhejiang Province

Chapter 15

15—1 全省主要年份国民经济主要指标

指 标		1978年	1990年	1995年	2000年	2003年	2004年
年末总人口	(万人)	3750.96	4234.91	4369.63	4501.22	4551.58	4577.22
年末从业人员数	(万人)	1794.96	2554.46	2621.47	2726.09	2920.00	2991.95
生产总值	(亿元)	123.72	897.99	3524.79	6036.34	9395.00	11243.00
第一产业		47.09	225.04	559.80	664.16	728.00	816.00
第二产业		53.52	408.18	1834.47	3183.47	4941.00	6045.00
第三产业		23.11	264.77	1130.52	2188.71	3726.00	4382.00
人均生产总值	(元)	331	2122	8074	13309	20147	23942
旅客周转量	(亿人公里)	66.68	257.29	483.06	606.73	711.00	787.20
货物周转量	(亿吨公里)	164.19	400.65	874.29	1199.74	1925.00	2659.10
电话普及率	(部/百人)		1.6	9.1	45.5	88.8	109.00
全社会固定资产投资总额	(亿元)	23.23	186.96	1357.90	2267.22	4993.57	5944.65
财政总收入	(亿元)	27.45	101.59	248.50	658.42	1468.89	1424.29
#地方财政收入		27.45	101.59	116.82	342.77	706.50	805.89
财政支出	(亿元)	17.43	80.23	180.29	431.30	897.12	1063.08
社会消费品零售总额	(亿元)	46.86	353.75	1325.70	2298.76	3157.09	3645.38
进出口总额	(亿美元)	0.70	27.73	115.12	278.34	614.23	852.30
#出口总额		0.52	21.89	76.98	194.44	416.03	581.59
居民消费价格指数(上年=100)			102.1	116.6	101.1	101.9	103.9
城镇居民人均可支配收入	(元)	332	1932	6221	9279	13180	14546
农村居民人均纯收入	(元)	165	1099	2966	4254	5431	6096
高等学校在校学生数	(万人)	2.4	6.0	9.3	22.2	50.4	57.3
中等专业学校在校学生数	(万人)	2.8	6.7	13.9	14.8	12.1	12.8
普通中学在校学生数	(万人)	214.7	169.6	210.5	249.6	270.7	266.1
小学在校学生数	(万人)	501.4	372.4	353.8	353.8	340.3	344.3
报纸出版数量	(万份)	24080	66865	113514	173526	241645	255639
杂志出版数量	(万份)	393	4716	8417	8736	9104	8925
图书出版数量	(万份)	12033	19596	22608	27014	30263	26919

15—2 全省历年生产总值

(1978—2004 年)

单位:亿元

年 份	生产总值	第一产业	第二产业	#工业	#建筑业	第三产业	#交通运输、仓储及邮电通信业	#批发和零售贸易、餐饮业	人均生产总 值(元)
1978	123.72	47.09	53.52	46.97	6.55	23.11	3.22	7.98	331
1979	157.64	67.56	64.07	55.59	8.48	26.01	4.15	8.72	417
1980	179.68	64.61	84.07	73.71	10.36	31.00	4.88	10.55	470
1981	204.45	69.06	94.68	84.08	10.60	40.71	7.16	15.35	530
1982	233.41	84.88	98.44	87.21	11.23	50.09	9.12	19.43	597
1983	256.23	82.89	113.12	102.55	10.57	60.22	11.20	23.12	648
1984	322.07	104.40	141.48	127.91	13.57	76.19	15.47	28.42	807
1985	427.50	123.88	198.91	178.68	20.23	104.71	20.31	40.52	1063
1986	500.06	136.29	230.89	206.63	24.26	132.88	24.98	48.77	1231
1987	603.71	159.41	281.47	249.69	31.78	162.83	29.47	58.78	1470
1988	765.76	195.68	354.39	315.36	39.03	215.69	36.24	81.96	1842
1989	843.72	210.95	386.25	346.50	39.75	246.52	43.39	88.50	2009
1990	897.99	225.04	408.18	363.74	44.44	264.77	45.01	91.86	2122
1991	1081.75	245.22	494.11	438.36	55.75	342.42	60.04	127.94	2540
1992	1365.06	262.67	653.43	581.73	71.70	448.96	80.03	174.33	3187
1993	1909.49	317.84	980.42	873.92	106.50	611.23	110.33	239.58	4431
1994	2666.86	443.87	1388.06	1236.74	151.32	834.93	147.17	335.60	6149
1995	3524.79	559.80	1834.47	1632.37	202.10	1130.52	204.59	473.35	8074
1996	4146.06	609.18	2200.19	1962.80	237.39	1336.69	234.89	567.84	9455
1997	4638.24	637.48	2509.56	2254.90	254.66	1491.20	288.93	617.69	10515
1998	4987.50	631.31	2709.08	2445.43	263.65	1647.11	321.75	665.80	11247
1999	5364.89	631.94	2902.81	2630.00	272.81	1830.14	364.90	712.42	12037
2000	6036.34	664.16	3183.47	2883.37	300.10	2188.71	428.30	827.78	13309
2001	6748.15	667.40	3487.50	3134.04	353.46	2593.25	503.68	908.83	14655
2002	7796.00	694.00	3982.00	3580.00	402.00	3120.00	602.00	1035.26	16838
2003	9395.00	728.00	4941.00	4381.00	560.00	3726.00	700.88	1159.25	20147
2004	11243.00	816.00	6045.00	5381.00	663.60	4382.00	853.00		23942

15—3 全省历年生产总值指数

（1978—2004 年，1978 年＝100）

年　份	生产总值	第一产业	第二产业	#工业	#建筑业	第三产业	#交通运输、仓储及邮电通信业	#批发和零售贸易、餐饮业	人均生产总　值
1978	100.0	100.0	100.0	100.0	100.0	100.0	100.0	100.0	100.0
1979	113.5	110.8	117.9	117.1	124.3	108.1	111.8	106.8	112.2
1980	131.9	107.8	155.8	156.1	153.6	122.1	136.5	119.8	129.0
1981	147.1	113.0	173.4	176.5	151.8	154.0	190.7	166.8	142.4
1982	163.9	131.6	182.0	184.8	160.4	181.9	231.5	203.6	156.7
1983	177.1	123.7	210.3	219.2	147.6	211.0	279.1	230.4	167.5
1984	215.6	147.5	260.8	272.6	178.2	253.8	371.6	267.4	202.0
1985	262.3	150.3	352.9	367.9	247.5	302.6	451.6	327.7	243.7
1986	294.0	156.2	402.2	420.3	275.3	353.4	518.2	366.3	270.6
1987	328.8	157.8	469.9	489.2	334.1	392.0	580.2	403.9	299.2
1988	365.7	156.3	546.6	575.0	348.1	430.6	654.3	452.8	328.8
1989	363.5	156.7	551.2	584.8	315.2	408.4	566.8	392.7	323.7
1990	377.8	160.9	579.9	616.7	322.3	414.1	564.3	361.8	333.8
1991	445.2	173.6	685.8	730.1	386.8	520.3	741.8	488.6	390.9
1992	529.9	174.7	858.8	924.4	429.8	642.1	947.2	623.1	462.5
1993	646.6	183.1	1143.9	1250.7	488.8	743.9	1132.7	722.2	560.9
1994	755.9	191.1	1458.5	1600.9	593.4	860.6	1430.7	837.0	668.6
1995	905.5	205.5	1726.8	1885.9	739.4	1016.4	1718.2	1033.7	775.0
1996	1020.5	214.5	1994.5	2183.9	829.6	1129.3	1948.4	1159.9	869.5
1997	1133.7	224.1	2249.8	2474.3	891.8	1247.9	2182.3	1258.4	960.2
1998	1248.2	231.3	2492.7	2479.0	947.1	1391.4	2413.6	1376.7	1052.4
1999	1373.0	238.9	2776.9	3073.3	1004.9	1527.7	2693.6	1489.6	1151.3
2000	1524.1	249.7	3101.8	3442.1	1094.3	1709.5	3019.5	1646.0	1269.9
2001	1684.1	261.7	3443.0	3820.8	1224.5	1906.1	3315.4	1823.8	1381.6
2002	1894.6	273.4	3904.3	4340.4	1365.3	2163.4	3753.1	2046.3	1544.6
2003	2167.4	283.2	4556.3	5021.8	1728.5	2461.9	4364.9	2263.2	1754.7
2004	2477.4	293.7	5294.4	5875.6	1884.0	2804.2	5133.1	2539.3	1991.5

注：本表按可比价格计算。

15—4 地级市基本情况

(2004 年)

指　标		杭州市	宁波市	温州市	嘉兴市	湖州市	绍兴市
年末总人口	(万人)	651.68	552.69	746.19	333.94	257.21	434.72
#非农业人口		282.58	176.19	148.15	108.42	76.37	121.14
年平均人口	(万人)	647.23	550.88	744.24	333.45	256.99	434.28
暂住人口(一个月以上)	(万人)	184.24	211.27	234.30	105.76	32.61	78.56
年出生人口	(人)	59940	49192	102203	25004	20876	41698
年死亡人口	(人)	34078	36558	40358	22292	17030	28183
年末总户数	(万户)	204.52	207.01	215.02	99.42	82.06	155.18
年末单位从业人员数	(万人)	80.94	71.15	78.71	46.10	220.09	48.49
城镇私营和个体从业人员	(人)	887117	599285	563298	258006	141382	308691
年末城镇登记失业人员数	(人)	72677	42517	31997	23877	10519	25969
行政区域土地面积	(平方公里)	16596	9365	11784	3915	5818	8256
地区生产总值(当年价格)	(万元)	25150000	21580377	14025726	10505564	5906926	13138654
第一产业增加值		1391000	1235000	647404	778790	648116	922190
第二产业增加值		13329000	12302127	7961381	6350459	3236868	7867330
#工业增加值		11749000	10867500	7215060	5458532	2825263	6977799
第三产业增加值		10430000	8043250	5416942	3376315	2021942	4349134
地区生产总值(2000 年价格)	(万元)	23291300	19994796	13620912	9361777	5622601	12483109
地区生产总值增长率	(%)	15.0	15.5	14.1	16.5	15.4	15.3
人均地区生产总值	(元)	38858	39174	18846	31506	22966	30254
人均 GDP 增长率(上年=100)	(%)	13.7	15.2	13.8	16.2	15.3	15.24
年末耕地总资源	(千公顷)	183.45	211.04	159.58		143.02	167.70
蔬菜产量	(吨)	3010261	2867594	1579632		908957	2319540
水果产量	(吨)	499006	1219303	471293		254469	475273
肉类总产量	(吨)	298757	164959	110442		145636	151186
奶类产量	(吨)	64673	29354	25074		11310	3473
水产品产量	(吨)	139540	927162	634549		172987	91781
工业企业数	(个)	5607	5927	5400	2836	1589	3876
(1)内资企业		4708	4568	4973	2257	1384	2992
(2)港、澳、台商投资企业		486	719	154	259	109	516
(3)外商投资企业		413	640	273	320	96	368

15—4 续表 1　　　　　　　　(2004 年)

指　　标		金华市	衢州市	舟山市	台州市	丽水市
年末总人口	(万人)	451.70	245.61	96.91	555.92	250.66
#非农业人口		96.95	42.35	34.64	96.69	40.58
年平均人口	(万人)	450.80	245.22	97.02	554.26	250.03
暂住人口(一个月以上)	(万人)	100.85	7.40	11.10	108.07	7.76
年出生人口	(人)	58550	29226	6465	75969	32159
年死亡人口	(人)	25465	18891	6201	32927	14170
年末总户数	(万户)	165.09	79.53	35.72	183.89	81.72
年末单位从业人员数	(万人)	32.19	14.00	10.96	37.79	13.48
城镇私营和个体从业人员	(人)	468758	104038	110944	431113	140577
年末城镇登记失业人员数	(人)	22454	9951	6998	18319	6930
行政区域土地面积	(平方公里)	10918	8841	1440	9411	17298
地区生产总值(当年价格)	(万元)	9783771	2837600	2120391	11737943	2645690
第一产业增加值		650012	456400	382082	966952	411695
第二产业增加值		5511618	1396800	912988	6860030	1239965
#工业增加值		4765566	1108200	692318	6142567	944275
第三产业增加值		3622141	984400	825321	3910961	994030
地区生产总值(2000 年价格)	(万元)	9133960	2611700	1954592	11257103	2509100
地区生产总值增长率	(%)	16.2	15.2	17.0	13.6	14.9
人均地区生产总值	(元)	21703	11570	21855	21177	10582
人均 GDP 增长率(上年=100)	(%)	15.9	14.8	17.5	13.1	14.6
年末耕地总资源	(千公顷)	165.67	100.73	17.65	147.05	
蔬菜产量	(吨)	933068	679165	192231	1831261	
水果产量	(吨)	474855	855038	76453	1158327	
肉类总产量	(吨)	178063	172488	15368	125433	
奶类产量	(吨)	107163	1662	3460	12185	
水产品产量	(吨)	49354	30905	1304229	1383814	
工业企业数	(个)	2805	650	339	3689	617
(1)内资企业		2636	613	316	3405	586
(2)港、澳、台商投资企业		73	18	7	137	9
(3)外商投资企业		96	19	16	147	22

15—4 续表 2　　　　　　　　(2004 年)

指　　标		杭州市	宁波市	温州市	嘉兴市	湖州市	绍兴市
工业总产值(当年价)	(万元)	41491039	35094791	18217711	14006318	7663651	25142480
(1)内资企业		29297219	24880090	16093324	10115006	6617682	18039147
(2)港、澳、台商投资企业		4429859	5294156	728818	1513356	687124	4851196
(3)外商投资企业		7763961	4920545	1395570	2377956	358845	2252138
从业人员年平均人数	(万人)	95.64	113.81	88.83	59.57	22.51	67.54
流动资产年平均余额	(万元)	20287904	15293394	7489935	6005493	2810082	11522591
固定资产净值年平均余额	(万元)	9698387	9235191	4006904	4549119	2104189	7467196
产品销售收入	(万元)	40751984	34940795	17493832	13813601	7599839	24321912
产品销售税金及附加	(万元)	608715	563687	116954	57761	42102	161710
本年应交增值税	(万元)	1126708	1034593	636023	409601	270828	681568
利润总额	(万元)	2208324	2419135	1138492	738862	433430	1316707
铁路客运量	(万人)	1908.31	567.20	382.08	471.73	114.72	603.98
铁路货运量	(万吨)	480.18	1200.00	49.64	96.02	200.04	998.55
民用汽车拥有量	(辆)	410781	266201	233877	118169	67609	132867
＃私人汽车拥有量		233048	112400	177945	63863	41261	88576
公路客运量	(万人)	20372	26510	24517	13150	7264	13737
公路货运量	(万吨)	13117	9890	8277	2360	4683	8132
境内公路里程	(公里)	7758	5615	5455	2063	2925	3908
＃高速公路里程		227	184	182	150	86	205
邮政业务收入	(万元)	64833	43601	38644	19456	10314	26933
电信业务收入	(万元)	785829	625140	625892	321713	161738	132230
本地电话年末用户数	(万户)	360.58	296.72	319.33	147.95	104.18	190.19
住宅电话年末用户数	(万户)	172.33	147.66	155.72	88.91	69.70	159.15
＃乡村电话用户数		79.97	94.79	106.37	70.34	46.97	77.67
年末移动电话用户数	(万户)	479.58	421.00	407.25	212.09	133.40	178.62
国际互联网用户数	(户)	935493	1040127	782605	333722	157864	387237
全年用电量	(万千瓦时)	2713850	2189528	1553975	1256104	738341	1547773
＃工业用电		1970118	1703126	1105186	1026016	595340	1287520
城乡居民生活用电		301267	221797	286676	99651	66537	111502
社会消费品零售额	(万元)	7043387	5956308	6335050	3253372	2083421	3354323
限额以上批发零售贸易业商品销售总额	(万元)	39325008	12100887	6905896	3544249	1580689	3268808
限额以上批发零售贸易企业数	(个)	1521	563	457	283	150	236
进口额	(万美元)	932100	942255	139080	281908	24954	205371

15—4 续表 3　　　　(2004 年)

指　　标		金华市	衢州市	舟山市	台州市	丽水市
工业总产值(当年价)	(万元)	10060719	2359468	2024845	13116290	2338894
(1)内资企业		9155097	2235624	1699036	11112773	2197741
(2)港、澳、台商投资企业		431388	57357	29963	682910	64045
(3)外商投资企业		474234	66487	295846	1320607	77108
从业人员年平均人数	(万人)	45.11	10.04	6.50	52.97	11.07
流动资产年平均余额	(万元)	5096011	1216101	1070552	5358725	903626
固定资产净值年平均余额	(万元)	2926975	1019645	515508	2614059	656701
产品销售收入	(万元)	9972810	2270160	1942682	12579782	2439695
产品销售税金及附加	(万元)	58579	15339	9554	95722	13595
本年应交增值税	(万元)	342161	85579	49681	384314	105844
利润总额	(万元)	478514	90358	60137	629803	97452
铁路客运量	(万人)	1427.63	222.22			110.20
铁路货运量	(万吨)	333.27	443.49			176.00
民用汽车拥有量	(辆)	175351	31244	15164	171175	39582
#私人汽车拥有量		134834	20067	7250	129606	25800
公路客运量	(万人)	14406	3615	6260	14214	3432
公路货运量	(万吨)	10649	6411	1439	5362	2450
境内公路里程	(公里)	6897	3095	963	3686	4726
#高速公路里程		160	101		128	52
邮政业务收入	(万元)	25779	8279	6342	27001	10195
电信业务收入	(万元)	454060	143230	98136	809829	95508
本地电话年末用户数	(万户)	178.38	75.25	47.05	198.32	60.36
住宅电话年末用户数	(万户)	97.52		26.00	112.09	36.53
#乡村电话用户数		67.37		16.00	74.80	22.69
年末移动电话用户数	(万户)	239.78	60.53	50.63	283.06	90.72
国际互联网用户数	(户)	256602	119967	160933	393280	101684
全年用电量	(万千瓦时)	1030190	508385	157731	848560	267010
#工业用电		791895	442658	99325	618333	190422
城乡居民生活用电		112555	35203	26022	142002	44888
社会消费品零售额	(万元)	2738944	1053529	875164	3029216	1187398
限额以上批发零售贸易业商品销售总额	(万元)	2592674	561284	1245860	3105826	553655
限额以上批发零售贸易企业数	(个)	241	122	120	158	95
进口额	(万美元)	32742	11422	19672	98967	3951

15—4 续表 4　　　　　　　　　　　(2004 年)

指　　标		杭州市	宁波市	温州市	嘉兴市	湖州市	绍兴市
出口额	(万美元)	1517500	1668967	457634	510580	144811	660853
当年新签项目(合同)个数	(个)	802	1081	157	574	475	431
当年合同外资金额	(万美元)	307746	413633	50620	257970	160145	167117
当年实际使用外资金额	(万美元)	140982	210332	20916	102187	61121	82344
海外游客人数(含一日游游客)	(人)	1234100	322000	172264	340144	70528	153446
国际旅游(外汇)收入	(万美元)	59700	15300	7096	10187	1990	5356
国内旅游人数	(人)	30160000	20100000	10519300	11168000	8509400	12111000
国内旅游总收入	(万元)	3611800	1925000	910800	782000	484951	907500
全社会固定资产投资	(万元)	12051792	10956650	5073204	6336985	3654743	6249471
#固定资产投资完成额(不含农村)		8798026	7526266	3716332	3708271	1667306	3245799
房地产开发投资完成额		3285409	2344091	1416203	1142409	568602	1160010
#住宅		2535103	1784188	1015532	871418	414297	897466
全年新增固定资产	(万元)	3196223	2834022	2476273	2601916	1586677	2978893
本年施工住宅面积	(万平方米)	2642.10	2200.21	2152.02	1123.46	488.93	1145.35
本年竣工住宅面积	(万平方米)	512.85	523.97	881.39	238.12	100.49	404.59
商品房屋销售面积	(万平方米)	605.14	516.54	313.60	230.90	143.47	325.82
#销售给个人		572.68	510.30	298.68	210.58	139.88	234.22
商品房屋空置面积	(万平方米)	56.01	41.66	6.62	43.48	15.11	94.25
商品房屋销售额	(万元)	2570519	1750799	1198629	568094	325684	757105
#销售给个人		2351112	1719332	1141643	529419	317584	630898
高等学校数	(所)	36	14	5	8	3	4
中等职业学校数	(所)	73	69	103	36	27	40
高等学校专任教师数	(人)	18445	5633	2824	964	819	1592
中等职业学校专任教师数	(人)	5355	4399	6447	1893	1620	2805
高等职业学校在校学生数	(人)	292946	96425	45330	17665	14269	25034
中等职业学校在校学生数	(人)	120144	102254	98954	45629	39937	70953
普通中学在校学生数	(万人)	36.76	32.09	47.82	20.15	15.54	27.84
小学在校学生数	(万人)	44.80	47.61	62.21	27.55	19.08	33.79
成人高等教育学校在校学生数	(人)	105203	23974	52300	12618	8483	17958
各类专业技术人员数	(万人)	32.53	40.74	23.99	13.42	10.76	24.44
体育场馆数	(个)	97	77	31	10	20	43
剧场、影剧院数	(个)	44	13	21	87	20	36
公共图书馆图书总藏量	(千册、件)	7320	1990	2070	1917	731	1426
医院、卫生院数	(个)	382	259	520	744	131	323

15—4 续表 5 (2004 年)

指标		金华市	衢州市	舟山市	台州市	丽水市
出口额	(万美元)	334791	23658	81380	379895	37315
当年新签项目(合同)个数	(个)	225	28	20	123	24
当年合同外资金额	(万美元)	56352	8083	6070	27507	3022
当年实际使用外资金额	(万美元)	42983	2080	2251	30296	2051
海外游客人数(含一日游游客)	(人)	234559	19050	116481	62910	30591
国际旅游(外汇)收入	(万美元)	12281	1048	5974	3923	6203
国内旅游人数	(人)	11988500	4203000	8254200	12376100	3176500
国内旅游总收入	(万元)	841473	218400	462235	971524	135000
全社会固定资产投资	(万元)	5178034	2027092	1278744	4790262	1757376
#固定资产投资完成额(不含农村)		3544541	1802068	1193134	2446385	1703999
房地产开发投资完成额		1154557	425062	236581	873158	342393
#住宅		841349	303461	201912	666374	263820
全年新增固定资产	(万元)	1907412	1151942	493920	1182983	722151
本年施工住宅面积	(万平方米)	938.81	236.62	199.72	833.69	230.62
本年竣工住宅面积	(万平方米)	239.19	155.79	56.08	192.64	68.46
商品房屋销售面积	(万平方米)	219.49	145.18	67.02	169.90	66.46
#销售给个人		211.41	144.79	65.58	167.85	64.27
商品房屋空置面积	(万平方米)	29.21	32.87	5.25	3.06	2.51
商品房屋销售额	(万元)	521217	252401	193019	431468	161357
#销售给个人		507669	251619	189435	425422	151947
高等学校数	(所)	6	1	3	3	2
中等职业学校数	(所)	53	40	12	62	33
高等学校专任教师数	(人)	2643	456	830	1083	814
中等职业学校专任教师数	(人)	3310	1528	691	3716	2020
高等学校在校学生数	(人)	41418	8183	10253	15371	15615
中等职业学校在校学生数	(人)	85308	40890	14218	89036	38695
普通中学在校学生数	(万人)	26.20	13.06	5.16	29.74	11.77
小学在校学生数	(万人)	33.68	16.08	5.06	37.51	16.95
成人高等教育学校在校学生数	(人)	5009	11008	2192	14973	3657
各类专业技术人员数	(万人)	7.23	7.09	1.72	15.32	4.25
体育场馆数	(个)	48	19	355	50	22
剧场、影剧院数	(个)	20	8	5	64	19
公共图书馆图书总藏量	(千册、件)	1795	548	497	1136	959
医院、卫生院数	(个)	342	170	82	232	349

15—4 续表 6　　　　　　　　　　(2004 年)

指　标		杭州市	宁波市	温州市	嘉兴市	湖州市	绍兴市
医院、卫生院床位数	(张)	29373	16394	16105	10546	8327	11129
医院、卫生院技术人员数	(人)	39816	25059	24436	13496	8692	13802
#医生数		16770	11357	11869	5915	4402	7846
财政总收入	(万元)	3957525	2953668	1431701	1136347	652298	761243
各项税收	(万元)	3921871	2852656	1708620	1299475	621848	754458
地方财政一般预算内收入	(万元)	1974523	1517490	856811	548923	333642	509208
地方财政一般预算内支出	(万元)	1956282	2159499	833064	597174	365120	645049
年末金融机构存款余额	(万元)	57072000	30917954	19350865	11660432	5273867	15234995
#城乡居民储蓄年末余额		18351700	12089813	10040379	6321092	2886501	7590618
年末金融机构各项贷款余额	(万元)	48000400	24836090	15342358	8773576	4006753	11767640
保费收入	(万元)	723332	470674	342278	247684	148707	227195
赔款、给付	(万元)	160314	130003	104198	66555	28783	71069
城镇在岗职工平均人数	(万人)	75.73	65.10	74.30	43.49	18.21	45.60
城镇在岗职工工资总额	(万元)	2187934	1681086	1454515	900285	401069	984041
农村居民人均纯收入	(元)	6382	7018	6202	7021	6380	6970
农村居民人均住房面积	(平方米)	58.89	49.91	39.40	61.04	48.23	58.20
基本养老保险参保人数	(人)	2093557	1150514	830739	689771	452346	836040
基本医疗保险参保人数	(人)	1723495	945431	351220	387163	276348	443136
失业保险参保人数	(人)	1057331	744916	395000	366550	211433	391000
社会福利院数	(个)	224	182	378	93	80	148
社会福利院床位数	(张)	15208	14106	20837	6134	4711	10028
社区服务设施数	(个)	2431	4477	18726	1395	849	1090
居民最低生活保障线以下人数	(人)	16324	17080	12275	8100	7885	7656
污染源治理本年投资总额	(万元)	80115	44102	68923	169299	13794	49430
城市环境基础设施建设本年完成投资额	(万元)	301965	225994	216676	147733	114294	227028
烟尘控制区总面积	(平方公里)	539	356	401	199	79	545
环境噪声达标区总面积	(平方公里)	480	152	144	142	67	135
全社会从业人员	(万人)	455.52	395.50	448.00	202.02	150.24	285.23
#第一产业		92.97	79.50	120.00	44.15	44.16	75.27
第二产业		197.68	201.40	149.00	98.14	63.35	140.02
第三产业		164.87	114.60	179.00	59.72	42.73	69.94

15—4 续表 7 (2004 年)

指　　标		金华市	衢州市	舟山市	台州市	丽水市
医院、卫生院床位数	(张)	11400	5343	3415	11958	5776
医院、卫生院技术人员数	(人)	14247	6437	3122	15121	7418
#医生数		7546	5355	2027	7804	3290
财政总收入	(万元)	815327	260155	195345	997540	263025
各项税收	(万元)	1007691	254693	195665	928091	234864
地方财政一般预算内收入	(万元)	512294	170761	135746	559726	161940
地方财政一般预算内支出	(万元)	682245	334849	289284	791520	386772
年末金融机构存款余额	(万元)	13116318	3257932	3098207	11640689	3325777
#城乡居民储蓄年末余额		6236602	1722694	1523018	6010774	1895406
年末金融机构各项贷款余额	(万元)	10565491	2924071	2352002	9328902	2581516
保费收入	(万元)	285463	80937	73028	240338	78912
赔款、给付	(万元)	76028	24850	23942	127470	24886
城镇在岗职工平均人数	(万人)	30.78	12.73	10.67	33.92	13.00
城镇在岗职工工资总额	(万元)	716003	286446	237411	843994	297927
农村居民人均纯收入	(元)	5018	4414	6232	6008	3321
农村居民人均住房面积	(平方米)	49.40	48.60	43.11	48.55	41.10
基本养老保险参保人数	(人)	604530	247250	165813	663682	184910
基本医疗保险参保人数	(人)	363138	205646	173562	338055	158493
失业保险参保人数	(人)	350748	145400	115100	346440	115113
社会福利院数	(个)	92	92	60	158	111
社会福利院床位数	(张)	8841	7617	2106	8014	3959
社区服务设施数	(个)	663	511	108	719	89
居民最低生活保障线以下人数	(人)	4398	4759	2138	3792	3959
污染源治理本年投资总额	(万元)	29119	8628	516	19086	9336
城市环境基础设施建设本年完成投资额	(万元)	184523	43547	13305	165274	50836
烟尘控制区总面积	(平方公里)	330	213	36	476	325
环境噪声达标区总面积	(平方公里)	141	29	21	120	232
全社会从业人员	(万人)	315.50	124.30	55.81	364.13	142.15
#第一产业		98.30	61.17	15.53	106.21	72.76
第二产业		128.30	33.43	19.06	136.89	29.90
第三产业		88.90	29.70	21.22	121.03	39.49

15—5 地级市市区基本情况

(2004 年)

指标		杭州市区	宁波市区	温州市区	嘉兴市区	湖州市区	绍兴市区
年末总人口	(万人)	401.59	210.45	137.14	80.41	107.91	64.46
#非农业人口		233.08	116.27	61.77	35.20	39.02	45.43
年平均人口	(万人)	397.39	208.68	135.90	80.11	107.82	64.16
暂住人口(一个月以上)	(万人)	165.88	121.16	156.69	28.76	17.95	19.94
年出生人口	(人)	34858	15727	18349	5827	8287	5723
年死亡人口	(人)	19445	10961	8454	4908	7685	3580
年末总户数	(万户)	120.56	82.33	40.45	25.69	33.14	23.00
年末单位从业人员数	(万人)	69.01	43.72	33.52	12.50	9.83	11.31
城镇私营和个体从业人员	(人)	752598	217515	306609	80192	82628	88324
年末城镇登记失业人员数	(人)	54196	31088	9944	9777	5306	8574
行政区域土地面积	(平方公里)	3068	2560	1187	968	1566	362
#建成区面积		302	115	114	77	53	73
地区生产总值(当年价格)	(万元)	19494054	12600292	6223579	2482430	2831306	2293967
第一产业增加值		719908	300559	61728	167528	251187	59689
第二产业增加值		10124140	7149734	3509297	1394633	1548819	1157902
#工业增加值		8964534	6237530	3056201	1081599	1350769	959091
第三产业增加值		8650006	5149999	2652554	920269	1031300	1076376
地区生产总值(2000 年价格)	(万元)	17728662	11330317	6071784	2220934	2754798	2058402
地区生产总值增长率	(%)	15.7	17.5	14.5	16.8	15.9	16.9
人均地区生产总值	(元)	49055	60381	45795	30988	26260	35753
人均 GDP 增长率(上年=100)	(%)	13.6		15.1	16.1	15.8	15.6
工业企业数	(个)	3783	2779	2330	626	637	682
(1)内资企业		3067	2005	2096	475	562	473
(2)港、澳、台商投资企业		387	412	81	61	42	117
(3)外商投资企业		329	362	153	90	33	92
工业总产值(当年价)	(万元)	34639317	22063650	7894226	3062539	3845752	4315226
(1)内资企业		23407974	14973025	6559753	1922356	3365592	2517568
(2)港、澳、台商投资企业		3810442	3576339	381845	477236	354714	1357892
(3)外商投资企业		7420901	3514286	952628	662947	125446	439767
从业人员年平均人数	(万人)	71.40	57.75	42.19	11.95	9.48	12.23
流动资产年平均余额	(万元)	16917875	8723057	3051021	1526075	1348518	1905396
固定资产净值年平均余额	(万元)	7932053	6437651	1747136	1145757	849894	1657656
产品销售收入	(万元)	34399202	22163097	7549282	3054885	3825254	4261135
产品销售税金及附加	(万元)	572631	488639	53108	9512	16098	15319
本年应交增值税	(万元)	931722	725127	271841	88003	113682	91614
利润总额	(万元)	1936433	1764968	462275	176754	195528	165594

15—5 续表 1　　　　　　　　　　(2004 年)

指　　标		金华市区	衢州市区	舟山市区	台州市区	丽水市区
年末总人口	(万人)	92.21	80.59	69.04	147.37	37.28
#非农业人口		30.99	19.17	26.37	29.04	12.61
年平均人口	(万人)	92.19	80.41	69.00	146.71	37.06
暂住人口(一个月以上)	(万人)	12.65	3.64	8.80	36.45	2.43
年出生人口	(人)	10441	8888	4869	18970	4431
年死亡人口	(人)	4903	4790	4122	8882	1805
年末总户数	(万户)	34.91	26.51	24.45	48.25	13.43
年末单位从业人员数	(万人)	7.31	7.42	9.09	15.85	3.85
城镇私营和个体从业人员	(人)	62310	41941	88338	141227	39075
年末城镇登记失业人员数	(人)	7790	4638	4891	6639	1867
行政区域土地面积	(平方公里)	2044	2354	1028	1536	1502
#建成区面积		64	38	51	112	23
地区生产总值(当年价格)	(万元)	1762061	1156073	1463860	4496144	654190
第一产业增加值		168148	151214	197013	207422	76450
第二产业增加值		825761	574998	657221	2757656	284820
#工业增加值		656618	456862	527160	2471818	226470
第三产业增加值		768152	429861	609626	1531066	292920
地区生产总值(2000 年价格)	(万元)	1614610	1070383	1386961	4322235	621400
地区生产总值增长率	(%)	16.4	16.5	17.2	14.7	15.1
人均地区生产总值	(元)	19113	14380	21215	30647	17653
人均 GDP 增长率(上年=100)	(%)	16.3	16.1	17.3	13.7	14.0
工业企业数	(个)	436	211	269	1216	81
(1)内资企业		404	196	253	1146	75
(2)港、澳、台商投资企业		11	9	2	30	1
(3)外商投资企业		21	6	14	40	5
工业总产值(当年价)	(万元)	1634748	1085635	1781470	5040328	607285
(1)内资企业		1473275	1063088	1494824	4195900	572696
(2)港、澳、台商投资企业		28120	15328	7910	191273	2879
(3)外商投资企业		133353	7219	278736	653155	31710
从业人员年平均人数	(万人)	7.24	4.15	5.55	16.24	3.22
流动资产年平均余额	(万元)	953844	718491	950637	1928064	233573
固定资产净值年平均余额	(万元)	601550	575376	455713	1162985	154334
产品销售收入	(万元)	1606566	1041799	1723242	4710450	772978
产品销售税金及附加	(万元)	7416	5832	8065	21270	1531
本年应交增值税	(万元)	58577	36502	43438	144114	40853
利润总额	(万元)	76304	19970	53309	193122	11095

15—5 续表 2　　　　　　(2004 年)

指　　标		杭州市区	宁波市区	温州市区	嘉兴市区	湖州市区	绍兴市区
铁路客运量	(万人)	1890.47	440.80	382.08	251.29	23.04	241.05
铁路货运量	(万吨)	339.80	1107.00	49.64	42.50	38.05	461.82
民用汽车拥有量	(辆)	345352	150548	75230	39093	33127	28407
#私人汽车拥有量		192197	59253	54823	20564	19843	17293
公路客运量	(万人)	13316	15120	9015	4490	4200	2272
公路货运量	(万吨)	9311	5665	3420	848	1737	722
境内公路里程	(公里)	2950	1592	597	492	730	202
#境内高速公路里程		190	67	50	80	34	10
本地电话年末用户数	(万户)	262.06	131.49	112.18	39.98	48.50	39.27
#住宅电话年末用户数		118.13	62.95	46.36	21.74	30.10	31.39
农村电话用户数		40.47	33.58	20.92	14.07	18.49	13.20
年末移动电话用户数	(万户)	385.02	250.12	135.74	61.58	75.23	43.00
国际互联网用户数	(户)	822856	553043	381778	112250	102959	171182
全年用电量	(万千瓦时)	2077488	1240008	700362	373136	333135	305812
#工业用电		1464645	951123	505150	296955	257481	240651
城乡居民生活用电		238901	110004	115437	29779	34529	23910
社会消费品零售额	(万元)	5850084		2968041	783689	1073133	856524
限额以上批发零售贸易业商品销售总额	(万元)	38393685	10392500	5186717	1806842	1093567	1236043
限额以上批发零售贸易企业数	(个)	1414		308	91	85	79
进口额	(万美元)	896744	752975	78228	71161	14203	59795
出口额	(万美元)	1415219	1117202	322008	138563	83070	115323
当年新签项目(合同)个数	(个)	651	687	98	205	179	79
当年合同外资金额	(万美元)	251214	271892	29906	97030	73691	38694
当年实际使用外资金额	(万美元)	117058	139493	13965	34548	28145	19249
全社会固定资产投资	(万元)	9387607	7132913	2818519	2346130	1815988	1799992
固定资产投资完成额(不含农村)	(万元)	7349299	5570182	2517527	1646444	863690	1130022
房地产开发投资完成额	(万元)	2810506	1644000	1073469	540990	270299	482940
#住宅		2160099	1289319	755024	398216	192089	370407
全年新增固定资产	(万元)	2327983	2034459	1796400	1135192	879491	829091
本年施工住宅面积	(万平方米)	2209.21	1579.72	1186.87	577.19	223.07	562.07
本年竣工住宅面积	(万平方米)	366.97	383.08	321.86	88.53	48.83	220.02
商品房屋销售面积	(万平方米)	431.89	340.10	215.92	82.33	81.09	177.91
#销售给个人		401.77	337.72	208.94	67.85	77.50	90.14
商品房屋空置面积	(万平方米)	42.45	22.29	3.82	14.49	6.03	62.42
商品房屋销售额	(万元)	2108511	1200011	925987	206808	202264	371723
#销售给个人		1900392	1188856	890372	186442	194594	250149
高等学校数	(所)	35	14	5	8	3	4

15—5 续表 3 （2004 年）

指标		金华市区	衢州市区	舟山市区	台州市区	丽水市区
铁路客运量	（万人）	857.15	122.50			56.18
铁路货运量	（万吨）	209.09	130.80			114.16
民用汽车拥有量	（辆）	35442	13577	12911	80049	17644
＃私人汽车拥有量		24598	7996	6345	59490	13296
公路客运量	（万人）	2299	1271	5188	5727	1017
公路货运量	（万吨）	2799	2271	1172	2468	1070
境内公路里程	（公里）	1450	771	671	862	483
＃境内高速公路里程		69	35		21	30
本地电话年末用户数	（万户）	37.58	29.42	37.15	70.95	16.11
＃住宅电话年末用户数		19.87		19.07	33.42	7.56
农村电话用户数		10.34		11.00	16.75	2.95
年末移动电话用户数	（万户）	51.82	28.74	39.13	107.05	25.92
国际互联网用户数	（户）	67196	72863	146568	166533	34407
全年用电量	（万千瓦时）	172719	286564	132216	344068	47554
＃工业用电		114660	256023	83581	256240	28119
城乡居民生活用电		24104	14629	21591	51447	11634
社会消费品零售额	（万元）	741555	393245	671049	1172959	389503
限额以上批发零售贸易业商品销售总额	（万元）	953163	412988	1162967	1584663	200539
限额以上批发零售贸易企业数	（个）	86	67	100	75	38
进口额	（万美元）	5124	9762	16864	77612	265
出口额	（万美元）	47637	11921	73647	162515	6058
当年新签项目(合同)个数	（个）	61	13	14	38	5
当年合同外资金额	（万美元）	20093	4735	3983	12905	1069
当年实际使用外资金额	（万美元）	13822	1320	1592	14661	224
全社会固定资产投资	（万元）	1440943	928765	825565	2077662	489179
固定资产投资完成额(不含农村)	（万元）	1131835	842977	772454	1156823	479758
房地产开发投资完成额	（万元）	421149	238610	214027	505099	124979
＃住宅		325454	166336	182878	371608	97707
全年新增固定资产	（万元）	574044	557964	394205	394238	229684
本年施工住宅面积	（万平方米）	422.05	129.79	167.54	439.16	74.36
本年竣工住宅面积	（万平方米）	120.24	85.52	39.79	83.15	25.84
商品房屋销售面积	（万平方米）	114.69	78.83	53.72	86.37	25.37
＃销售给个人		107.11	78.45	53.53	85.48	23.35
商品房屋空置面积	（万平方米）	10.52	20.49	4.35	0.66	0.59
商品房屋销售额	（万元）	247865	146027	166277	241382	84234
＃销售给个人		235753	145259	165214	238776	75315
高等学校数	（所）	4	1	3	2	2

15—5续表4　　　　　　　　　　　(2004年)

指　　标		杭州市区	宁波市区	温州市区	嘉兴市区	湖州市区	绍兴市区
中等职业学校数	(所)	49	31	44	10	12	9
高等学校专任教师数	(人)	17718	5633	2824	964	819	1592
中等职业学校专任教师数	(人)	3446	1891	2228	350	569	702
高等学校在校学生数	(人)	280439	96425	45330	17665	14269	25034
中等职业学校在校学生数	(人)	80667	53790	34487	14111	15883	23092
普通中学在校学生数	(万人)	21.07	12.98	9.67	5.02	6.55	3.97
小学在校学生数	(万人)	26.58	19.77	13.92	6.63	7.63	5.28
成人高等教育学校在校学生数	(人)	101428	23974	35872	2360	8483	13313
各类专业技术人员数	(万人)	26.26	28.51	8.64	3.94	5.42	3.92
体育场馆数	(个)	72	53	13	3	10	8
剧场、影剧院数	(个)	29	7	10	13	8	4
公共图书馆图书总藏量	(千册、件)	6580	1020	1107	633	371	560
医院、卫生院数	(个)	171	113	77	221	36	30
医院、卫生床位数	(张)	23143	8947	7748	3847	3972	2446
医院、卫生院技术人员数	(人)	30886	13895	10097	4857	3573	3017
#医生数		12894	6296	4205	2074	2044	1831
财政总收入	(万元)	3488744	2217772	704442	345072	298152	229403
各项税收	(万元)	3461547	2152137	964231	365937	286507	237549
地方财政一般预算内收入	(万元)	1712813	1089262	468353	180719	153239	153898
地方财政一般预算内支出	(万元)	1602303	1501290	345132	189518	163165	186124
年末金融机构存款余额	(万元)	52541700	22043401	11815025	3946257	2966323	5449930
#城乡居民储蓄年末余额		16014700	7373070	5604394	1780023	1582738	2227901
年末金融机构各项贷款余额	(万元)	44517600	17742025	9428014	3461867	2238262	4569898
保费收入	(万元)	611889	295153	167858	118208	72397	76057
赔款、给付	(万元)	134599	74783	51934	25394	13841	23459
城镇在岗职工平均人数	(万人)	64.19	40.32	31.55	11.44	9.12	10.96
城镇在岗职工工资总额	(万元)	1921140	1103466	669421	240491	192702	234665
农村居民人均纯收入	(元)	8251	7568	8200	6953	6443	
农村居民人均住房面积	(平方米)	66.66	49.91	45.80	48.50	47.49	
城镇居民人均可支配收入	(元)	14565	15882	17727	14392	13664	15676
城镇居民人均消费支出	(元)	11213	11283	14212	10689	9380	10660
#(1)食品		4421	4174	5320	3893	3741	3945
(2)衣着用品		922	972	1319	817	950	1023
(3)家庭设备、用品及服务		561	685	616	735	549	716
(4)医疗保健		855	543	702	773	737	570
(5)交通和通讯		1280	1758	2501	1545	736	1479
(6)娱乐、教育、文化服务		1717	1841	2056	1430	1324	1681
(7)居住		1062	983	1089	1191	921	903
城镇人均住房使用面积	(平方米)	17.80	17.63	21.86	27.67	18.62	20.83

15—5 续表 5　　　　　　　　　　(2004 年)

指　　标		金华市区	衢州市区	舟山市区	台州市区	丽水市区
中等职业学校数	(所)	21	20	7	13	10
高等学校专任教师数	(人)	2153	456	830	513	814
中等职业学校专任教师数	(人)	1067	732	625	855	547
高等学校在校学生数	(人)	34994	8183	10253	5868	15615
中等职业学校在校学生数	(人)	37981	22810	13273	25630	13405
普通中学在校学生数	(万人)	4.64	4.59	3.88	8.06	2.18
小学在校学生数	(万人)	5.77	5.32	3.60	10.62	3.03
成人高等教育学校在校学生数	(人)	5009	7077	1704	6038	3657
各类专业技术人员数	(万人)	1.99	2.91	0.96	5.76	1.00
体育场馆数	(个)	14	13	292	14	9
剧场、影剧院数	(个)	3	3	2	24	3
公共图书馆图书总藏量	(千册、件)	879	313	327	264	170
医院、卫生院数	(个)	59	58	55	60	35
医院、卫生院床位数	(张)	3765	2294	2599	3898	1990
医院、卫生院技术人员数	(人)	4128	2476	2436	5072	2420
＃医生数		2058	1998	1550	2676	993
财政总收入	(万元)	216058	126071	159199	438955	78482
各项税收	(万元)	257205	127717	162475	400958	71201
地方财政一般预算内收入	(万元)	138737	82556	108713	266979	50994
地方财政一般预算内支出	(万元)	182614	153925	218211	316597	106723
年末金融机构存款余额	(万元)	3364523	1593958	2508706	5885966	1030781
＃城乡居民储蓄年末余额		1202063	728571	1156793	2613093	476754
年末金融机构各项贷款余额	(万元)	3734863	1575445	2048908	4832050	1123391
保费收入	(万元)	66620	32711	61279	101753	30562
赔款、给付	(万元)	17530	10677	21872	67699	12296
城镇在岗职工平均人数	(万人)	7.04	6.48	8.84	13.29	3.63
城镇在岗职工工资总额	(万元)	183681	156668	192906	330371	92357
农村居民人均纯收入	(元)	4963	4413		6870	4247
农村居民人均住房面积	(平方米)	58.27	52.40		51.60	41.40
城镇居民人均可支配收入	(元)	13910	11477	14326	16651	13410
城镇居民人均消费支出	(元)	9879	8284	10549	13052	10391
＃(1)食品		3462	2935	3675	4617	3264
(2)衣着用品		938	752	968	998	1172
(3)家庭设备、用品及服务		623	606	725	725	743
(4)医疗保健		851	870	1102	619	1026
(5)交通和通讯		1198	637	1027	2146	1149
(6)娱乐、教育、文化服务		1699	1456	1618	2246	1608
(7)居住		805	857	1113	1253	1102
城镇人均住房使用面积	(平方米)	21.93	22.80	20.20	27.84	21.90

15—5 续表 6　　　　　　(2004 年)

指　　标		杭州市区	宁波市区	温州市区	嘉兴市区	湖州市区	绍兴市区
居民消费价格指数(上年为 100)	(%)	102.5	102.7	102.5	103.3	104.8	103.6
基本养老保险参保人数	(人)	1686884	696947	239542	209225	210924	225737
基本医疗保险参保人数	(人)	1473080	664233	197626	82505	145903	148109
失业保险参保人数	(人)	911027	466230	205700	126000	115000	120200
社会福利院数	(个)	108	75	53	18	31	27
社会福利院床位数	(张)	10004	7087	5538	1362	1787	2113
社区服务设施数	(个)	2361	3149	8807	186	705	512
居民最低生活保障线以下人数	(人)	12951	13033	7605	2016	4820	2375
城市维护建设资金支出	(万元)	788052	485011	245711	366554	211593	211905
年末实有城市道路面积	(万平方米)	2895	1459	1058	857	913	823
排水管道总长度	(公里)	2711.46	2172.00	1246.73	575.36	1197.87	1061.91
供水综合生产能力(包括自备水源)	(万吨/日)	288.18	141.00	95.00	72.69	60.62	95.00
供水总量	(万吨)	62265	34919	21094	8531	6797	8512
#居民家庭用水量		19734	9615	9902	2147	2649	1552
用水人口	(万人)	244.04	112.39	117.00	40.05	42.90	63.99
年末实有公共汽(电)车营运车辆数	(辆)	4185	2200	1695	548	478	807
全年公共汽(电)车客运总量	(万人次)	74544	32574	24907	5310	4997	8087
年末实有出租汽车数	(辆)	8189	3500	3329	823	912	820
园林绿地面积	(公顷)	9855	3865	3009	2687	1650	2538
#公共绿地面积		1961	1242	806	412	328	869
建成区绿化覆盖面积	(公顷)	10844	4231	3285	2022	1917	2834
污染源治理本年投资总额	(万元)	69552	30723	18725	39015	2844	2358
城市环境基础设施建设本年完成投资额	(万元)	202823	147466	119641	36775	72324	43249
工业废水排放量	(万吨)	22377	7537	3888	3803	4179	4801
工业废水排放达标量	(万吨)	21709	7195	3829	3696	3971	4683
工业二氧化硫去除量	(吨)	28441	210947	12559	6470	3234	6888
工业二氧化硫排放量	(吨)	90864	186347	30375	17369	10232	16278
烟尘控制区总面积	(平方公里)	454.50	227.04	349.68	73.30	38.20	106.00
环境噪声达标区总面积	(平方公里)	432.19	112.77	94.11	82.40	38.50	60.00
生活污水处理率	(%)	88.2	60.6	56.6	48.1	59.8	71.0
生活垃圾无害化处理率	(%)	100.0	83.5	76.1	100.0	28.0	100.0
全社会从业人员	(万人)	296.31	152.54	144.27	47.84	62.24	49.49
#第一产业		35.78	13.65	25.74	10.99	14.40	20.18
第二产业		132.38	91.86	52.49	19.90	33.71	11.12
第三产业		128.15	47.03	66.04	16.94	14.13	18.19

15—5续表7　　　　　　　　　　　　(2004年)

指　　标		金华市区	衢州市区	舟山市区	台州市区	丽水市区
居民消费价格指数(上年为100)	(%)	101.8	102.7	104.4	104.3	103.4
基本养老保险参保人数	(人)	139131	132394	127743	253887	50864
基本医疗保险参保人数	(人)	128647	115746	137238	135777	50103
失业保险参保人数	(人)	103590	72500	96615	144911	30525
社会福利院数	(个)	20	35	46	36	9
社会福利院床位数	(张)	1886	2311	1523	1447	552
社区服务设施数	(个)	161	273	94	340	23
居民最低生活保障线以下人数	(人)	1373	957	1721	885	1118
城市维护建设资金支出	(万元)	88694	141888	131071	80719	100309
年末实有城市道路面积	(万平方米)	843	552	408	1737	235
排水管道总长度	(公里)	809.86	442.25	327.16	1143.00	299.45
供水综合生产能力(包括自备水源)	(万吨/日)	39.00	88.50	28.10	43.73	14.50
供水总量	(万吨)	6285	13625	3892	11923	3189
#居民家庭用水量		2081	2004	1326	4658	1219
用水人口	(万人)	43.37	30.13	28.72	127.68	19.96
年末实有公共汽(电)车营运车辆数	(辆)	380	381	262	554	88
全年公共汽(电)车客运总量	(万人次)	5257	6559	2358	6138	1606
年末实有出租汽车数	(辆)	772	321	1002	1131	367
园林绿地面积	(公顷)	1557	1303	2416	1903	403
#公共绿地面积		648	250	227	481	190
建成区绿化覆盖面积	(公顷)	1707	1385	1660	1809	516
污染源治理本年投资总额	(万元)	858	228	516	4898	1871
城市环境基础设施建设本年完成投资额	(万元)	88096	27520	13305	52323	29320
工业废水排放量	(万吨)	1101	11482	907	1962	663
工业废水排放达标量	(万吨)	1044	10468	719	1621	660
工业二氧化硫去除量	(吨)	337	11855		3619	2149
工业二氧化硫排放量	(吨)	8718	11866	21670	67463	2065
烟尘控制区总面积	(平方公里)	138.90	72.80	31.73	136.70	198.80
环境噪声达标区总面积	(平方公里)	51.70	21.49	18.38	42.10	198.80
生活污水处理率	(%)	54.8	60.0	20.1	52.6	59.2
生活垃圾无害化处理率	(%)	97.2	97.9	90.9	77.1	91.0
全社会从业人员	(万人)	58.60	44.24	38.38	105.27	21.88
#第一产业		24.00	21.36	9.10	21.64	8.38
第二产业		17.50	10.35	14.85	51.48	4.90
第三产业		17.10	12.53	14.43	32.15	8.60

15—6 省内各市及学习对比城市主要经济指标

(2004年)

指标	地区生产总值(亿元)		规模以上工业总产值(亿元)		规模以上工业利润(亿元)		工业用电量(亿千瓦时)	
	总量	比上年增长%	总量	比上年增长%	总量	比上年增长%	总量	比上年增长%
浙江省	11243.00	14.3	17331.57	29.7	942.80	19.1	1085.53	15.5
杭州	2515.00	15.0	4149.10	29.9	220.83	19.5	197.01	14.5
宁波*	2158.04	15.5	3509.48	26.7	241.91	22.4	170.31	20.2
温州	1402.57	14.1	1821.77	26.3	113.85	25.1	110.52	15.2
嘉兴	1050.56	16.5	1400.63	32.9	73.89	8.3	102.60	24.4
湖州	590.69	15.4	766.37	31.8	43.34	24.1	59.53	19.8
绍兴	1313.87	15.3	2514.25	32.9	131.67	19.9	128.75	14.2
金华*	978.38	16.2	1006.07	29.5	47.85	18.7	79.19	11.0
衢州	283.76	15.2	235.95	35.3	9.04	8.8	44.27	14.0
舟山	212.04	17.0	202.48	27.8	6.01	2.5	9.93	22.7
台州	1173.79	13.6	1311.63	28.2	62.98	15.3	61.83	11.9
丽水	264.57	14.9	233.89	42.0	9.75	-9.2	19.04	27.2
南京	1910.00	17.3	3285.02	30.3	200.32	78.3	14761	13.8
无锡	2350.00	17.4	4575.08	37.2	211.56	26.8	247.24	23.5
常州	1100.61	15.5	2012.73	31.8	77.92	18.7	110.79	21.1
苏州*	3450.00	17.6	7307.54	37.1	309.56	39.5	386.86	27.2
南通	1226.06	15.6	1603.36	39.1	73.61	38.4	87.93	23.4
扬州	788.13	14.7	1129.56	34.7	40.42	44.8	54.69	16.7
镇江	781.16	14.7	1073.11	27.0	35.63	19.1	66.96	18.3
泰州	705.20	14.7	997.35	35.1	43.05	26.8	63.97	35.0
上海	7450.27	13.6	12885.01	20.4	1003.48	23.6	555.08	9.5
中山*	610.14	18.7	1694.71	27.8	43.73	30.4	73.56	27.0

注:1.带"*"的为金华对比学习城市。

2.规模以上工业指年销售收入500万元及以上工业企业。

15—6续表1　　　　　　　　　　　　(2004年)

指　标	全社会固定资投资(亿元)		限额以上固定资产投资(亿元)		房地产开发投资(亿元)		社会消费品零售总额(亿元)	
	总量	比上年增长%	总量	比上年增长%	总量	比上年增长%	总量	比上年增长%
浙江省	5944.65	20.2	5944.65	20.2	1295.24	33.2	3645.38	15.5
杭　州	1205.18	19.7	1100.95	23.1	328.54	27.2	704.34	15.2
宁　波*	1095.67	31.1	1013.64	36.8	234.41	27.2	595.63	14.2
温　州	507.32	13.2	390.98	12.1	141.62	4.6	633.51	12.5
嘉　兴	633.70	20.6	557.04	24.0	114.24	57.7	325.34	14.7
湖　州	365.47	36.4	331.54	45.3	56.86	36.7	208.34	14.3
绍　兴	624.95	16.8	596.43	18.2	116.00	55.8	335.43	14.9
金　华*	517.80	25.2	413.21	28.5	115.46	48.9	273.89	14.7
衢　州	202.71	27.0	177.16	31.8	42.51	19.6	105.35	15.7
舟　山	127.87	30.5	117.96	36.0	23.66	30.1	87.52	10.5
台　州	479.03	24.1	359.86	27.5	87.32	54.6	302.92	15.5
丽　水	175.74	22.6	167.73	27.8	34.24	36.6	118.74	13.1
南　京	1201.88	26.0			292.88	59.3	711.44	18.5
无　锡	1114.13	24.7			195.58	48.4	579.21	18.9
常　州	588.61	31.8			97.90	85.5	324.29	15.5
苏　州*	1554.80	10.3			334.32	87.9	625.10	18.8
南　通	605.17	35.0			59.39	22.9	384.25	16.0
扬　州	330.05	33.6			63.98	46.0	228.01	15.2
镇　江	320.52	35.1			39.17	21.3	192.05	14.2
泰　州	306.24	32.8			39.28	26.1	200.69	15.5
上　海	3084.66	25.8			1175.46	30.4	2454.61	10.5
中　山*	291.29	11.2			62.46	20.3	178.84	16.4

注:3、杭州、南京自营出口额均包括省公司。江苏省各市外商实际投资新采用有验资报告的数据,无上年同期数,故同比增幅空缺。

15—6续表2　　　　　　　　　(2004年)

指　标	市区居民人均可支配收入(元)		实际利用外资(万美元)		合同利用外资(万美元)		出口总额(万美元)	
	总量	比上年增长%	总量	比上年增长%	总量	比上年增长%	总量	比上年增长%
浙江省	14546	10.4	668100	22.6	1456100	20.8	5815900	39.8
杭　州	14565	12.9	140982	39.8	307746	53.8	1517500	38.5
宁　波*	15882	11.2	210332	21.8	413633	20.1	1668967	38.1
温　州	17727	10.6	20916	74.8	50620	71.4	457634	33.7
嘉　兴	14392	14.0	102187	28.0	257970	23.0	510580	41.2
湖　州	13664	8.4	61121	13.8	160145	10.6	144811	43.2
绍　兴	15676	15.8	82344	10.9	167117	11.3	660853	45.8
金　华*	13910	11.8	42983	67.0	56352	-20.0	334791	44.1
衢　州	11477	13.9	2080	6.5	8083	49.8	23658	39.2
舟　山	14326	12.4	2251	32.1	6070	21.4	81380	40.1
台　州	16651	14.6	30296	40.3	27507	-30.8	379895	43.3
丽　水	13410	12.7	2051	59.9	3022	-37.8	37315	38.9
南　京	11602	13.8	257000				1045990	36.5
无　锡	13588	16.7	209600				1102237	50.5
常　州	12867	13.8	53563				471600	33.6
苏　州*	14451	16.9	464810				5077400	55.6
南　通	10937	14.0	101986				434919	32.4
扬　州	9851	13.2	75177				135101	21.5
镇　江	10858	14.9	55965				151861	17.8
泰　州	9695	13.8	38255				95422	50.4
上　海	16683	12.2	654100	11.8			7352000	51.6
中　山*	15836	6.2	52541	43.0	82246	33.5	999479	21.1

注:3、杭州、南京自营出口额均包括省公司。江苏省各市外商实际投资新采用有验资报告的数据,无上年同期数,故同比增幅空缺。

15—6 续表 3 (2004 年)

指标	财政预算总收入(新口径,亿元)		地方财政收入(亿元)		金融系统存款余额(本外币,亿元)		城乡居民储蓄存款余额(本外币,亿元)	
	总量	比上年增长%	总量	比上年增长%	总量	比上年增长%	总量	比上年增长%
浙江省	1424.29	22.9	805.89	14.1	17855.05	15.8	7741.65	20.0
杭州	395.75	34.3	197.45	19.1	5707.20	20.5	1835.20	25.1
宁波*	295.37	23.4	151.75	8.8	3228.16	17.1	1262.88	19.2
温州	143.17	17.0	85.68	8.5	2041.88	8.8	1097.61	19.3
嘉兴	113.63	22.6	54.89	35.1	1207.60	12.9	650.33	20.1
湖州	65.23	21.9	33.36	17.3	539.21	8.1	295.33	13.3
绍兴	76.12	18.0	50.92	23.3	1560.86	18.4	781.05	17.5
金华*	81.53	24.9	51.23	35.2	1337.16	16.7	642.86	18.3
衢州	26.02	18.5	17.08	26.5	329.82	5.4	175.14	11.3
舟山	19.53	22.2	13.57	27.2	324.09	17.4	164.00	28.2
台州	99.75	16.6	55.97	21.8	1182.31	10.1	611.27	12.7
丽水	26.30	13.5	16.19	18.4	370.04	9.5	226.00	34.3
南京	403.70	27.6	169.88	29.3	4234.01	16.9	1287.23	19.5
无锡	354.74	33.6	187.95	33.2	2585.16	19.9	1160.16	16.3
常州	144.77	27.5	67.34	32.6	1362.66	16.4	724.36	16.3
苏州*			219.57	45.9	3814.53	21.1	1712.27	16.4
南通	138.72	20.8	52.59	26.1	1523.40	19.1	989.98	16.5
扬州	93.89	28.8	38.14	36.7	839.74	16.5	522.80	16.4
镇江	92.12	32.6	35.90	37.5	676.51	16.5	388.46	14.9
泰州	86.47	35.0	33.92	39.3	701.17	17.6	461.46	16.8
上海			1119.72	24.5	19994.05	15.3	6960.99	15.0
中山*			36.00	17.9	959.72	13.6	614.92	13.1

注:4、江苏省各城市地方财政收入包括基金收入。